本书为山东省社科规划项目研究成果（项目批准号：22CDSJ19）

新时代财富管理研究文库

Gold Investment Literacy and
Technology

黄金投资素养与技术

刘国栋　迟玉瑾／著

经济管理出版社
ECONOMY & MANAGEMENT PUBLISHING HOUSE

图书在版编目（CIP）数据

黄金投资素养与技术/刘国栋，迟玉瑾著 . —北京：经济管理出版社，2024.3
ISBN 978-7-5096-9634-7

Ⅰ.①黄…　Ⅱ.①刘…　②迟…　Ⅲ.①黄金市场—投资—基本知识　Ⅳ.①F830.94

中国国家版本馆 CIP 数据核字（2024）第 057680 号

组稿编辑：赵天宇
责任编辑：赵天宇
责任印制：许　艳
责任校对：陈　颖

出版发行：经济管理出版社
　　　　　（北京市海淀区北蜂窝 8 号中雅大厦 A 座 11 层　100038）
网　　址：www. E-mp. com. cn
电　　话：(010) 51915602
印　　刷：唐山玺诚印务有限公司
经　　销：新华书店
开　　本：720mm×1000mm/16
印　　张：14.25
字　　数：288 千字
版　　次：2024 年 5 月第 1 版　　2024 年 5 月第 1 次印刷
书　　号：ISBN 978-7-5096-9634-7
定　　价：88.00 元

"新时代财富管理研究文库" 总序

    我国经济持续快速发展，社会财富实现巨量积累，财富管理需求旺盛，财富管理机构、产品和服务日渐丰富，财富管理行业发展迅速。财富管理实践既为理论研究提供了丰富的研究素材，同时也越发需要理论的指导。

    现代意义上的财富管理研究越来越具有综合性、跨学科特征。从其研究对象和研究领域看，财富管理研究可分为微观、中观、宏观三个层面。微观层面，主要包括财富管理客户需求与行为特征、财富管理产品的创设运行、财富管理机构的经营管理等。中观层面，主要包括财富管理行业的整体性研究、基于财富管理视角的产业金融和区域金融研究等。宏观层面，主要包括基于财富管理视角的社会融资规模研究、对财富管理体系的宏观审慎监管及相关政策法律体系研究，以及国家财富安全、全球视域的财富管理研究等。可以说，财富管理研究纵贯社会财富的生产、分配、消费和传承等各个环节，横跨个人、家庭、企业、各类社会组织、国家等不同层面主体的财富管理、风险防控，展现了广阔的发展空间和强大的生命力。在国家提出推动共同富裕取得更为明显的实质性进展的历史大背景下，财富管理研究凸显出更加重要的学术价值和现实意义。"新时代财富管理研究文库"的推出意在跟踪新时代下我国财富管理实践发展，推进财富管理关键问题研究，为我国财富管理理论创新贡献一份力量。

    山东工商学院是一所以经济、管理、信息学科见长，经济学、管理学、理学、工学、文学、法学多学科协调发展的财经类高校。学校自 2018 年第三次党代会以来，立足办学特点与优势，紧密对接国家战略和经济社会发展需求，聚焦财商教育办学特色和财富管理学科特色，推进"学科+财富管理"融合发展，构建"素质+专业+创新创业+财商教育"的复合型人才培养模式，成立财富管理学院、公益慈善学院等特色学院和中国第三次分配研究院、共同富裕研究院、中国艺术财富高等研究院、黄金财富研究院等特色研究机构，获批慈善管理本科专业，深入推进财富管理方向研究生培养，在人才培养、平台搭建、科学研究等方面有了一定的积累，为本文库的出版奠定了基础。

    未来，山东工商学院将密切跟踪我国财富管理实践发展，不断丰富选题，

头黄金投资素养与技术

提高质量，持续产出财富管理和财商教育方面的教学科研成果，把"新时代财富管理研究文库"和学校 2020 年推出的"新时代财商教育系列教材"一起打造成为姊妹品牌和精品项目，为中国特色财富管理事业持续健康发展做出贡献。

· 2 ·

序

　　黄金自远古时代起就被视作人类财富的象征。在现代社会中，黄金更是贯穿了金融货币体系发展演变的历史。本书是一部融合量化交易技术，并系统介绍国内外黄金市场规则、交易品种、投资策略方法等知识的财富管理专著。

　　笔者有幸参与了我国黄金市场和黄金业务规则的前期研发工作，并作为中国首批黄金交易员从事黄金交易十余年，对黄金行业的探矿、测量、采矿、选矿、冶炼、精炼和深加工、黄金交易及衍生业务等多个方面都有着深刻的理解。因此，本书所介绍的黄金投资交易工具、投资理念及各种操作方法，能充分结合我国的黄金监管政策及法律法规、黄金市场运作的具体实践，适合对黄金市场感兴趣的黄金行业从业者、投资者及研究人员，具有较强的知识性、实用性和可操作性。

　　黄金因其兼具商品和金融双重属性，在金融投资领域中具有举足轻重的地位。从投资实践来看，黄金一直是金融投资领域专业人员的重要选择。从历史发展的角度来看，黄金作为一般等价物进入人类社会的时间是最长的，远远超过近代社会才出现的信用货币。黄金作为一种社会公认的价值标准和抵御通货膨胀的工具，在人类社会中扮演着越来越重要的角色。近年来，国际外汇、金融及大宗商品市场价格波动剧烈，市场风险飙升，市场资金经常转向黄金市场寻求保值，而黄金期货或期权等衍生交易工具可以为黄金生产加工企业规避市场风险。黄金作为一种重要的保值避险工具和投资产品，也可以为投资者带来收益。我国作为世界上最大的黄金生产国和消费国，已经开放了黄金现货市场，并陆续推出了黄金期货、黄金期权合约，这标志着我国金融市场体系不断完善。这不仅丰富了金融市场的投资交易品种，也有助于投资者规避市场价格风险。黄金现货和期货期权市场一系列交易合约的出台，必将促进我国黄金市场价格形成机制不断完善，有利于远期期货和期权黄金市场共同健康发展，金融市场不断繁荣稳定。

　　对于市场投资者而言，要想投资黄金及其衍生交易品种，就需要掌握黄金投资的专业知识和交易技术。在此基础上，按照法律法规要求从事黄金现货及衍生品交易，以保障自身合法权益，确保投资收益。由于黄金属性独特，其价格影响因素及投资策略方法具有一定的特殊性。出于这个原因，本书在介绍当前黄金投资产品种类的基础上，系统介绍了黄金期货、期权及远期市场的投资原理与技术。这部分内容包括黄金期货及现货市场影响因素、世界黄金市场历史、监管政策措施及金融经济等因素对黄金价格的影响，以及黄金期货期权套期保值、套利交易与投资技术等。

　　本书的另一个特点是理论知识与实战案例相结合，目的是让投资者充分掌握黄金投资操作中的交易分析和量化交易等有关技术。此外，本书还介绍了黄金投资风险的管理及防范策略。在本书撰写过程中，参考了国内外黄金市场投资研究的最新成果，力求能反映国内外黄金市场发展以及黄金投资的实战技术、策略及经验教训。本书为从事黄金现货及衍生产品理论研究和交易投资人士提供了有价值的参考。

　　由于笔者学识水平有限，加之我国金融市场体系不断完善，因此书中难免存在疏漏，请各位读者朋友不吝指教，笔者将在以后再版时予以完善，文责自负。

刘国栋

2023 年 6 月 6 日

前　言

　　本书是一本具有金融专业性质的专著，在融合最新量化交易技术的基础上，系统介绍了黄金基础知识、黄金市场、现货及金融衍生品合约、交易及投资研发工具与技术、套期保值、风险管理、黄金交易监管等有关内容。本书内容可以为黄金投资及交易业内人士提供参考，也可以作为普通高校大学生及研究生投资交易教材使用。

　　本书第一章重点介绍了黄金基础知识。其中，主要对黄金的自然属性和社会属性进行了介绍。关于黄金成色、鉴别与度量的内容是本章重点。在进行黄金投资和交易的过程中，要对不同的交易合约进行度量和转换，从而设计相应的投资产品，这些都需要掌握不同黄金度量标准之间的计算转换方法。第二章主要介绍了黄金交易市场，让读者对国内外黄金市场的分布及特点有一个基本的了解。第三章主要介绍了黄金交易与投资合约，为后续投资交易分析及深入研究打下基础。第四章主要对黄金投资分析进行了介绍。其中，针对黄金投资分析中的CFTC 持仓报告分析是本章重点内容。第五章对黄金交易过程中的量化投资技术进行了介绍。其中，关于 Python 语言的 Backtrader 交易框架是本章的重点内容，受限于篇幅原因，本章内容没有详细展开。投资者应该在掌握 Python 语言基础后，重点学习当前较为流行的几种投资交易模型。然后，从 Backtrader 交易框架拓展到其他交易框架或平台。第六章对黄金交易与投资过程中的业务风险管理进行了介绍。其中，对于 AU（T+D）业务的介绍和交易风险指标的监控是本章的重点内容。读者在掌握 Python 语言后，可以使用成熟的金融交易安装包，例如 Talib 等自行编写个性化的风险监控指标。第七章对黄金套期保值业务进行了介绍。其中，对于现货和期货套期保值业务分别进行了介绍，重点是掌握套期保值的基本概念和业务流程。第八章对黄金交易监管进行了介绍，主要目的是让投资者选择合法合规的交易投资途径，避免损失。

　　本文是山东省社科规划项目研究成果（项目批准号：22CDSJ19），在编撰过程中得到了来自黄金、白银贵金属冶炼加工行业朋友们的大力支持，在此一并表示感谢。

　　本书完成于 2023 年 6 月。

目　录

第一章 基础知识

本章导读:

本章主要对黄金的基础知识进行了系统的介绍,主要包含黄金的发展历史、金融制度、物理化学性质等几个方面内容,为后续学习做好准备。

通过本章的学习,投资者应该掌握以下内容:

1. 黄金的自然属性
2. 黄金的金融属性
3. 人类社会中黄金的发展历史

第一节　黄金的历史

　　人类社会对于黄金的使用及采掘具有悠久的历史。伊拉克出土了公元前3000年以前的黄金首饰，是目前人类发现的最早的黄金饰品。在公元前3000年的古埃及就已经使用黄金。公元前16世纪，世界闻名的意大利金匠们——伊特拉斯坎人就能制造出具有优美造型的金戒指。公元前700年，小亚细亚地区就已经出现了金银合金形式的钱币，人们称之为"琥珀金"。夏商时期，我国境内开始出现黄金制品。我国目前最早的黄金制品是出土于甘肃玉门市火烧沟遗址的金耳环和金鼻环，距今约有3800年。它开启了中国使用金饰的先河。三星堆考古中发现的黄金面具及黄金权杖，距今有3000~3200年。此后，商代墓葬中发现了金制"夔凤纹片"和金箔制品。春秋时期就已经有黄金开采活动，西汉时期开始规模化金矿开采，考古中已经出现了各种金银小器件。隋唐时期，金首饰多样化，如金簪、金钗、金花等。明清时期，金首饰制作更加精致，包括宫廷和民间使用的凤冠、金冠、戒指等。这些发现表明中国有悠久的黄金使用历史。

　　在人类社会发展历史中，黄金作为一种跨越族群和社会形态的财富象征，集神秘性和矛盾性于一体，见证了人性的贪婪与恐惧、迷恋与张狂。正如古希腊抒情诗人品达所言，"黄金贵为宙斯之子"①。按照马克思主义观点来看，财富可分为物质财富与精神财富。"财富"一词在《现代汉语词典》中的释义为：具有价值的东西。《史记·太史公自序》记载，"布衣匹夫之人，不害于政，不妨百姓，取与以时而息财富，智者有采焉"。广义的财富概念在本书中不作探讨，狭义的财富一般指物质财富。由于黄金本身是人类的劳动产品，凝结着社会价值，并且质地均匀、易于分割，因此能够执行货币价值尺度的职能；黄金单位体积所含价值高，不易磨损和变质，而且便于携带和保存，更便于执行货币的流通、支付及贮藏职能；黄金可以避免别国货币在国际结算及汇率上所遇到的价格波动的麻烦，因此可以执行世界货币的职能。由此可见，黄金不仅因为其资源稀缺性及用途广泛性而备受人们喜爱，更是由于其完美的自然属性而获得社会价值。

　　自原始社会末期，黄金就固定地充当一般等价物，直到资本主义社会萌芽时期，以英国制定《金本位制度法案》为标志，19世纪西方各主要资本主义国家纷纷实行金本位制，黄金的地位达到了巅峰时期。在人类历史上，黄金充当一般

---

　　① 彼得·L.伯恩斯坦.黄金简史（第四版）[M].黄磊译，上海：上海财经大学出版社，2023.

等价物的历史长达2000多年。即使在20世纪70年代，黄金仍然执行着世界货币的职能，在商品流通区域和国际金融市场仍然扮演着重要角色。进入21世纪，黄金的商品属性开始增强，货币属性开始弱化，但它一直在社会中承担着社会财富职能。

黄金作为货币历经兴衰，自身也具有独特的运行规律。19世纪以来，随着社会生产力的进步和经济活动的发展，对黄金的需求不断增加，但由于黄金产量有限且分布不平衡，金币自由铸造和流通的基础逐渐削弱。由于银行券等货币符号与黄金的自由兑换可能性减小，国际黄金输出和输入受到限制，最终导致第一次世界大战后金本位制崩溃。1944年，布雷顿森林会议确立以美元兑换黄金的国际货币制度，黄金的货币地位开始动摇。随后，美国由于无力履行兑换承诺，遂于1971年放弃美元兑黄金义务，西方国家采取浮动汇率制，引发黄金抢购。1976年，国际货币基金组织通过《牙买加协议》，废除了部分黄金条款，将特别提款权取代黄金作为债务清偿和借贷工具。黄金逐渐走向非货币化，回归商品属性。国际黄金市场的供求关系开始左右黄金价格。

黄金的传统地位和作用正面临严峻的挑战。历史上在金本位制和黄金美元本位制下，黄金曾被视为一种世界货币，并在各国的外汇储备中扮演着至关重要的角色。然而，自1971年美国宣布取消美元与黄金的固定兑换关系以来，黄金在各国央行的国际储备中所占比例持续下滑。例如，20世纪70年代初期，黄金在国际储备中的平均比重约为40%，而后逐渐降至20%左右，这导致许多国家和组织纷纷减少黄金储备。但是，随着黄金市场价格的波动，以及一系列国际经济与金融危机的发生，央行售金受到了广泛的社会谴责。随着国际货币体系和全球资本市场的变化，国际储备的作用发生了巨大变化。在1971年之前，外汇储备实际上是由黄金支持的，采用直接金本位制或金汇兑本位制。自1971年起，金汇兑本位制开始逐渐解体。由于美国的国际政治经济地位强大，美元和美国国债在国际货币体系中开始发挥核心作用。20世纪后半叶，美国作为世界贸易第一大国，使美元满足了央行的流动性、安全性和回报投资目标要求，因此，很多发达国家的央行抛售了大量黄金储备，以支持美国政府的金融义务。随着全球一体化进程的加快，国际货币体系从以美国为中心的单一美元体系演变为多极体系，美元在全球储备中的份额从2000年的约71%下降到2020年的59%。同时，随着人们对全球金融与经济危机的担忧，新兴市场国家央行不断增持黄金，世界各国的央行储备结构发生了较大变化，黄金在各国央行储备中的地位正在回归。

第二节　黄金的基本性质与作用

一、基本性质

黄金又名金，化学符号为 Au（源于拉丁文 Aurum，意为"灿烂、曙光"），比重为 19.32 克/立方厘米，熔点为 1064.43℃。黄金色泽灿烂，具有耀眼夺目的金属光泽。它主要来源于热液成因的含金石英矿脉，即脉矿金，在地壳中含金量只有十亿分之五，其矿床分布稀散，每吨矿石含金量从几克到十几克不等。一般而言，在 2 克以上才有开采价值（以 1000 美元/盎司作为参考）。从沙河中淘取的黄金称为沙金。每立方米矿砂含金 0.5 克以上才具有开采价值。由于黄金储藏量很少，难以发掘和开采，提炼技术要求高，加之价格昂贵，因而其与白银、铂、钯、铑等被人们统称为贵金属。

贵金属系列国际行情见表 1-1。

表 1-1　贵金属系列国际行情　　　　　　　单位：美元/金衡盎司

Metals	Date	Time（EST）	Bid	Ask	Change		Low	High
GOLD	09/20/2019	17：01	1516.70	1517.70	+18.00	+1.20%	1498.20	1517.70
SILVER	09/20/2019	17：01	17.97	18.07	+0.21	+1.21%	17.63	18.07
PLATINUM	09/20/2019	17：01	944.00	949.00	+9.00	+0.96%	935.00	951.00
PALLADIUM	09/20/2019	17：01	1605.00	1630.00	+10.00	+0.63%	1578.00	1649.00
RHODIUM	09/20/2019	17：01	5000.00	5400.00	+200.00%	+4.17%	—	—

资料来源：Kitco。

金（GOLD），又名黄金，原子序数为 79，原子量为 196.9665。这一天然产物不能由人工合成，其独特且高雅的金黄色在所有金属中引人注目。其颜色随合质金中杂质种类和量的不同而不同。例如，过多的银或铂会使其颜色变浅，过多的铜则会使其颜色变深。当被磨碎或碾成片状时，金可能会呈现青紫色、红色、紫色甚至深褐色或黑色。

黄金是人类已知金属中韧性和延展性最佳的物质，延伸率可达 40%～50%。黄金可以拉成金丝或做成金箔。然而，当黄金中存在铅、铋、锡、锑、镉等杂质时，机械性能明显下降。例如，黄金与 0.01% 的铅混合后会变脆，含铋量达到 0.05% 时，即可轻易搓碎。

黄金的密度会随温度变化略有浮动，在常温下为 19.29～19.37 克/立方厘米。

金锭中如果含有气体，会导致密度稍微降低，但经压延后密度会增加。黄金在自然条件下几乎不挥发，即使在高温条件下（1100℃~1300℃）熔炼，其挥发性损失也很小，通常只有0.01%~0.025%。黄金具有出色的导电和导热性能，导电率仅次于铜和银，在金属中位居第三位，为银的76.7%，导热率为银的74%。

黄金的化学性质极为稳定，在自然界中仅与硫形成硫化金化合物，不会在低温或高温下直接被氧化，从而保持天然金的状态。常温下，黄金不与单一的无机酸发生化学反应，但可溶于王水、液氯及碱金属或碱土金属的氰化物溶液。此外，黄金可溶于硝酸与硫酸的混合酸、碱金属硫化物、硫代硫酸盐溶液、多硫化铵溶液，以及产生氯离子的混合溶液。

二、黄金的基本作用

黄金因为具有良好的物理特性、稳定的化学性质和储存量的稀缺性等特点，长期以来一直被视为通用商品和货币等价物，在流通领域广泛应用。到现在为止，尚没有其他商品能取代黄金作为世界货币的功能。根据数据统计，截至2023年底，全球历史上开采的黄金总量约为21.3万吨，其中各国官方黄金储备占比超过17%，黄金成为国际贸易和金融交易中长期结算的重要手段。

世界各国央行对黄金的态度前后变化较大。在21世纪之前，西方发达国家的国家储备中外汇持续稳定增长，致使一些西方国家的中央银行调整国家储备中外汇与黄金的结构比重，减少黄金储备，不断抛售黄金，使黄金价格自20世纪80年代以后持续下跌。但是，随着2008年国际经济金融危机的发生，各国量化宽松货币政策的实施，世界各国央行开始纷纷增持黄金，黄金在各国央行储备中的比例不断上升。2022年，国际市场的黄金价格在1500~2000美元/盎司徘徊。另外，由于黄金具有独特的物理和化学性质，因此在个人消费、医疗、工业和高科技领域中也有着广泛的用途。据统计，世界黄金年产量从1989年起已突破2000吨。近十年来，全球黄金年产量经历了一定的波动和变化。2013年全球黄金矿山年产量约为3181吨，创下历史最高纪录，此后总体上呈现上涨态势。2018年，全球黄金矿山年产量为3656吨。2019年全球黄金矿山年产量下降至3596吨。2020年受到新冠肺炎疫情的影响，全球黄金矿山年产量下滑至3482吨。2022年的黄金矿山产量为2019年以来最高。

马克思说过，"金银天然不是货币，但货币天然是金银"。也就是说，黄金是人类劳动的产物，凝结着社会价值，同时具备商品和金融双重属性。尽管黄金作为一种可利用的物质与其他金属类似，没有天然的货币属性，但由于稀缺和便携的特点，其成为最适合作为货币的特殊商品。因此，从一般等价物的角度来看，货币天然就是金银。正是黄金的特殊性，使之成为一种同时具有货币属性和商品属性的特殊商品。

在人类社会经济活动中，黄金发挥着极为重要的作用，主要表现在以下四个方面：

1. 国家储备

黄金曾长期充当货币的多项职能，如价值尺度、流通手段、贮藏手段和支付手段。虽然黄金在世界各国金本位制崩溃后逐渐退出货币流通领域，但其作为贮藏手段的职能依然存在。即使一些中央银行减少黄金储备以追求流动性和增值性，但是黄金作为国家储备的重要手段仍不可小觑。德国中央银行巨量黄金储备在一定程度上可以解释当时德国马克的坚挺。目前黄金仍被大多数国家作为储备金使用，约占已开采黄金总量的 60%。尽管美国一直宣称"黄金无用论"，但其近年来官方黄金储备仍约占全球总量的 25%。此外，每年约有 25% 的黄金被用作各国政府储备，用作防范经济危机或自然灾害，又或是用于应对战争和通货膨胀，只有少部分被铸成金币用于流通。

2. 投资保值工具

在经济稳定时期，黄金对社会大众的吸引力有限。如果仅仅是为了储存黄金，这种行为不但没有收益，而且还会产生存储保管费用。因此，此时个人购买黄金的行为只能算是黄金收藏者的一种嗜好，而不能将其视作一种投资保值的手段。但是，如果经济出现繁荣，则大众就会面临通货膨胀的威胁。在经济稳定或繁荣时期，社会大众对黄金的态度也呈现出一个不断变化的特点。例如在 20 世纪 50 年代，世界经济全面复苏时期曾出现过类似的情况。近年来，我国经济稳步上升，社会大众为了抵御通货膨胀，对黄金也逐渐重视起来。1997 年亚洲金融危机时，东南亚地区、韩国以及中国台湾、中国香港出现了支付危机，而黄金作为投资保值工具的重要性就凸显出来。特别是在韩国，广大民众为此开展民间献金运动，以拯救国家的财政金融危机。

在经济或金融危机时期，黄金的避险保值功能使人们对黄金有了一种全新的认识。当黄金用作保值、增值、储藏时，多以金块、金条、金砖、纯金币等形式存在。

3. 首饰装饰

每年全球生产的黄金中，大部分被广泛用于制作珠宝首饰。黄金作为装饰品的历史悠久，许多国家的历史中都有用黄金制作首饰的记录。黄金饰品展现出黄金的美丽、柔软和抗腐蚀等特性。

此外，黄金饰品还反映了人们社会地位的高低。黄金饰品不仅带来美感，还展现了人们的身份和财富。在封建社会，黄金标志着明显的社会等级，只有贵族和官僚阶层才能拥有大量黄金饰品，而平民百姓几乎无法拥有黄金饰品，因此黄金成为了财富的象征。

4. 高科技材料

20 世纪初，黄金在工业、医疗和高科技领域被广泛应用。由于黄金具有良好的导电、导热和抗腐蚀性能，以及其具有良好的抗拉、抗磨和抗弧能力，黄金被广泛用于宇航、电子和电气工业。宇宙飞船、人造卫星、火箭导弹和飞机中的电器仪表以及微型电机的关键部件几乎全部采用黄金及其合金制造，具有不易氧化、熔点高、抗弧和抗磨能力强等特点。此外，黄金还被用于印刷微型电子线路板，节省导线长度，实现计算机的小型化和微型化。在航天工业中，使用黄金制作的电子元器件不仅具有良好的导电性能，还具有长久的使用寿命。此外，每年约有 80 吨黄金用于电子工业、航天工业、计算机和电子通信等高科技产业。黄金还在医药医疗领域应用，主要用于镶牙和治疗风湿性关节炎等。在摄影、医疗和其他工业领域，黄金的应用也越来越广泛。尽管现代社会人们的传统习俗已经改变，但由于对黄金饰品的喜爱，全球每年约有 60% 的黄金被用于制作首饰。其余的 25% 用作国家金库或中央银行制作金币的材料，5% 被私人收藏，另外还有 10% 被广泛用于航天、电子电器和医疗工业等领域。

第三节 黄金成色、鉴别与度量

黄金化学性质稳定，不易腐蚀，高温下很难被空气氧化。纯金呈现特殊的金黄色，密度大，硬度低，电阻小，延展性好。黄铜矿、黄铁矿、金云母等天然矿石以及黄铜等合金，它们与黄金相似，常易被当作黄金，以假乱真。黄金广泛用于货币、国际工业和科技产品，同时也大量用于首饰和工艺品的制作。因此，黄金的成色、度量以及鉴别问题就显得非常重要。

一、黄金的成色

1. 直接表示法

一般以含量百分数、千分数或万分数表示。比如，金饰上标注为 750 的，即表示黄金成色为 75%；标注为 9999 的，即表示成色为 99.99%。千足金饰品是指含金量不小于 99.9% 的饰品，在首饰上的印记为"千足金"或"999 金"。在很长一段时间内，千足金曾经是首饰中最高的成色。近年来，随着首饰加工技术的不断发展，目前已经能够制作出万足金成色的首饰，即成色为 99.99% 的黄金。足金饰品是指含金量不小于 99% 的饰品，在首饰上的印记为"足金""990 金"等。我国对黄金制品的标记，一般要求有生产企业代码、材料名称及含量等信息（具体参考 GB11887-2012）。为表明质量的权威性，黄金首饰一般会附有行业协会出具的鉴定证书。

2. K金表示法

K金，如 G18K 和 G14K 等，1K 表示黄金的含量为 4.1666%，以总含量 24K 为基准进行计算。K 为德文 karat 的缩写。Karat 本意是起源于地中海沿岸的一种角豆树，这种树无论长在什么地方，它所结的豆仁大小完全一致，当地人们就用它来作为测量物品重量的标准。中华人民共和国成立初期 K 金是按每 K 含纯金 4.15% 的标准计算，1982 年以后，按每 K 含纯金 4.166% 的标准计算，与国际标准接轨。

黄金饰品的价格与其成色，与是否包金、镀金和镶金等有关，在投资者不具备专业鉴定设备和技术的情况下，可以先通过黄金制品标识信息、质量证明书等内容来判断其成色情况。然后，借鉴权威机构专业检测技术设备进行检测，最终确定黄金饰品成色，避免购买假冒伪劣饰品，上当受骗。

3. 传统称谓

黄金根据其生产来源和加工用途的不同，又分为"生金""荒金""熟金""特制金"等诸多种类。"生金"是人们从矿山或河床中采掘挑选出来，未经精炼提纯加工的自然金。根据生金采掘地点的不同，生金又可分为沙金和矿脉金两种类型。沙金是从河床或古河床的泥沙中采掘挑选出来，未经精炼提纯的自然黄金。矿脉金则产于矿山，随着地下涌出的热泉水，流经岩石缝隙时被沉淀积聚而留下，形成矿脉金。熟金，又称色金，是经过黄金冶炼公司的精炼提纯，并根据生产流通的需要被加工成的各种黄金制品，这类黄金制品通称为熟金。包金是指在非黄金原材料外面涂上一层金衣，使非黄金物品看上去拥有与黄金类似的色泽或质地。稀金是主要以铜为原料，添加稀土等其他成分而制成的一种仿金材料。该类黄金制品质地坚硬，色泽与黄金类似，不易氧化褪色，耐磨性较好，多应用于一些高档仿金饰品的制作。

4. 国家标准

跟黄金有关的现行国家标准，主要来自金锭标准 GB/T 4134—2021（见表 1-2）。中文标准名称为金锭，其英文标准名称为 Gold ingots，是现行的金锭标准。

表 1-2　金锭标准 GB/T 4134—2021

项目	内容
中国标准分类号（CCS）	H68
国际标准分类号（ICS）	77.020
发布日期	2021-08-20
实施日期	2022-03-01
主管部门	中国国家标准化管理委员会
归口单位	中国国家标准化管理委员会

续表

项目	内容
发布单位	国家市场监督管理总局、中国国家标准化管理委员会

本标准按照 GB/T1.1—2020 给出的《标准化工作导则》第 1 部分规定起草。本标准代替 GB/T4134—2015《金锭》，与 GB/T4134—2015 相比，本标准做了如下修改：

1）更改了范围（见第 1 章，2015 年版的第 1 章）；

2）更改了规范性引用文件（见第 2 章，2015 年版的第 2 章）；

3）增加了 Au99.90 牌号及其要求（见第 4 章）；

4）删除了 Au99.99 牌号对钯、镁、铬、镍、锰的杂质含量要求和 Au99.95 牌号对钯含量要求（见 2015 年版的 3.2.1）；

5）更改了牌号表述形式，由"IC-Au"调整为"Au"（见第 4 章，2015 年版的第 3 章）；

6）增加了金锭品级分类（见 4.1）；

7）更改了杂质含量限定值的有效数字位数（见 4.1.2，2015 年版的 3.2.1）；

8）增加了小于方法测定范围下限时杂质减量方式的规定（见 4.1.3）；

9）删除了对"非工业用金锭"的规定（见 2015 年版的 3.2.4）；

10）更改了金锭外形尺寸的允许偏差（见 4.2，2015 年版的 3.3）；

11）更改了金锭表面质量要求（见 4.3.3，2015 年版的 3.4.3）；

12）更改了不同牌号金锭所使用检测方法步骤的具体规定（见 5.1，2015 年版的 4.1）；

13）更改了金锭锭重检测结果的修约要求，所有规格锭重检测结果统一修约到 0.01g（见 5.2,2015 年版的 4.3）；

14）更改了金锭检验的取样、制样方法（见附录 A，2015 年版的 5.4）；

15）更改了金锭检验结果的判定（见 6.2，2015 年版的 5.5）；

16）更改了金锭的标志要求（见 7.1，2015 年版的 6.1）；

17）更改了金锭包装箱的材质要求（见 7.2，2015 年版的 6.2）；

18）增加了金锭包装箱的规格尺寸要求（见 7.2，2015 年版的 6.2）；

19）更改了金锭订货单（或合同）内容（见第 8 章，2015 年版的第 7 章）。

本文件由全国黄金标准化技术委员会（SAC/TC379）提出并归口。

金锭按化学成分分成 4 个牌号，分别是：IC-Au99.995，IC-Au99.99，IC-Au99.95，IC-Au99.50，其具体成分信息规定如表 1-3 所示。

表 1-3 金锭产品分类和化学成分（GB/T 4134—2021）

牌号	品级	化学成分（质量分数）/%													
		Au 不小于	杂质含量不大于												杂质总和 不大于
			Ag	Cu	Fe	Pb	Bi	Sb	Pd	Mg	Sn	Cr	Ni	Mn	
Au99.995	0#	99.995	0.0010	0.0010	0.0010	0.0010	0.0010	0.0010	0.0010	0.0010	0.0010	0.0003	0.0003	0.0003	0.0050
Au99.99	1#	99.99	0.0050	0.0020	0.0020	0.0010	0.0020	0.0010	—	—	—	—	—	—	0.0100
Au99.95	2#	99.95	0.0200	0.0150	0.0030	0.0030	0.0020	0.0020	—	—	—	—	—	—	0.0500
Au99.90	3#	99.90	—	—	—	—	—	—	—	—	—	—	—	—	0.100
Au99.50	4#	99.50	—	—	—	—	—	—	—	—	—	—	—	—	0.500

对于其物理规格，国标 GB/T 4134—2021 也进行了规定：金锭呈长方形锭状、梯形锭状。金锭外形尺寸和重量要求见表 1-4。

表 1-4　金锭外形尺寸和质量

质量规格 （千克）		长 （毫米）	宽 （毫米）	质量允许偏差 （克）
1		115±3	53±3	+0.05 -0.00
3		320±5	70±5	±50
12.5	正面	255±10	80±10	+500
	底面	236±10	58±10	-1500

对于外观表面方面，要求金锭表面平整、洁净，边、角完整，无飞边、毛刺。不允许有空洞、夹层、裂纹、过度收缩和夹杂物。不准许有锭面标志以外的明显机械加工的痕迹，3 千克金锭允许有裁头切口。

二、成色鉴别

黄金成色鉴别技术按照历史发展阶段的不同，可以分为传统鉴别技术与现代鉴别技术两类。

1. 传统鉴别技术

黄金具有独特的物理化学性质，自古以来，我国劳动人民根据这些特性，摸索出一套鉴别黄金真伪和成色的经验方法，可以有效快速地进行鉴别。

（1）看。黄金的外观光泽和颜色是人们的第一直观感受，其光泽明亮且耀眼。黄金的颜色应为金黄色，纯度越高呈现出的颜色越接近纯金的性质。民间很早就有根据颜色判断黄金成色的方法，如"七青、八黄、九紫、十赤"。此法现今受到质疑，但对纯金的判断还是可靠的。通过观察黄金的光泽和颜色，我们可以大体区分出 K 金、纯金、假金和真金。纯金的理想颜色应为赤黄色，成色在 95% 以上；正黄色的成色约为 80%；青黄色的成色约为 70%；略带灰色的黄色成色在 50%。因此有谚语"七青八黄九五赤，黄白带灰对半金"。对于长时间存放的首饰而言，"铜变绿，银变黑，金子永远不变色"。近些年的新闻媒体中，就有黄金"生锈"的报道，这主要是由于黄金纯度不够，掺杂了合金成分，如银、铜、铁、铅、镁、锰、铱等杂质。应当指出，如果所含杂质的熔点高于黄金，则用普通的熔炼方法很难去除。

（2）掂。黄金沉甸甸的感觉主要是其高密度所导致。用手来掂的话，一小块黄金就能感受到其异常于体积的重量,例如:一个火柴盒大小的金块就有一斤多重,一个烟盒大小的金块则有四斤左右。这种沉甸甸的感觉是判断黄金真伪的重要因素,因而比重测定法被广泛应用。但是,比重法在测试 K 金和空心金饰方面存在困难,因为金属钨的密度与黄金相近。黄金的密度为 19.32 克/立方厘米,比同体积的银、铅、锡重约一倍,密度接近的金物品可以判断为纯金或较纯金,否则为非纯金或成色较差的黄金。

(3)扳。黄金纯度越高,软度越好。通过手感可以感受黄金的软硬程度。纯黄金具有良好的延展性,同时具备较高的韧性和较低的硬度。这种延展性方便我们鉴定纯金。1 克纯金可以拉成直径为 0.00434 毫米、长为 3.5 千米的金丝,也可以压成厚度仅为 0.23×10^{-3} 毫米的金箔。黄金的延展性在建筑物、佛像、工艺品等方面被广泛应用,也可以在生活中被用来鉴别真伪和初步确定成色。纯金饰品,如戒指、耳环、项链、手镯,在开口或连接处用手指扳动时应该非常柔软,成色至少为 95% 以上。而黄铜、稀金和 K 金则不容易被扳动。黄金的摩氏硬度为 2.8,普通大头针可以在其表面留下痕迹。民间金匠有时会用牙齿咬,可以咬动的金属纯度较高,可以认为是真金。

高成色的黄金能够被大头针或指甲刮擦留下痕迹。97% 以上成色的黄金首饰,弯曲几次后,会出现皱纹,也称为鱼鳞纹;95% 左右成色的黄金首饰,弯曲时会感觉硬,鱼鳞纹不太明显;90% 左右成色的黄金首饰,弯曲时很硬,没有鱼鳞纹;含杂质较多的黄金首饰,弯曲几次就会断裂;如果是生金制作的,弯曲即断裂,断面有明显的砂粒状。使用这种方法时,应考虑首饰的宽窄和厚度,厚且宽的首饰会更硬,薄且窄的首饰则会更柔软。

(4)试。试金石方法在很长一段时间里被银行和金店所采用。试金石是专门用于检验黄金的一种黑色灰绿岩。试金石需要具有细腻的质地和黑如沥青的颜色。通过在试金石上划出条痕来鉴定黄金的真伪和成色,这也被称为条痕法。根据比色标准表,可通过颜色的浓淡来判断黄金的成色高低。它的分析误差仅为 5‰,与先进的荧光分析相比,达到了定量分析的水平。民间使用的试金石通常呈卵石状,尺寸与普通手表相仿,便于携带和随时使用,非常方便。利用金对牌(已确定成色的金牌)和被试首饰在试金石上磨道,通过对比颜色,确定黄金首饰成色。此法应在自然光和日光灯下进行,不能在直射的太阳光线和白炽灯下进行。

(5)点。这是一种用化学试剂鉴定黄金成色的方法。硝酸是最好的鉴定剂。使用玻璃棒蘸取少量硝酸,触碰黄金样本,若是真金,不会有任何变化。通常会将硝酸和试金石结合使用,相互协助。将硝酸滴在试金石上的金痕上,观察变化来判断黄金的真伪和成色,若没有标准对照品,可以使用少许香灰和烟灰作为催化剂,同样可以得出定量结果。这是借助化学试剂鉴定黄金成色的方法。

（6）烧。俗话说，"真金不怕火炼"。黄金有良好的化学稳定性，不易氧化，因此千年前出土的金器仍然保持原有的金光。这一特性在鉴定纯金时非常有用。纯金经火烧后颜色不变，而 K 金则会变色发黑。旧时代的金店常常利用这一特性，在征得顾客同意后，用火进行鉴定，判断物件的真伪。

（7）听，即听其声韵。黄金比重大、硬度低，所以落地时声音沉闷，不像其他金属那样清脆。在试金石上划试时，纯金没有尖刺声。凭借声音判断黄金真假需要经验，不是每个人都能判断出来，但作为民间方法仍可采用。黄金的民间鉴定方法朴实科学，生命力强，广为流传。整理挖掘这些方法对弘扬中华文化有益。方法需相互对比、综合判定，才能得出准确结论。

2. 现代鉴别技术

（1）有损与无损鉴别。现代黄金检测方法分为有损检测和无损检测。有损检测包括化学分析和等离子发射光谱分析，但不适用于首饰。无损检测方法包括微区分析法、分光光度法、原子吸收法、比重法和 X 射线荧光光谱法。光度法和原子吸收法是国内常用的方法，并不断结合流动注射、高效液相色谱、化学计量学等新技术，向更快、更实用的方向发展。

随着科学技术的发展，很多传统鉴别技术利用现代科学方法计量之后，成为成色鉴别的重要方法，如比重法，即根据静水力学的原理测定黄金首饰的比重（俗称吊水法）。在实际测试时一般选择表面张力小且比重大的有机液体，这样能够充分浸润样品并排除其表面的空气，减少测试误差，提高测试精度，然后根据公式计算成色。

$$W = \frac{T}{WAU \times 19.3207} \qquad (1-1)$$

式中，W 为实测样品成色；WAU 为待检测样品体积；T 为待检测样品质量。基于该式，我们可以计算出待检测黄金的成色。在此基础上，通过查找海拔—比重—成色关系表（可自行测算，因地区而异）即可以确定待检测样品的成色。

比重法使用分析天平来测量黄金在空气和纯水中的重量，根据阿基米德定律计算比重和成色。其优点在于具有较高的测量精度，理想情况下误差可达到 0.3%~0.5%，并且仪器简单、价格低廉、易于推广。然而，该技术不适用于镶金、包金和镀金首饰的检测，而且当黄金含有多种杂质元素、存在微小孔隙或内部缺陷，或者首饰因长期佩戴表面污垢难以清洗时，比重法可能会存在偏差，甚至出错。同时，在测量过程中表面张力的影响难以完全消除，限制了该技术的精密度提高。

微区分析法主要有电子探针、激光微区光谱和扫描电镜能谱等。利用一束电子或激光照射一个微小区域（如直径为 0.1 毫米），根据该区域产生的光谱或能谱可计算出金的成色和杂质元素的含量。该法适用于矿石中微小金粒的成色测定，但对于黄金和饰品而言，取样面积小、代表性差、灵敏度和精密度不够理想。

X 射线荧光光谱法是一种于 20 世纪 40 年代发展起来的技术，用于无损检测黄金。使用大型精密 X 射线荧光光谱仪作为测量设备，对黄金进行大面积 X 射线照射，记录荧光 X 射线光谱和强度，并通过计算机进行真伪鉴别、成色和杂质元素含量计算。该技术无须化学试剂，无污染、无损伤和残留放射性，并具有较高的精密度和准确度，误差可控制在 0.1% 以下。该法是目前最先进的无损检测黄金技术。

（2）国家标准技术。按照国标 GB/T 4134—2021，金锭的化学成分仲裁分析方法按 GB/T 11066（所有部分）的规定执行。Au99.995、Au99.99 和 Au99.95 牌号的金锭应先按 GB/T 11066.1 的规定对金质量分数进行测定，在金质量分数超出 GB/T 11066.1 规定的测定上限时，再采用杂质减量方法确定金质量分数。需方对检测方法提出其他要求时，可由供需双方协商确定。其次，应使用相应准确度的器具检测金锭质量，检测结果按 GB/T 8170 的规定修约到 0.01 克。再次，金锭的表面质量用目视法检查。另外，应使用相应准确度的器具检测金锭锭形。

在实际的黄金交易中，为了节省时间，提高交易效率，标准金锭主要以质量证明书及有关单证进行查验。对于有异议的金锭成色或者重量，可以根据约定协议选择权威机构进行仲裁或采取其他法律手段维护自身权益。非标准金锭主要参考双方交易协议中的异议处理条款执行。

三、黄金度量

黄金度量与任何物品一样，无论是金块、金条或金币，都具有一定的重量规格。黄金重量的主要计量单位为盎司、克、千克（公斤）等。国际上一般通用的黄金计量单位是金衡盎司。由于世界各国黄金市场的交易规则及习惯不一，计量单位也不同。

1. 黄金度量单位

全球黄金市场上较为常用的黄金计量单位主要有以下几种：

（1）金衡盎司。国际上计算黄金、白银等贵重金属的基本单位为金衡盎司。盎司旧称"英两"，系英制中的计量单位。金衡盎司是盎司中的一种，与常衡盎司不同，它是专用于黄金等贵金属商品的交易计量单位，其折算关系为：

1 金衡盎司 = 31.103477 克 = 0.62207 市两（中国 10 两制）= 1.09714 常衡盎司

国际黄金市场中的交易单位通常为 100 金衡盎司（Troy Ounce），一般取小数点后四位即可，即 1 盎司约等于 31.1035 克。

1 常衡盎司 = 28.3495 克

（2）两。两在黄金交易和投资中经常会出现，一般有小两、司马两、台两、市两等诸多种类，具体如下：

司马两是目前中国香港黄金市场常用的交易计量单位。

1 司马两 = 37.4285 克 = 1.203 354 金衡盎司

台两是中国台湾目前的计量单位。

1 台两 = 37.49264 克 = 1.2056 金衡盎司

市两也是中国黄金市场上常用的计量单位，现在上海黄金交易所用克作为单位。

1 市斤 = 10 两 = 500 克 = 16.075 36 金衡盎司

小两是以前传统黄金交易的计量单位，具体换算公式为：

杆秤 1 市斤 = 16 小两 = 500 克，1 小两 = 31.25 克

中华人民共和国成立前的上海黄金交易所，还使用过"盘"作为计量单位。

1 盘 = 70 小两 = 4.375 斤 = 2.1875 公斤

日本黄金交易市场使用日本两单位：

1 日本两 = 3.75 克 = 0.12057 金衡盎司

（3）托拉。托拉是一种比较特殊的黄金交易计量单位，主要用于一些南亚地区的黄金市场，如新德里、孟买、卡拉奇等。

1 托拉 = 11.6638 克 = 0.375 金衡盎司

2. 黄金重量换算

表 1-5 所示为 2021 年 8 月 6 日黄金市场报价。

表 1-5　2021 年 8 月 6 日黄金市场报价

黄金市场	报价
中国上海黄金交易所（SGE）	377.1 元/克
中国上海期货交易所（SHFE）	369.3 元/克
中国香港金银业贸易场	16495 港元/司马两
中国台湾	61260 新台币/台两
美国市场	1760 美元/盎司
Kitco 贵金属	1763.1 美元/盎司

注：外汇牌价：1 港元 = 0.8328 人民币，1 美元 = 6.48 元 = 7.7795 港元 = 27.804 新台币。

那么，我们怎么知道哪一个市场的价格更加便宜一些呢？我们通过简单的汇率折算，统一转换为人民币报价即可进行对比分析：

人民币金价 = 国际金价 × 美元对人民币汇率/31.1035

为了比较美国、中国香港、中国台湾以及中国大陆的报价，我们可以采用类似的方法，把中国香港、中国台湾以及中国大陆的黄金报价统一转换成美元报价。已知 1 金衡盎司 ≈ 31.1035 克，则 2021 年 8 月 6 日，中国大陆黄金人民币报

价折算成美元应该为：

人民币金价×31. 1035÷美元对人民币汇率＝1810. 05 美元/盎司

已知 1 司马两＝37. 4285 克＝1. 203354 金衡盎司，则中国香港黄金报价折算成美元应该为：

中国香港金价÷1. 203354÷美元对港元汇率＝1762 美元/盎司

已知 1 台两＝37. 49264 克＝1. 2056 金衡盎司，则中国台湾黄金报价折算成美元应该为：

中国台湾金价÷1. 2056÷美元对新台币汇率＝1827. 54 美元/盎司

同理，以上黄金市场价格可以根据当日的汇率折算成任何一个国家或地区的价格，以便深入分析其中可能存在的交易投资机会。由上可知，不同地区的黄金价格之间有很大的区别，存在着跨市场交易投资的机会。

第四节 黄金与金融制度

黄金具有特殊的自然属性，被赋予社会属性后就具备了货币功能。要了解人类社会中黄金的重要作用，需要先了解其在金融领域的演变历史。

一、皇权垄断时期

公元前 2000~前 1849 年，古埃及统治者先后对努比亚进行了四次掠夺性战争，占领了努比亚全部金矿。公元前 1525~前 1465 年，古埃及第十八王朝法老又先后发动了两次战争，从巴勒斯坦和叙利亚掠夺了大量金银。大量金银流入古埃及，古埃及财富大增，使他们有能力兴建大型水利工程，发展农业，兴建豪华宫殿和陵园，为人类留下了巨大的阿蒙神庙遗迹和金字塔。

公元前 47 年，古埃及被古罗马占领，凯撒大帝凯旋时，展示了从埃及掠夺的大量黄金和白银。有学者认为，金银的积累使罗马帝国的国力大增，使其在文学、史学、法学、哲学诸方面取得了伟大的成就。正是在这样的基础上，黄金培植起了古埃及和古罗马文明。

商朝时期，我国三星堆文化中人们已经熟练使用金器（见图 1-1~图 1-3）。公元前 5 世纪战国时期，楚国出现了名为"郢爰"的金币，是我国已知最早的流通金币。该金币取名自楚国都城"郢"，距今约 2500 年（见图 1-4）。"郢爰"是一种称量货币，有两种形制，一种是正方形或长方形的金版，另一种是扁圆体的金饼，以前者为主。使用时可根据需要将金版或金饼切割成小块，然后通过等臂天平称量进行交换。公元前 1 世纪，古罗马出现了一种铸有安东尼头像的金币。公元 1 世纪，古印度也铸造了带有佛祖释迦牟尼头像的金币。在封建社会中，欧洲和亚洲各国普遍采用银本位制。从 13 世纪起，法国、意大利等国的商业城市开始铸造金币。1489 年，英国首次铸造了"金镑"，与银币一同流通。资本主义初期，大量黄金进入货币流通领域，欧美各国的货币制度从银本位制转向金银复本位制，并在 18 世纪末开始过渡至金本位制。

图 1-1　金箔虎形器

注：三星堆博物馆（三星堆一号祭祀坑出土）。

图 1-2　金面铜人头像

注：三星堆博物馆（二号坑出土）。

图 1-3　金杖

注：全长 1.42 米，直径 2.3 厘米，净重约 500 克（一号祭祀坑出土）。

图 1-4　郢爰

注：楚国货币，扬州博物馆。

19 世纪之前，黄金是王权的象征，用于装饰王权和神灵。尽管公元前 5 世纪就有金币，但普通人难以拥有。当时黄金由奴隶和犯人开采。16 世纪，殖民者为了掠夺黄金大规模屠杀土著，犯下了累累暴行。在这段时间里，抢掠和奖赏成为主要的黄金流通方式，自由交易的黄金市场规模小且难以维持。

二、金本位制时期（19 世纪~20 世纪 30 年代）

1. 金本位制的产生

金本位制是 19 世纪末到 20 世纪上半期欧美资本主义国家广泛采用的货币制度，以黄金作为流通货币。随着俄国、美国、澳大利亚、南非和加拿大等地黄金矿产资源的发现，黄金生产迅速增长，仅 19 世纪后半叶的黄金产量就超过过去 5000 年的总产量。黄金供应的增加为人们的金本位需求创造了物质条件，从而进入了金本位时期。金本位制的建立使黄金从帝王专有逐渐扩展到整个社会共用，从狭窄的宫廷使用范围逐渐融入普通经济生活，从豪华特权的象征演变为资产丰裕的象征。

金本位制最早起源于欧洲工业革命时期的国家。英国在 1717 年首先实施金本位制，1816 年通过《金本位制度法案》，正式将黄金作为英国货币制度的基础。19 世纪，德国、瑞典、挪威、荷兰、美国、法国、俄国和日本等国相继宣布实行金本位制。

2. 金本位制的主要内容

金本位制将黄金视为货币，作为硬通货使用。金本位制的要点包括：

（1）通过黄金确定货币的价值，每个货币单位拥有法定的黄金含量，各国货币按黄金重量形成比价关系。

（2）允许自由铸造金币，任何人都可以将金块交给国家造币厂铸造金币，或按法定含量将金币兑换成同等重量的金块。

（3）金币是无限法偿的货币，具有无限制支付手段的权利。

（4）各国的货币储备是黄金，当国际贸易出现赤字时，可以用黄金支付。

金本位制具有自由铸造、自由兑换和自由输入/输出的特点。黄金成为商品交换中的一般等价物和媒介，金本位制是黄金货币属性的高峰。在美国内战结束到第一次世界大战爆发的 50 年间，金本位制度盛行，并受到类似于宗教的崇拜。但由于各国情况不同，金本位制的实行时间长短不一，共有 59 个国家采用了金本位制。金本位制对英国等金融帝国最为有利，黄金在当时取得了类似于现今美元的地位。然而，由于黄金储备不产生收益，英格兰银行降低了黄金储备标准，其持有黄金的数量远低于法兰西银行和美国财政部在 1913 年所持有的数量。

3. 金本位制的结束

金本位制在 19 世纪 70 年代至第一次世界大战爆发期间运行得十分顺利，欧洲政治经济繁荣。然而，从事后来看，国际金本位制的成功可能是后果，而非原因。随着第一次世界大战的爆发，各国军费开支大幅度增加，也停止了金币铸造与纸币兑换，禁止黄金进出口，这些举措对金本位制的根基造成了严重破坏。20世纪30年代，经济危机爆发，导致金本位制彻底崩溃。各国加强贸易管制，禁止黄金自由买卖与进出口，伦敦黄金市场被迫关闭，直至1954年才重新开放。虽然其间部分国家实行了"金块本位制"或"金汇兑本位制"，削弱了金本位制的货币功能，并将其退出国内支付领域，但黄金仍充当着国际储备资产中最后的支付手段，扮演着世界货币的职能，并受到各国的严格管理。

第一次世界大战后，欧洲遭受严重破坏。人们认为只有金本位制才能带来复苏。因此，英国在1925年恢复了金本位制度，但由于1929年美国股市崩溃引发了全球经济衰退，英国不得不在1931年再次取消金本位制。此后，只有美国、法国、瑞士、荷兰和比利时坚持金本位制。1936年后，没有国家允许货币或存款兑换黄金。1933年，美国总统罗斯福上台后，为了应对黄金大量流失的危机，宣布禁止民众持有金币，要求上交给银行，并用行政命令将金价固定在每盎司35美元，并维持长达37年。随着金本位制的出现，黄金成为商品社会中的通用等价物，促进了商品交换并提升了黄金的流动性。同时，黄金市场的发展受到社会条件和经济需求的推动。虽然在金本位制时期，各国中央银行可以自由买卖黄金，但实际上是通过市场进行交易，因此黄金市场在严格管控下得以发展。直到第一次世界大战之前，伦敦黄金市场是唯一的国际黄金市场。

金本位制度历经约100年，可大致分为三个阶段：金币本位制、金砖本位制、金汇兑本位制。金币本位制，即古典或纯粹的金本位制，是金本位货币制度最早的形式，流行于1880~1914年。金砖本位制是一种以金块进行国际结算的变种金本位制，也称为金条本位制。金汇兑本位制是在金块本位制或金币本位制国家中，保持外汇并允许无限制兑换本国货币的金本位制。

三、布雷顿森林体系时期（20世纪40~70年代初）

1. 布雷顿森林体系产生的背景

1914~1938年，西方大部分矿产金被各国央行吸收，黄金市场活动有限。此后黄金管理略有松动，但官价仍长期被人为确定，国际贸易受到限制，黄金流动性差，市场机制严重受阻。1939年9月，第二次世界大战爆发，数年后美国成为最大赢家。战争结束时，美国拥有世界3/4的黄金储备，这些黄金主要因战争流入美国。1944年7月，44个国家政府代表在布雷顿森林开会，签订了"布雷顿森林协议"，建立了新的金融体系。该体系以美元为中心，美元成为黄金的等价物，美国负责兑换黄金，其他国家只能通过美元与黄金发生关系，美元成为世界货币和主要储备货币。

2. 布雷顿森林体系的内容

布雷顿森林体系基于美元和黄金，是一个金汇兑本位制。其核心包括：

（1）美元是国际货币结算的基础，是主要的国际储备货币。

（2）美元与黄金直接挂钩，其他货币与美元挂钩，按每盎司 35 美元的官价兑换黄金。

（3）实行固定汇率制，各国货币与美元的汇率波动范围限制在 1% 以内，黄金价格也固定，必要时各国央行干预以将汇率维持在规定范围内。

然而，黄金在布雷顿森林体系中的作用被限制。因黄金几乎由美国政府掌控，其他国家缺乏黄金储备。这导致没有黄金作为发行纸币的准备金，只能依赖美元。因此，美元成为世界货币体系的主角，而黄金则起到稳定这一体系最后屏障的作用。黄金的兑换价格及流动受各国政府严格控制，居民自由买卖黄金受限，黄金市场定价机制难以发挥作用。从另一个角度来看，布雷顿森林体制实际上将黄金囚禁在美元的牢笼中，并用发行的美元代替黄金的作用。

3. 布雷顿森林体系的崩溃

布雷顿森林货币体系与美元的信誉和地位息息相关。1961 年，美国联合英国、瑞士、法国、联邦德国、意大利、荷兰、比利时共同建立了"黄金总库"，以控制黄金储备流失，并阻止外国政府兑换黄金。然而，自 20 世纪 60 年代末开始，美国陷入越南战争的泥潭，财政赤字巨大，国际收支状况恶化，导致美元信誉受挫。由于大量资本外流，各国抛售美元兑换黄金，使美国黄金储备急剧减少，黄金价格暴涨，美元危机再度爆发。1971 年，美国宣布不再按每盎司 35 美元官价供应黄金，进入黄金双价制阶段。然而，该制度仅持续三年，因美国国际收支持续恶化和西方国家不满美国黄金市场政策，最终导致布雷顿森林国际货币体系彻底崩溃，黄金开始非货币化改革进程。

四、黄金非货币化时期（20 世纪 70 年代至今）

1. 黄金非货币化的历史背景

黄金非货币化是指将黄金完全从货币角色中解脱，使其重新成为普通商品的趋势。这个问题是在美元危机频繁爆发，以美元—黄金为中心的国际货币体系崩溃后出现的。在这种背景下，美国努力减弱甚至取消黄金在国际货币体系中的地位，实行黄金非货币化，其主要目的是绕过黄金，凭借经济实力重建美元的霸权地位，而不再依赖黄金回收国际市场上的大量美元资本流动。黄金非货币化导致国际金融市场上不再有固定的黄金定价标准，原先反对非货币化的法国等西欧国家也被迫同意取消国际货币基金组织有关黄金的规定。在各国的汇率决定制度中，黄金不再起决定作用，黄金价格剧烈波动。同时，黄金储备也不再被用作平衡国际贸易和国际收支差额的主要支付手段。

2. 黄金非货币化的争议

1976 年，《牙买加协议》获得多数票通过，正式废除了黄金在国际货币体系中的货币职能。根据该协议，黄金不再作为货币定值标准，取消了黄金官价，并允许在市场上自由交易黄金。该协议还废除了国际货币基金组织必须用黄金支付的规定，并引入了特别提款权（Special Drawing Right，SDR）来替代黄金进行与国际货币基金组织的支付。尽管有人主张黄金再次发挥货币作用，但大多数西方国家已接受了黄金非货币化的观点。在 20 世纪 70 年代以后，金价与西方主要货币汇率存在一定的关联，但由于黄金产量有限且各国存在争议，恢复黄金货币作用的可能性较小，因此黄金非货币化仍然是主要趋势。

我国学术界对黄金非货币化问题有两种观点：一种认为黄金不再是世界货币或主要影响货币汇率；另一种观点认为黄金虽已非货币，但仍保持其世界货币地位，未来可能再次发生货币化。

3. 黄金非货币化的影响

黄金非货币化推动了黄金市场的发展，使其成为自由买卖的商品。在过去 30 年的黄金非货币化阶段，黄金市场迅猛发展。非货币化成为黄金市场发展的根本原因，尽管黄金市场在国际货币体系中非货币化，市场机制在黄金流通和资源配置中的作用逐渐增强，但是黄金仍具有金融属性，是一种特殊的商品，因而黄金市场在世界范围内都迅猛发展。黄金在不断强化商品属性的基础上，其金融属性仍保持不变，继续作为保值和投资的重要工具。黄金的许多货币职能仍然存在，具体表现在法定面值金币的发行和流通、黄金价格对货币价值的衡量、中央银行黄金储备的增加，以及黄金作为替代货币进行清偿结算等方面。虽然国际货币体系中的黄金非货币化已完成，但黄金仍是重要的金融资产，人们对黄金仍保持着热情和执着。

第五节　黄金与法定储备

各国央行在全球金融危机中扮演着至关重要的角色，它是金融市场与国民经济系统顺利运行的关键组成部分，具有一系列重要职责和功能。在法定储备的资产选择中，各国央行均配置有相当比例的黄金资产（或黄金证券）。

一、各国央行黄金储备概况

在 2008 年的全球金融危机中，许多国家的货币对美元大幅升值，导致美国投资者将资金转移到海外以谋求收益。美元是各国央行最主要的外汇储备，这对于大多数央行的资产负债表产生了重要影响。当美元开始贬值时，各国央行的资产负债表会重新评估，进而降低各国央行核心资产的质量。截至 2018 年底，各国央行共持有约 33200 吨黄金，占全球黄金开采量的 1/5。这些黄金资产主要集中在西欧和北美的发达经济体，是金本位制度时代的遗留问题。因此，央行在黄金市场上具有巨大的定价权。为了稳定市场，尤其是在涉及自身投资领域，欧洲14 个国家央行加上欧洲央行于 1999 年签署了《央行售金协议》（Central Bank Gold Agreement，CBGA），限制签署方在一年内集体出售的黄金数量。随后又分别在 2004 年、2009 年和 2014 年达成了三项协议。2014 年 5 月 19 日，欧洲央行和其他 20 家欧洲央行宣布签署第四份央行售金协议，有效期为五年。这些协议对黄金生产商、制造商、投资者和消费者，特别是重债国家和黄金市场的各个方面都有益。同时，这些协议也让央行从中受益，因为它们为黄金市场和外汇储备的市场价值带来了更大的稳定性。

自 2008 年全球金融危机以来，各国央行的角色发生了变化。从 2010 年开始，央行从黄金净卖家变成了黄金净买家。2018 年，官方部门的黄金购买活动增长了 36%，达到 366 吨，相较于 2016 年大幅增加。其间，全球前十大央行中持有最多黄金储备的央行基本保持不变。美国央行以超过 8000 吨的储备量位居首位，几乎与其后三个国家的总和相当。根据黄金矿业服务公司（Gold Fields Mineral Services，GFMS）的调查，俄罗斯央行连续六年成为最大的黄金购买者，仅 2017 年就增持了 224 吨，黄金储备超过中国位居世界第五。然而，并非所有央行都是净买家。委内瑞拉连续两年成为最大的黄金销售商，2018 年售出了 25 吨以偿还债务。尽管如此，官方部门的黄金销售总额下降了 55%，降至 2014 年以来的最低水平，这表明央行愿意将黄金作为避险资产保留。根据世界黄金协会预测，央行购金规模在 2024 年后将会维持高于年均约 500 吨的水平，从而为金价提供长期支撑。截至 2023 年底，央行黄金持有规模情况如图 1-5 所示。

由于全球债务水平持续上升，央行和个人投资者都倾向于持有黄金，因为它在经济衰退和地缘政治不确定时期表现良好。根据世界黄金协会针对各国央行的调查，"传统历史地位"和"长期价值储存"仍然是持有黄金的两个主要原因，分别有 83% 和 79% 的受访者认为是"高度相关"或"有些相关"。然而，在 2019 年，黄金在"危机时期的表现"已从第五位上升至第三位，被 79% 的受访者认为是"非常相关"或"有一定相关性"。欧洲央行成立于 1998 年，旨在管理欧盟的经济和货币一体化。在 1999 年 1 月 1 日正式推出欧洲单一货币之前，潜在欧元区的中央银行将外汇储备资产转移给新机构。欧洲央行理事会决定将黄金纳入其资产组合，并在初始资产转移中转移了约 400 亿欧元的黄金，约占总资产的 15%。这清楚地表明，尽管黄金的金融属性已经减弱，但欧洲央行仍然认为黄金加强了其对资产负债表的信心，增加了公众的信心。欧洲央行表示，其余85%的资产以外币形式持有，并可能进行适时调整。尽管进行了多次出售，但由于金价大幅上涨，黄金在欧洲央行储备中所占比例显著增加。截至2016年7月，欧洲央行的黄金储备占其总储备的28%。

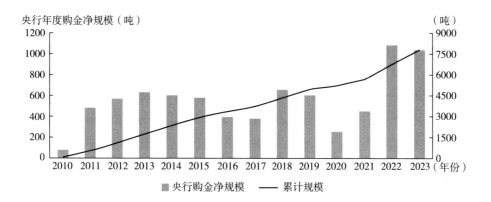

图1-5 2010~2023年央行购金净规模及总规模

注：截至2023年12月31日数据。

资料来源：Metals Focus，Refinitiv GFMS，World Gold Council。

各国央行的储备排名参见图1-6。

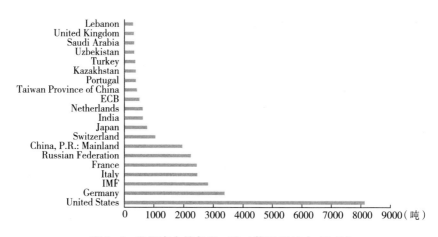

图1-6 世界官方储备Top20（截至2019年10月）

各国央行在资产负债表中都将黄金放在第一的位置，并且在储备资产中占有很大的比例。以欧元区为例，截至 2019 年 8 月，其黄金类资产总额高达 4318.6 亿欧元（具体见图 1-7）。

23 August 2019

Assets（EUR millions）		Balance	Difference compared with last week due to transactions	Liabilities（EUR millions）		Balance	Difference compared with last week due to transactions
1	Gold and gold receivables	431860	2	1	Banknotes in circulation	1249155	−4781
2	Claims on non-euro area residents denominated in foreign currency	347611	522	2	Liabilities to euro area credit institutions related to monetary policy operations denominated in euro	1836862	−28947

图 1-7　欧元区合并财务报表中的黄金储备（截至 2019 年 8 月）

二、中国黄金储备情况

中国历史悠久，黄金同样是财富和地位的象征。然而，长期以来中国缺乏黄金。近代以来，白银在我国承担了货币主要角色。但在改革开放的四十多年间，我国黄金产量急速增长，如今居世界第一位。我国已成为世界黄金生产、加工和消费的大国，当前正处于由黄金大国向黄金强国转变的历史性阶段。我国的黄金储备情况，可以从我国黄金生产发展的历史及现状两个方面进行了解。

1. 中华人民共和国成立前

（1）"汉代黄金"之谜。汉代以前我国社会黄金充裕，墓葬和历史文献均证实了这一点。然而，汉朝以后黄金数量急剧减少成谜。有一种说法认为，频繁朝代更迭、农民起义和战争导致黄金被贵族和地主藏匿。这些财富成为无主财富，埋藏在大地各处，形成失落财富。这或许解释了我国历史上的"贫金"现象。

（2）外国列强掠夺。近代历史上一系列事件导致了我国"贫金"现象。从 1840 年鸦片战争开始，鸦片贸易、抢夺和剥削导致大量白银和黄金流出我国，造成了黄金和白银等贵金属的严重匮乏。此后，连续的动乱和日本侵略加剧了我国境内黄金和白银的外流，一部分用于购买军火，另一部分则被许多权贵转移到国外。

2. 中华人民共和国成立后的黄金市场

（1）中华人民共和国成立初期黄金严重匮乏。1949 年中华人民共和国成立后，在黄金匮乏的情况下开始经济和金融体系建设。由于缺少黄金储备，国际支付方面只能依赖新生产的黄金。我国政府在黄金问题上实行严格管制。在很长一段时间内，私自倒卖黄金被视为违法行为。此外，我国设有武警黄金部队，专责勘探和开采黄金。黄金开采企业必须将产出的黄金交售给中国人民银行，然后由其分配给各单位。新产黄金主要用于国际支付和国家储备。直到 1982 年，社会才恢复了个人拥有黄金的权利，但只能通过商场购买黄金首饰来实现。

在我国这样人口众多、地域广阔的大国中，1949～1982 年，经历了长达 30 多年的"黄金断层"，这对两代人产生了全面的影响。在此期间，我国民众对黄金的认识仅停留在它的高价值和珍贵性上，对其金融投资功能了解甚少，因此黄金投资的参与度极低。

（2）我国黄金市场的全面放开。1982 年，中国人民银行发行熊猫金币，并恢复国内黄金饰品销售，开启了金银市场开放的先河。1999 年 11 月，中国放开白银市场交易，上海华通有色金属现货中心批发市场成为唯一的白银现货交易市场，为黄金市场开放做好准备。2001 年 4 月，中国人民银行行长宣布取消黄金"统购统配"计划，成立上海黄金交易所。2001 年 6 月，中国人民银行启动黄金价格周报价制度。随后，足金饰品、金精矿、金块矿和金银产品价格全部放开。2002 年 10 月 30 日，上海黄金交易所正式开业，中国黄金市场全面开放，黄金投资进入大众视野。2004 年 8 月 16 日，上海黄金交易所推出黄金现货延期交收业务，简称 AU（T+D）业务。2005 年 7 月 18 日，上海黄金交易所与中国工商银行上海分行合作推出面向个人的"金行家"产品。2008 年 1 月 9 日，黄金期货在上海期货交易所上市交易。2015 年 2 月 2 日，上海黄金交易所上市交易黄金询价期权。2019 年 12 月 20 日，上海期货交易所上市交易黄金期权。一系列黄金投资合约的推出，标志着我国黄金市场产品体系逐渐形成。

（3）我国黄金供求现状。相较于其他国家，我国可供中期内开采的金矿基础储量比例较低。我国黄金资源分布不均，东部地区金矿分布广泛且呈现多样化，以岩金为主，伴生金含量高，难以选冶金矿较多，小型矿床多而大型和超大型矿床较少。根据我国国土资源部的数据，2014 年我国各省份黄金储量排前五位的分别为山东、甘肃、内蒙古、河南和新疆。

据《中国黄金年鉴 2021》报告，截至 2020 年底，我国黄金资源总量为 14727.16 吨，连续 15 年增长，连续五年突破万吨。2020 年黄金产量为 365.345 吨，与上年同期相比减少 14.881 吨，下降 3.91%。尽管如此，我国仍居全球黄金产量第一位，连续 14 年保持领先地位。受自然保护区内矿业权清退、矿业权出让收益政策和新冠疫情等因素影响，黄金矿山数量持续减少的速度有所减缓。矿产资源得到了优化整合，黄金矿山企业质量明显提高，企业生产逐渐恢复正常水平。2020年，我国黄金消费量为820.98吨，同比减少18.13%，但仍连续8年居世界第一位。其中，黄金首饰用金490.58吨，同比下降27.45%；金条及金币用金246.59吨，同比增长9.21%；工业及其他用金83.81吨，同比下降16.81%。上海黄金交易所、上海期货交易所和商业银行的黄金交易量为9.55万吨（单边），占全球黄金市场总交易量的13.72%，比2019年提升了0.52个百分点。

思考题

1. 在过去的20年中，各国央行的黄金储备策略发生了什么变化？

2. 如何进行纽约黄金市场期货合约、上海黄金交易所期货合约以及香港金银业贸易场黄金报价的转换？假设现在黄金价格为3000美元/盎司，请将其折算成上述市场的不同价格。

3. 在抗战时期，山东根据地的胶东区招远向中共中央所在地延安密运黄金13多万两，为抗战事业取得最后胜利做出了突出贡献，请分别折算成克、司马两、常衡盎司、金衡盎司、小两、市两。

第二章　黄金市场

本章导读：

本章主要对黄金市场及其交易合约进行了系统介绍。本章内容主要从国内、国外两个方面对具有代表性的黄金市场、交易合约以及特点进行了介绍。另外，本章内容对世界黄金协会和中国黄金协会等市场组织机构进行了介绍。

通过本章的学习，投资者应该掌握以下内容：

1. 国内黄金市场及交易合约

2. 其他国家和地区黄金市场及交易合约

3. 市场协会等组织机构

黄金市场是国际金融市场体系的重要组成部分，在国际经济贸易往来中具有不可替代的重要作用，往往承担着实现最终支付手段的职能。自布雷顿森林体系解体以来，黄金金融属性逐渐弱化，商品特性日渐凸显。因此，黄金市场不但符合金融市场的一般共性特征，而且遵循商品市场的供求关系规律。随着全球黄金市场的不断发展，黄金的商品属性在不断强化的同时，其金融属性也得到了很大的提升。因而，黄金市场与普通商品市场在市场交易和活跃程度方面仍有较大区别。

第一节　中国黄金市场

中国黄金市场按交易合约性质划分，可以分为黄金现货市场、黄金期货市场。按照市场所处不同地域划分，在大陆有上海黄金交易所、上海期货交易所，在香港有香港金银业贸易场、香港黄金期货市场、香港本地伦敦金市场，在台湾有台湾期货交易所等。

一、上海黄金交易所

上海黄金交易所（Shanghai Gold Exchange，SGE，简称上金所）是经国务院批准，由中国人民银行组建，专门从事黄金、白银、铂金等贵金属交易的金融市场。上金所的成立实现了中国黄金生产、消费和流通体制的市场化，是中国黄金管理体制改革和黄金市场开放的重要标志。2001 年 11 月 28 日，上金所开始模拟运行黄金交易，并于 2002 年 10 月 28 日挂牌运行，2002 年 10 月 30 日正式开业。在世界各地的黄金市场中，上金所发展最为迅速。上金所在国家工商行政管理局登记注册，实行自律性管理，遵循公开、公平、公正和诚实信用的原则，组织黄金、白银、铂金交易。进入上金所的合格金银锭生产企业，都要按照上金所审核程序获得产品入市资格。

上金所采用标准化撮合交易方式。黄金、白银、铂金等标准合约使用集中竞价方式交易，实行价格优先、时间优先原则。非标准合约则通过询价等方式进行交易，实行自主报价和协商成交。会员可选择现场或远程交易方式。交易时间为每周一至周五（节假日除外），上午 9：00 至 11：30，下午 13：30 至 15：30，晚上 20：00 至次日 2：30，交易合约涵盖黄金、白银、铂金等贵金属。黄金交易有四个现货实盘交易种类（Au99.95、Au99.99、Au50g、Au100g），两个延期交易种类（Au（T+5）、Au（T+D）），以及两个中远期交易种类（Au（T+N1）、Au（T+N2））；白银交易有两个现货实盘交易种类（Ag99.9、Ag99.99）和一个现货保证金交易种类（Ag（T+D））；铂金交易有一个现货实盘交易种类（Pt99.95）。中国银行、中国农业银行、中国工商银行、中国建设银行、深圳发展银行、兴业银行和华夏银行等是交易所指定的清算银行，采用集中、净额、分级的资金清算原则。交易所实行"一户一码制"的实物交割原则，截至2022年4月，先后在全国近40个城市设立70家指定仓库，金锭和金条由交易所统一调运配送。2014年9月，上金所启动国际板，成为我国黄金市场对外开放的重要窗口。2016年4月，发布全球首个以人民币计价的黄金基准价格——"上海金"，有效提升了我国黄金市场的定价影响力。2018年9月，正式挂牌中国熊猫金币，打通了我国黄金市场与金币市场的产品通道。2019年10月，正式挂牌"上海银"集中定价合约，为国内市场提供白银基准价。上金所还响应国家"一带一路"倡议，搭建"黄金之路"，积极落实与相关省份和沿线国家、地区黄金市场的对接与合作，提升了中国黄金市场的竞争力及影响力。截至2020年底，上金所共有280家会员，其中普通会员156家，包括金融类会员31家和综合类会员125家；特别会员124家，包括外资金融类会员7家、国际会员89家，以及券商、信托、中小银行等机构类特别会员28家。上金所采用"集中、净额、分级"的清算原则，目前主板业务有18家指定保证金存管银行，国际板业务有9家指定保证金存管银行。上金所提供便捷的实物交割以及现货仓储服务，满足了金融、生产、加工、批发、进出口贸易等各类黄金产业链企业的出入库需求。

上金所的成立是中国人民银行取消黄金零售许可证后的重要进展，有利于促进中国黄金产业发展、提高技术水平，满足国内需求并接轨国际市场。上金所与其他金融市场共同构成完整的金融体系，成立后交易量持续增长，各品种创下历史新高。上金所作为区域市场，可为金融结算和融资提供便利。上金所、商业银行和上海期货交易所的黄金业务形成了共同发展的市场格局。国际板业务的开通提供了投资机会和全球互联。黄金国际板实现了人民币自由兑换，并助推人民币国际化进程。

根据上金所公告，iAu99.5、iAu99.99、iAu100g合约的基准价为245.28元，挂牌首日涨跌幅限制为±6%，随后恢复为±30%。iAu100g开盘价为259.9元，iAu99.99为259.8元，iAu99.5为259.6元。黄金国际板将提升交易规模和价格发现功能，完善金融市场体系，加强上海金融中心地位。上海金是上海黄金交易所推出的定价合约，以人民币计价，在上海交割，重量为1000克，成色不低于99.99%。通过上金所的定价交易平台系统实现交易，交易单位为人民币/克。交易原理为多轮次询量集中交易，达到市场平衡后形成人民币基准价格。参与机构包括大型银行、外资银行、黄金零售商和生产商，共18家机构，定价交易成员为银行类机构。上海金交易未来需进一步适应市场需求，提升市场深度和广度，严控金融风险。

黄金国际板对推进国际金融中心和自贸区建设意义重大。提高中国黄金市场的全球影响力，扩大市场容量，改进配套政策措施，有利于打造国际化、市场化的营销环境。国际投资者可以通过自由贸易账户自主参与交易。黄金国际板将包括其他贵金属合约的交易。投资者既可以是上海自贸区内注册的机构和投资者，也可以是境外机构和投资者。投资资金可以是自贸区内离岸资金或自贸区外离岸资金，也可以是离岸人民币或离岸可兑换货币。黄金国际板将推动上海金的价格形成机制在贵金属市场上发挥作用，确立人民币基准价，使其成为全球黄金市场价格基准，有助于增强中国和国际市场的联动，充分发挥中国作为实物黄金消费国和生产国的作用，提升人民币国际影响力，推动人民币国际化。黄金是国际金融市场体系的重要组成部分，定价权争夺异常激烈。伦敦和纽约是主要交易市场，以美元计价，盎司为单位。上海金则以人民币计价，克为单位。迪拜交易所推出的上海金期货合约成为国际金融市场上首个以人民币为计价单位的合约。上海金不会取代伦敦金或纽约金的定价地位，但释放了中国黄金定价信号。上金所在 2020 年交易量大增，国际板业务也快速增长。中国央行的货币金融政策将会对该市场产生重要影响，从而有助于构建伦敦、上海、纽约全球黄金市场定价体系，进一步扩大中国黄金市场定价权的影响力，促进人民币的国际化。上海黄金交易所黄金竞价交易概况如表 2-1 所示。

表 2-1　上海黄金交易所黄金竞价交易概况

交易时间	成交量（千克）	交易额（亿元）	交易日	日均交易量	加权平均价
2020 年 1 月	1552340.24	5385.55	16	97021.27	347.34
2020 年 2 月	1839061.68	6672.97	20	91953.08	363.42
2020 年 3 月	5096177.56	18044.39	22	231644.43	356.31
2020 年 4 月	2741624.50	10151.38	21	130553.55	373.36
2020 年 5 月	2020023.94	7797.10	18	112223.55	388.38
2020 年 6 月	2220698.86	8651.33	20	111034.94	391.96
2020 年 7 月	2622279.08	10741.29	23	114012.13	408.28
2020 年 8 月	3076642.24	13069.19	21	146506.77	423.13
2020 年 9 月	1734806.18	7116.73	22	78854.83	410.53

续表

交易时间	成交量（千克）	交易额（亿元）	交易日	日均交易量	加权平均价
2020 年 10 月	945550.16	3793.47	16	59096.89	403.07
2020 年 11 月	1447511.38	5670.85	21	68929.11	393.17
2020 年 12 月	1373521.86	5285.36	23	59718.34	386.44
总计	26670237.68	102379.62	243	109754.06	388.10

二、上海期货交易所

2008 年 1 月 9 日，上海期货交易所推出黄金期货。黄金期货具备规避风险和价格发现功能，为黄金生产和加工贸易企业提供强大的套期保值和风险对冲工具。黄金现货和期货市场共同构成我国场内黄金市场体系。2008 年，黄金期货上市首年交易量为 7780.9 吨，是当年上海黄金交易所同期交易量的 1.74 倍。然而，2009 年和 2010 年交易量分别下降了 12.45% 和 0.27%，与同期交易量相比，比例也从 1.74∶1 分别降至 1.45∶1 和 1.12∶1。而 2011 年交易量大幅增长超过 1 倍（112.59%），突破万吨，达到 1.44 万吨。2012 年交易量再次下降 18.47%，为 1.18 万吨。总体来看，我国黄金期货在上市的 5 年中交易量大幅增长，但呈波浪形发展，而非直线上升。

根据国际期货业协会 2023 年报告，截至 2022 年上半年，中国成为黄金期货交易量增长最大的国家。上海期货交易所在这段时间内的黄金期货和期权交易量增幅排名第一。中国黄金期货市场交易量的迅速增长主要源于大量资金进入市场，而其增加的原因之一是引入了"隔夜交易"，使中国的投资者可以在欧洲和北美交易时段进行操作。2013 年 7 月 5 日晚间，上海期货交易所率先推出了黄金、白银期货夜盘交易，时间为 21∶00 至次日凌晨 2∶30。这有利于投资者规避隔夜风险，并增强了与海外贵金属市场的联系，同时也为上海金在国际黄金市场中的定价权提供了支持，为投资者带来了新的机会。

根据国际期货业协会（FIA）报告，2021 年上半年我国黄金期货交易成交量全球排名第三，白银期货居世界第一位。按双边统计，2021 年 1~6 月上海期货交易所黄金期货成交量同期由 2064 万手增至 2360 万手，同期增长 14.4%。但是，黄金交易持仓同期由 290007 手减少为 260734 手，同期减少 10.1%。

三、香港黄金市场

在内地黄金市场开放以前，香港曾作为全球五大黄金市场之一，在全球黄金市场中具有独特的地位。按照黄金合约交易的类型，香港黄金市场可以分为香港金银业贸易场、香港黄金期货市场以及香港本地伦敦金市场三部分。

1. 香港金银业贸易场

香港金银业贸易场前身成立于1910年，第一次世界大战后更名为"香港金银业贸易场"，是一家以华商资金为主导的市场。其具有浓厚的东方传统色彩，黄金衡量单位为"司马两"，货币单位为港元，重量成色和交易方式也具有地区特色，难以被外国投资者接受，基本上处于半封闭状态。

香港金银业贸易场的成立标志着香港黄金市场的形成。1974年，香港取消了黄金进出口管制，随后黄金市场迅速发展。香港黄金市场填补了纽约、芝加哥市场收市和伦敦开市之间的空档，可连接亚洲、欧洲和美洲，形成完整的全球黄金市场。其得天独厚的地理位置引起欧洲金商的关注，伦敦五大金商和瑞士三大银行纷纷在香港设立分支机构，将伦敦的黄金买卖活动带到中国香港，渐渐形成了一个无形的"伦敦金市场"。随后，香港黄金期货交易所和香港伦敦黄金交易所相继成立，使香港成为世界五大黄金交易市场之一，并成为全球唯一同时拥有实物交易市场、无形市场和期货市场的地区。下面主要介绍香港金银业贸易场。作为现货市场，其交易品种主要包括99金和公斤条两种。在交易制度、结算制度、交割制度和风险控制方面具有自身鲜明的特点。具体如下：

（1）交易制度。贸易场会籍章程限制会员数为192家，现有171家，其中30家为标准金集团会员。每个会员单位派出4名出市代表，以粤语公开叫价，辅以手号进行买卖。这种方式称为"Open Outcry"，至今仍被部分期货市场采用。贸易场每周五天交易，9：00~12：30为早市，14：30~17：00为午市。

（2）结算制度。买卖完成后，卖方填写交易票据，买方确认后交给贸易场结算部登记并更新交易会员的持仓以控制风险。贸易场进行中介结算，将结果交给指定结算银行，每日确定公价（用于结算），公价按照当前市价确定，99金以港币5元计算，公斤条以港币5分计算。会员根据买卖合约价与公价的差额结算盈亏，与贸易场结清。所有会员需在指定银行开设账户以便结算。早市在下午结算，午市在晚上结清。

（3）交割制度。贸易场黄金交易有两种纯度：99%纯度、5金衡两重的金条（99金）和99.99%纯度、1公斤重的金块（公斤条）。99金交易单位为100金衡两，最低价格变动为港币5角；公斤条交易单位为5公斤，最低价格变动为港币1分。交易以港元报价和结算，公斤条还提供基于人民币公价的报价。贸易场的标准金集团会员有30家，可以铸造金条并进行现货交割，但需获得黄金炼铸商资格。获得资格后，该会员可以炼制纯度为99%、5金衡两重的金条和纯度99.99%、1公斤重的金条，作为认可交割品种使用，并在市场上广泛流通。非贸易场会员也可以申请认可交割资格。

（4）风险控制。主要采取设立保证金制度和折价停板规则实现风控管理。每个会员的信用额度一般为 1000 两或 35 公斤，若保证金额度不超过信用额度，则不需缴纳保证金。否则，每 100 两需缴纳 2 万元保证金，每 5 公斤需缴纳 2.7 万元保证金。信用额度和保证金水平会根据金价波动而随时调整，以控制风险。设立折价停板规则是另一项重要措施，根据规定，若金价与前市公价相比涨幅达到每百两港币 400 元（公斤条：每克港币 10 元），则需实行折价。贸易场会议决定并宣布停止公仓买卖，在折价价位上登记交割现货并议定仓费。所有公仓买卖均以折价价位结算，并且按公价交割。在折价后的两个交易日间需暂停交易，然后方可恢复交易。这一风险控制机制经过实践证明非常有效，贸易场在历次黄金剧烈波动期间从未发生过信用危机。

在过去的 100 多年中，香港金银业贸易场一直采用独特的黄金交易方式，会员可以在场内公开喊价进行交易。如果庄家出价，可以固定价格成交 2000 司马两（香港金银业贸易场的黄金交易规格为 5 个司马两为一条的 99 标准金条），即"公开喊价+庄家制"。所有交易通过口头拍板形式确定，无须签订合约。

2. 香港本地伦敦金市场

香港本地伦敦金市场借鉴了伦敦市场的规范交易方式，在香港买卖的本地伦敦金实际交收地点是伦敦。该市场实际是一个由全球金商提供报价的无形市场。投资者可通过电话、电报和互联网在世界各地黄金市场议价和交易，几乎可以全天候进行买卖。交易由金商间或金商与投资者间通过电话和电传进行，以美元计价，黄金成色为 99.5%，重量为 400 金衡盎司，交收地点是伦敦的现货市场。

（1）伦敦黄金交易细则（现货）。

①合约单位：100 盎司。

②交易日：星期一至星期六。

③交易时间：8：00~2：30（夏令时间）；8：00~3：30（冬令时间）。

④最低价格波幅：每盎司 5 美分。

⑤每口最高数量：5000 盎司（50 手）。

⑥买卖差价：100 美分。

⑦最初保证金：7000 港元。

⑧维持保证金：5000 港元。

（2）交收。伦敦金主要是纸上交易，极少采用现货交割方式。现货交收程序复杂，并且涉及额外收费项目较多。买卖双方如果当时无法交割，可以延期。但是，无法交割的一方需要支付利息。保证金交易灵活，无买卖担忧。可获得差价利润和较高利息。买卖盘有效，除非执行或取消。

3. 香港黄金期货交易

2008 年 10 月 20 日，香港交易所（HKEX）推出了以美元计价的 100 盎司的黄金期货交易，并采用现金交割方式。中国香港期货交易所的黄金期货合约于 1980 年 12 月推出，是香港期货市场上最早引入的品种之一。自推出以来，黄金期货合约一直受到投资者的广泛关注。但是，发展过程一波三折，中间一度停止上市，近些年的表现一直不佳。中国香港交易所的黄金期货交易量也很少，香港商品交易所黄金和白银期货交易量下降严重，香港交易所黄金期货一直没有成交。与现货贵金属交易相比，交易规模少得可怜。另外，以香港商品交易所为例，近些年收入不佳，与其金银合约交易量低有较大关系。中国香港商品交易所黄金和白银期货交易量很低，无法与上海期货交易所和纽约期货交易所相比。从发展历史来看，黄金期货在中国香港黄金市场的竞争力比黄金现货逊色不少。值得注意的是，香港商品交易所黄金期货没有实物交割。如果金银合约交易量持续下降，可能会再次停止交易，并继续受到香港交易所收购伦敦金属交易所进行市场扩张带来的冲击。

（1）合约条款。

①合约单位：每手合约等于 100 盎司（约 3.11 公斤）的黄金。

②最小价格波动单位：0.01 港元/克（即每盎司 0.01 美元）。

③合约到期月份：连续四个季度及连续两个近期月份。

④交割方式：现金交割，即合约到期后通过现金结算。

（2）资金划转。在香港期货交易所交易黄金期货合约，投资者需要在期货经纪商开设期货交易账户，并向账户充入足够的资金以满足保证金要求。资金划转通常可以通过银行转账或其他指定的支付方式进行。

4. 商业银行黄金业务

个人投资者在香港有几个投资黄金的渠道可选：商业银行、基金和投资银行。商业银行提供实物和远期交易，基金和投资银行主要从事期货交易。

商业银行的主要业务包括：

（1）实金买卖，可以购买实物黄金产品或收藏投资品。

（2）"金银宝"存折投资账户，可以即时买卖，但不能提取实物。

（3）黄金延期交收和保证金交易，类似于期货交易，投资者只需交纳一部分保证金。保证金比率可随市价浮动。

第二节　世界黄金市场及组织

全球的黄金市场主要分布在欧洲、亚洲和北美这三个区域。欧洲以伦敦和苏黎世的黄金市场为代表；亚洲主要以上海和香港为代表；北美主要以纽约、芝加哥和加拿大的温尼伯为代表。在 20 世纪及以前，世界上五大黄金交易市场分别是伦敦、纽约、芝加哥、苏黎世、香港和上海，各自有不同的专业功能。在过去的 20 年中，上海黄金市场的业务迅速发展，交易规模不断扩大，其在全球黄金市场中的地位变得越发重要。就全球黄金市场而言，不同地区的黄金交易市场规模也在不断演化。全球最重要的三个黄金交易中心是伦敦场外交易市场、美国期货市场和上海黄金交易所（SGE）。这些市场的交易量占全球的90%以上，并辅之以规模较小的二级市场中心（场外交易和交易所交易）。其中，上海黄金交易所是全球最大的现货黄金市场。

一、伦敦黄金市场

1804 年，伦敦取代荷兰阿姆斯特丹成为世界黄金交易的中心。伦敦黄金市场是世界上最大的黄金市场，历史悠久。早在 19 世纪初，伦敦就已经是金条精炼、销售以及金币兑换的中心。

1. 市场起源

1919 年，伦敦金市正式成立，每天上午和下午进行黄金定价。该市场的日定价成为全球最重要的黄金价格，在许多国家和地区被用作黄金市场的标准价格，并根据供需情况波动，后因战乱停止交易。1954 年 3 月 22 日，伦敦黄金市场重新开放，境外居民可以用美元交易黄金，但英国居民被限制买卖黄金。20世纪 60 年代的美元危机引发了全球抛售美元、购买黄金的风潮。为了维持每盎司黄金 35 美元的官方价格，在自由市场上，西方国家成立了黄金总库，伦敦市场成为平息抢购黄金风潮的重要场所。1968 年 3 月，爆发了大规模黄金抢购风潮，尽管黄金总库大量抛售黄金，但未能平息风潮。根据美国要求，伦敦黄金市场于 3 月 15 日暂时关闭，黄金总库解散。两周后，伦敦黄金市场重新开放。之后，英国政府对黄金交易仍设有限制，伦敦市场成为非伦敦居民的黄金交易场所。直到 1979 年 10 月全面取消外汇管制后，英国居民才能自由买卖黄金。第二次世界大战后，尽管伦敦黄金市场在全球的地位有所下降，但仍对世界黄金市场产生重要影响。伦敦黄金市场确定了许多黄金交易方式和交易系统，被世界许多黄金市场采用。现在，很多地方都设有本地的伦敦金交易市场，黄金交易的实物交割也大量在伦敦结算。伦敦拥有广受认可的黄金精炼和加工检验技术，是世界最大的黄金交易中心。

2. 定价机制

五大金商定出每日黄金市场价格，影响纽约和香港交易。南非是主要黄金供应国。1982 年 4 月，伦敦期货黄金市场开业，现为全球最重要、唯一可成吨购买黄金的市场。伦敦黄金市场由蒙塔古、固史密脱、比思理、洛希尔父子和马塞五大公司构成，洛希尔父子公司最重要。蒙塔古公布的统计资料具有权威性。伦敦黄金市场交易量大，多为批发交易。现货以美元计价，期货以英镑计价。黄金交易分为定价交易和报价交易，伦敦定价是主要世界金价和合约基准。黄金定盘价格最早开始于 1919 年 9 月 12 日洛希尔父子公司的"黄金屋"定价办公室，并延续至今。

五大金商每天确定两次金价，分别为上午 10 时 30 分和下午 3 时。由洛希尔父子公司主持定价，其间市场交易暂停。洛希尔根据前一晚伦敦市场收盘和当天早上香港市场价格确定开盘价。其余四家公司代表坐在"黄金屋"四周。开盘价立即报给各自交易室进行交易并告知客户。每个代表收到订购业务后，以行话告诉首席代表调整价格。若开盘价过高，降低报价直至出现买家；若开盘价过低，提高金价直至出现卖家。定价时间 1 分钟到 1 小时不等。完成订购业务后，放下英国小旗表示结束定价。伦敦金价重要，因伦敦黄金市场垄断大部分黄金交易，与世界黄金交易有密切联系。五大金商市场地位较高，与金矿、金商等广泛联系。定价过程公开，价格合理，许多人喜欢在定价时交易。后来，五大金商变为洛希尔国际投资银行、丰业银行、共和银行、德意志银行和汇丰银行，轮流担任定盘价主持人，每年轮换。定价交易是黄金行市的指标，调整世界各地黄金市场金价。定价交易结束后恢复正常报价交易，包括买价和卖价。

伦敦黄金市场定价机制虽比较完善，但仍存在价格操纵空间。每天早晚五家银行代表及选定客户通过电话询价确定定盘价，作为黄金市场交易基准价。参与定价的银行获得的信息较多，可以影响定盘价格，从而产生获利机会。此外，他们还能与衍生品市场联动操作牟利，既是"运动员"又是"裁判员"，扮演着双重角色。不幸的是，定价系统对此缺少监控机制。例如，巴克莱银行因操纵黄金定价被罚款 2600 万英镑。2012 年 6 月 28 日，前交易员丹尼尔·普伦基特利用银行系统漏洞试图操纵黄金定价获利，并且巴克莱银行未妥善处理利益冲突和系统漏洞，导致此问题在 2004~2013 年长时间存在。2015 年 2 月，洲际交易所宣布洲际交易所基准管理机构正式取代伦敦黄金定盘价。2015 年 3 月 20 日，近一个世纪的伦敦黄金定盘价被伦敦金融市场协会（LBMA）黄金价格所取代，由洲际交易所管理该定价。初期，有 7 家银行参与每天两次的电子竞价。其中，中国银行于 2015 年 6 月 16 日获准参与黄金定价。

近百年以来，伦敦金定价一直由欧美银行主导。中国作为全球最大的黄金生产和消费国，未能在黄金定价中发挥主要作用。然而，中国银行的加入使参与LBMA黄金定价的机构增至八家。这是中国在国际金融市场地位进一步提升的标志。实际上，中国通过央行黄金储备、个人消费和交易，以及社会对实物黄金和黄金投资的热情，已经对金价提供了强力支撑。中国在全球黄金市场的地位不断提升，参与每日黄金定价是理所当然之事。中国建设银行在2015年10月加入了新的定价机制。2016年4月6日，LBMA宣布中国工商银行成为黄金现货市场定价的做市商。黄金定价机制的不断变化也是中国在全球黄金市场影响力不断提升的重要体现。伦敦黄金市场交易制度独特，其交易通过金商销售联络网进行，并不具备实体交易场所。交易会员包括五大金商和具备购买资格的公司、商店以及加工制造商、中小商店和公司等连锁机构。在交易时，金商根据买盘和卖盘情况提供买价和卖价。该市场的另一个特点是非常灵活。黄金的纯度和重量可以选择，金商还为客户提供运费、保费，并可以按要求提供期货报价。如果客户要求在较远地区交付，金商也可以调整相应报价以满足需求。最常见的交易方式是纸黄金交易方式，即客户无须资金和现货黄金交割，只需要到期按约定利率支付利息即可。此类交易仅在会计账簿上记录持仓情况，直到客户平仓为止。

　　应当指出，伦敦黄金市场在具有上述优点的同时，也存在着较大缺点。首先，金商报价标准不一，导致市场价格混乱，以至于停止交易。其次，客户信息保密，导致无法统计交易情况。最后，遇到政治经济事件或危机时价格无法及时反应，导致交易停止或市场机制失灵。

　　全球伦敦金定价机制如图2-1所示。

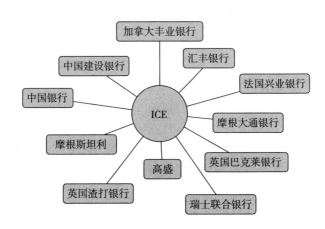

图2-1　全球伦敦金定价机制

注：一天两次：伦敦时间上午10：30、下午3：00。

二、美国黄金市场

美国历史上曾经禁止私人拥有黄金，只能通过购买黄金股票进行间接投资。1974 年废除禁令后，美国黄金市场蓬勃发展。由于 1977 年后美元贬值，纽约和芝加哥黄金市场在 20 世纪 70 年代中期获得较大发展。出于投机交易和套期保值的目的，人们大量进行黄金期货交易。纽约商品交易所和芝加哥商品交易所的黄金期货交易规模居世界前列，对黄金现货市场的金价也有很大影响。纽约黄金交易市场是纽约商品交易所的一部分，成立于 1933 年，1974 年开始期货交易。芝加哥黄金交易市场是芝加哥商品交易所的一部分，也是以期货交易为主。得益于美元的特殊地位，以及大量外国中央银行在美国金库存储黄金，1975 年起美国黄金市场迅速发展。从交易方式来看，黄金期货交易主导美国的黄金市场，以交易合约形式进行。美国政府为抑制黄金投机行为，制定了很多限制性政策措施，例如，建立商品交易委员会监督交易，并规定交易双重报告制度和每日交易差价限额等。此类措施旨在维持黄金市场的正常交易秩序，保护投资者利益。

纽约商品交易所是世界上最大的金属期货交易所，也是全球最大的黄金期货交易市场，成立于 1933 年，从 1957 年开始经营黄金期货，提供的黄金期货合约期较长，最长可达 23 个月，按规定，买方应该准备在进行交割的交割月份的第一个交易日与付购金款交割现货黄金，因为卖方可以自由选择交割月份中的任何一天交割。1974 年，美国取消黄金法令后，纽约黄金市场迅速发展。如今，纽约黄金市场是全球最大的黄金期货交易中心。纽约商品交易所本身不参与期货买卖，仅提供场所和设施，并制定公开、公平的交易规则。所有在纽约商品交易所交易的黄金必须通过公开喊价方式成交，任何买卖方都有机会以最佳价格成交。与其他期货交易所一样，纽约商品交易所对现货和期货合约设置了复杂的规定。其黄金期货合约单位为 100 金盎司，最小价格变动为 10 美分/盎司。纽约商品交易所将期货交易分为 NYMEX 和 COMEX 两大部分。NYMEX 处理能源、铂金及钯金交易，COMEX 负责金、银、铜、铝等金属期货和期权合约。自 2008 年起，NYMEX 并入 CME 集团，CME 承继了 NYMEX 的商品期货品种。在交易方式和风险监管方面，CME 黄金期货与其他 NYMEX 商品类似。CME 黄金期货是黄金生产者和使用者的重要避险工具，也是全球金价的重要参考指标。由于黄金期货流动性强，可以随时平仓，因而成为金币和黄金矿产股的替代投资品种，许多主权基金和投资银行也选择黄金期货作为规避价格波动和政策风险的工具。截至 2016 年初，其黄金期货一直是全球交易量最大的品种。参与纽约黄金期货交易的客户主要是投资类银行、工业用户和珠宝业巨头，其交易目的多为套期保值，真实黄金交割量很小，仅占微小比例。

在黄金市场上，芝加哥商品交易所长期与纽约商品交易所竞争。但是，其市场份额很小，在过去30多年中一直低于5%。然而，自从2004年10月推出100盎司黄金期货电子盘交易和连续交易合约以来，芝加哥商品交易所在北美黄金期货市场份额急剧上升，交易规模一度占据美国黄金期货市场的10%。2005年，交易所还推出规模较小的22盎司迷你黄金期货合约，并采用每日22小时连续电子交易。截至2015年，美国共有五个黄金市场，包括纽约、芝加哥、底特律、旧金山和布法罗。其中，芝加哥商品交易所和纽约商品交易所是全球最大的黄金期货交易中心。2006年10月17日，美国芝加哥商品交易所（CME）和芝加哥期货交易所（CBOT）宣布达成最终协议，合并成为全球最大的衍生品交易所——CME集团。CME黄金期货或期权交易合约不尽相同，种类各异。例如，CME黄金期货合约条款规定，期货交割合约的规格为100金衡制盎司，重量公差为上下5%。根据合约要求，交割的金锭必须达到最低995纯度，并且必须是交易所批准的品牌。CME集团成立以后，对旗下全部黄金投资合约进行了规范和优化，针对性推出了更多的黄金期货、期权合约。

例如，以黄金期货为例，符合以下所有规格的金锭可以用来履行CME黄金期货合约的交割义务：

（1）1块100金衡盎司金锭或3块1千克金锭。

（2）金锭必须包含交易所章程规定的一个或多个品牌标识，标识需明确日期。

（3）符合资格的每块金锭必须清晰地刻有重量、纯度、条码和品牌标识。重量可以用金衡制盎司或克表示。如果以克计量，则需将重量除以31.1035转换为金衡制盎司，并四舍五入到最接近的1%金衡制盎司。所有文件必须以金衡制盎司表示重量。

芝加哥商品交易所集团于2007年与芝加哥期货交易所（CBOT）合并。这样，美国黄金市场全部归芝加哥商品交易所集团控制，由芝加哥商品交易所、芝加哥期货交易所、纽约商品交易所和纽约贵金属交易所四家交易所组成。

CME黄金投资产品中，除100盎司黄金期货合约外，还有1千克的黄金期货合约。期货合约交割中所用金条为1块重1千克（32.15金衡制盎司）的金条。根据合约规定，金锭交割必须符合以下条件：至少纯度达到0.9999，并且必须是经交易所批准的品牌。以下规格的金锭可作为期货合约交割的对象：

（1）1根重1千克（32.15金衡制盎司）金锭。

（2）金条必须带有交易所规定的品牌标识，该标识必须在交割日期时仍有效。

（3）存储库的每张权证必须注明金锭的序列号和生产商名称。

（4）各检定机构的检验证书必须证明金条纯度不低于0.9999，并注明金条的重量和生产商名称。

（5）金条必须由承运人按以下方式交付至存储库：

1）直接来自生产商；

2）直接来自检定机构，前提是附有该检定机构的检验证书；

3）直接来自另一个存储库，前提是该金条按照以上1）或2）的规定放置在该仓库中。

此外，CME集团还继承了黄金期权合约的有关设置，并进一步规范。对于在交易所交易的每个黄金期权合约，其相关的黄金期货合约月份应为2月、4月、6月、8月、10月或12月的黄金期货合约。

三、日本黄金市场

1973年后，日本黄金市场兴起，几乎完全依赖进口。由于日本经济迅速发展，对黄金需求大增，而日本本土黄金资源匮乏，因此黄金市场得以兴起。1982年3月，日本东京黄金交易所成立，前身为日本贵重金属协会，该协会由长期从事黄金和白银等贵金属业务的商行组成。尽管交易量只有纽约的2/3，但仍被视为主要国际黄金期货市场之一，东京黄金期货市场在国际市场上也扮演着重要角色。初期的管理制度和运作方式并不完善，交易流程烦琐，导致交易量较小。随着日本经济快速发展，越来越多的投资者涌入黄金市场，使其逐渐成为国际上有影响力的交易市场。因此，日本黄金市场更加活跃，且经济日益强劲，成为亚洲黄金市场波动的主要推动力量。1984年，东京黄金交易所由东京工业品交易所（TOCOM）接管，并于2004年5月增设黄金期货期权交易。2007年7月，TOCOM增加现金结算期货交易（迷你交易）。2013年2月东京工业品交易所更名为东京商品交易所后，其业务于2020年7月转移至大阪交易所（主要交易合约见表2-2）。

自2005年11月以来，东京工业品交易所的交易对国际黄金价格产生了较大影响。个人投机者将股市利润投入黄金期货，借助日元贬值趋势持续推动黄金价格上涨，赚取巨额利润。2005年6月，许多商品期货交易商大量购入黄金，参与东京工业品交易所和海外黄金市场的套利活动。东京工业品交易所为降低投机泡沫提高了保证金比例，但是由于价格波动较大，交易经常中止，影响了市场的流动性。日本黄金投资市场分为三类：一是高端客户市场，面向偏爱10千克金条的资金雄厚的高端客户；二是中产阶级市场，面向购买金银币或参加黄金积累计划的中产阶级投资者；三是投机性机构市场，参与东京工业品交易所的期货和期权合约交易。

千两箱是高端客户市场流行的包装形式，内含5~10块千克金条或100~500

个 1 盎司金币。其中，金条种类以 1000 克和 500 克最受欢迎。这些金条大多使用伦敦金熔化后制造，以田中、三菱和住友等品牌最为知名。客户愿意接受较高的差价来购买千两箱黄金，这主要是因为他们在购买时注重零售商信誉，所以愿意支付较高的溢价。日本中产阶级是黄金投资和消费的主力。一般情况下，他们多数参与一项名为"黄金积累计划"的投资业务。该计划允许客户每月以固定日元购买黄金，金价低时购买较多，金价高时购买较少。合同到期时，客户可以兑换黄金，交付金块或金币，或换成黄金首饰。合同一般为一年期，但客户可以连续购买 3~5 年。投资者年龄主要在 20~50 岁。对女性投资者来说，合同到期后能否转换为黄金首饰很重要，因此该计划大受欢迎。管理黄金积累计划的账户分为两种，即分配账户和未分配账户。在分配账户上，黄金可受到保护。在未分配账户上，黄金可出租，客户可以获得固定收入回报，但黄金没有受到保护。经营黄金积累计划的机构广泛，包括矿业公司、金银机构、综合贸易商和期货公司。商业银行和信用卡公司在批发商的保护下担任零售商的角色。由于该计划设置时考虑了中产阶级的实际情况，因此作为个人养老金计划的一部分被广泛推广。

表 2-2 日本交易所集团黄金期货合约条款

交易种类	黄金期货交易
标准品	纯度 99.99% 以上的金锭
交易开始日	1982 年 3 月 23 日
交易时间	<日间交易> 开盘（集合竞价）：8：45 盘中交易（连续竞价）：8：45~15：10 收盘（集合竞价）：15：15 <晚间交易> 开盘（集合竞价）：16：30 盘中交易（连续竞价）：16：30~次日5：25 收盘（集合竞价）：次日5：30 ● 如果开盘竞价时没有合约，则直接进入连续竞价 ● 如果收盘竞价时没有合约，则直接以连续竞价收盘
合约月份	2 月、4 月、6 月、8 月、10 月、12 月中最近 6 个合约月份
最终交易日	从交割日起倒数第四个交易日的日间交易
交易单位	1 千克
报价单位	1 日元/克（1 交易单位为 1000 日元）
交割单位	1 千克

四、苏黎世黄金市场

苏黎世黄金市场是第二次世界大战以后发展的国际性黄金市场。由于战争影响，伦敦黄金市场关闭，为苏黎世黄金市场开拓提供机会。瑞士解禁黄金以后，黄金允许自由交易。瑞士的银行和交易体系创造了自由保密的环境，加之瑞士获得南非和苏联的黄金流入，使其一举成为全球最大的中转站和私人存储中心。苏黎世黄金市场共由 6 家银行组成，其中瑞士银行、瑞士联合银行和瑞士信贷银行组成苏黎世黄金总库。黄金报价由三家银行每天确定，并随时调整。

黄金总库是一个清算系统，苏黎世黄金交易时间为工作日上午 9：30～12：00，下午 14：00～16：00。该市场的黄金报价与伦敦市场不同，由三家组成黄金总库的银行每天上午 9：00 确定市场价格，并保持联系。如果市场供需情况变化，经过三家银行同意后，可以调整黄金总库的金价，并共同遵守统一的买卖报价。苏黎世黄金市场没有金价定盘制度，银行的个别头寸保持不公开。通过联合清算系统对不记名银行头寸进行加总，每天根据头寸变动和供需状况，在交易日的任意时间确定当日交易金价，即为苏黎世黄金市场的黄金官方价格。黄金价格在该价格基础上自由波动，没有涨跌停板的限制。苏黎世黄金官方价格对黄金总库成员具有约束力，并对世界上其他银行起到指导作用。

苏黎世黄金市场主要从事黄金现货交易，与伦敦市场基本相同，在价格决定制度方面，缺少定价制度。伦敦每日两次定价会议决定的黄金价格和苏黎世黄金总库报价是国际黄金价格的主要指标。但是，伦敦黄金市场的价格只限当天有效，隔日需要重新定价，而苏黎世市场价格可以对次日提出定价。自 20 世纪 60 年代起，瑞士第二大银行在苏黎世开始铸造金币，并将其发展成全球最主要的金币市场。苏黎世黄金市场在国际地位上仅次于伦敦。

五、新加坡黄金交易所

1969 年 4 月，新加坡黄金市场设立。起初只对非居民开放英镑交易，禁止本地居民买卖和持有黄金。1973 年 8 月，新加坡金融管理局废除了黄金管理条例，并取消了黄金进口税，以鼓励黄金进口。1978 年 11 月，新加坡黄金交易所正式成立，由新加坡金融当局管理和指导。新加坡政府采取了积极措施，加上西方货币市场动荡和黄金供不应求等外部因素的刺激，使新加坡发展成一个初具规模的黄金市场。

新加坡现货黄金市场交易方式自由选择。投资者既可以交易本地伦敦金，也可以交易新加坡金条。新加坡金条纯度为 0.9999①，交货地点为新加坡。交易金条的货币种类可采用美元、新加坡元或其他可兑换货币。报价交易商通过电话报价，具体交易条件由交易商确定，价格以伦敦和苏黎世黄金市场为基础，并加上运输、保险费用和利润。新加坡黄金交易所是新加坡唯一的正式黄金市场，交易方式类似于美国期货市场，采用公开喊价和网络平台交易，黄金现货交割地点为新加坡。一般情况下，客户通过经纪商或交易商进行交易。新加坡黄金交易所的交易时间从晚上 9 点开始至次日 3：30 结束。这一设计正好填补了伦敦黄金市场和纽约黄金市场的空白，黄金交易员可以根据不同的时段选择合适的黄金市场进行交易，从而促进了新加坡黄金市场的发展。

新加坡黄金市场与英国伦敦、中国香港和美国纽约黄金市场的关系日益密切。1983 年，新加坡政府改组了黄金交易所，增加了交易内容。批准交易所提供金融期货服务，使其进一步与其他国际交易所接轨。1983 年，交易所改制为新加坡黄金交易所有限公司，注册资本增至 200 万新元，由理事会负责制定和执行行政方案与日常业务。理事会由六名理事组成，每年选举产生，主席和副主席不能连任。交易所股东就是其正式会员。交易所在创办初期，把会员划分为交易会员和经济会员两类，共 10 名会员。黄金交易所于 1981 年 4 月 25 日开始，依照新章程取消了原来的交易会员与经济会员的分类，并规定全体正式会员有权利用自有资金进行适量交易，而且享有如下权利：

（1）可以委派场内交易员在交易所内进行交易。

（2）允许保留适量的买卖空盘。

（3）可以收取交易佣金和其他费用。

（4）每一正式会员必须认购 2 万股面值 1 元的交易所股份，而且须提交 25 万元的银行担保，并缴纳常年会员费用。

公司会员至少需缴纳 100 万元资金。新加坡黄金交易所可吸收准会员（附属会员），但准会员不持股、无表决权。准会员分为本地和海外两类，需缴纳至少 100 万元资金，可享受 50%佣金折扣。海外准会员不得吸引新加坡居民交易。自 1981 年 12 月起，允许本地准会员事先联系正式会员后在交易所内交易，以鼓励准会员交易。新加坡黄金交易所交易黄金现货和 6 种期货契约，起初只有 100 盎司的基本单位，自 1980 年 6 月 16 日起增设以公斤为单位的金条。期货合约分为 1、2、4、6、8、10 个月交割。交易单位为美元，以 100%每盎司黄金美元价格为基准，每盎司报价最低单位为 10 美分，最高报价不超过上一结算价。黄金期

---

①　此处纯度要求原为 LBMA 标准（0.995 成色），后受中国黄金市场影响，修改为 0.9999 成色交易合约；其他国际市场也有相应修改。

货每月有独立的成交价，价格波动受每日正负 24 美元的涨跌幅限制。现货和进入交割月份的即期合约不受涨跌幅限制。新加坡黄金交易所黄金交易仅限新加坡交割，黄金证书为唯一交割工具，需交易所和结算所预先批准，由指定银行签发。指定银行包括大华银行、华侨银行、新加坡发展银行、华联银行、诺娃·斯科西亚银行新加坡分行。证书有效期为 1 年，分为 1 公斤和 100 盎司两种，可兑换相应克重的金条，需印有认可铸造商和检验商的标志。

六、印度黄金市场

印度是世界上最大的黄金市场之一，黄金在这个国家的文化中起着核心作用，被认为是价值的贮藏手段，以及财富和地位的象征，并在各种重要仪式中使用。在印度农村，黄金的便携性和安全性更使其大受欢迎。黄金被认为是吉祥物，特别是在印度部分文化中黄金的地位更受重视。古代立法者马努颁布法令，在重要的仪式和场合应佩戴黄金饰品。尽管印度的商品交易有着悠久的历史，但是直到近些年商品交易规模才开始增长。印度第一家商品交易所——孟买棉花贸易协会成立于 1875 年，但自 1947 年独立以后，其发展受到了政府对农业部门的严重干预的影响。直到近些年，印度的商品交易市场才有所改进，在政府严格的监管控制之下，期货交易才开始有选择地引入。

印度人钟爱黄金和金饰，不仅仅是因为传统文化，还因为印度经济近年来飞速发展，人们生活更加富裕。此外，印度卢比对美元的比价持续上升，卢比升值刺激了黄金需求的增加。购买黄金在印度是一种固有传统，甚至连穷人一旦有积蓄也会购置金银作为保值手段。据世界黄金协会估计，由于印度对黄金需求持续旺盛，全球金价很有可能持续上涨。

黄金在印度发展历史上非常重要。除了基本用途，它还具有特别的宗教意义。印度黄金的历史与人类发展历史同步，早在古罗马时代出现丝绸和香料交易时，就有关于印度使用黄金的记录。印度第一枚金币由威尼斯铸币厂制造，并通过累范特地区进入印度。17 世纪，荷兰和英国东印度公司开始以黄金和白银作为贸易支付手段。美国内战期间，美国以大量黄金换取印度棉花，导致约有 13000 吨黄金流入印度，约占当时全球金矿产量的 9%。印度人以其热衷于储蓄而闻名世界，其金融储蓄比例高达 GDP 值的 90%以上。这一储蓄习惯深植于印度人思想中，黄金一直被视为主要的储备和投资工具，其受欢迎程度仅次于银行存款。印度一直为黄金市场的规范及透明度实施改革，目前已形成了一个市场运作规范透明的黄金交易市场。近年来，印度对黄金的需求异常旺盛，对世界黄金市场和黄金价格产生重要影响。作为全球第二大黄金消费国，印度的黄金需求量占全球总需求的 20%。印度也是热衷金币和金条投资的主要国家，消费量位居世界前列。尽管印度人均收入水平不高，但他们对黄金装饰品消费却非常慷慨，历年的宗教节日需求都对黄金市场价格造成重要影响。此外，黄金在印度被视为婚礼主要礼物，新娘结婚时佩戴精美的黄金首饰，象征着女性的权利和社会地位。近年来，印度农业欣欣向荣，农民在丰收后将多余的收入投入贵金属市场已经成为一种习惯。在这段时间里，印度的首饰制造商采购达到了高峰，需求强劲增长态势有望持续。印度强大的现货需求必将为今后金价走势提供强劲支撑。

作为目前全球重要的黄金消费国，印度在 2003 年以前尚无正式的黄金交易市场，相关交易主要通过银行进行。为了规范黄金市场的发展，印度于 2003 年成立了印度多种商品交易所（Multi Commodity Exchange of India，MCX）及印度国家商品及衍生品交易所（National Commodity & Derivatives Exchange，NCDEX）。这两个交易所均以电子系统进行黄金期货交易，交收成色标准为 99.5% 或以上，两家交易所提供的黄金期货合约在合约月份和交割细节方面存在一些差别。MCX 及 NCDEX 的参与者以机构投资者为主，例如银行等金融机构。MCX 于 2003 年 11 月分别推出了交易单位为 1 千克的黄金期货合约和交易单位为 100 克的黄金 M 期货合约，通过电子化方式进行交易，结算货币为印度卢比，采用实物交割方式；NCDEX 则于 2004 年 3 月推出交易单位为 1 千克的黄金 KG 期货合约，进行电子化交易，使用印度卢比进行结算，同样采用实物交割方式；2008 年 5 月，MCX 进一步推出交易单位为 8 克的黄金 Guinea 期货合约。此外，印度国家多种商品交易所（National Multi Commodity Exchange，NMCE）也从 2006 年开始了黄金期货的交易。但 MCX 黄金期货的交易量远远高于 NCDEX 和 NMCE。除黄金外，MCX 及 NCDEX 亦提供农产品及其他资源产品交易服务。2007 年 3 月 19 日，印度首个黄金交易基金（ETF）在印度国家证券交易所上市，从此印度的投资者又多了一种黄金投资方式。随着越来越多的国际投资者开始关注印度的黄金市场，印度已成为世界黄金市场的重要组成部分。总的来看，印度商品期货市场包括：国有期货交易所，比如 MCX、NCDEX 等；地方期货交易所，比如印度科钦（Kochi）的印度胡椒和香料贸易协会（IPST）、印度拉杰果德（Rajkot）商品交易所（RCE）。国有交易所在整个期货市场中的交易份额更大。整体上来看，黄金在所有期货市场合约中的交易份额占比最大。

在过去的十年中，有超过 26 家商品交易所在印度交易黄金。近年来，严格的管理规定阻碍了黄金交易的进一步发展。客户信息规定、头寸限制、对于非农业部门自 2013 年开始征收 0.1% 的商品交易税（CTT）等问题，加上国有现货交易所的欺诈行为，已经令一些交易所倒闭。至 2015 年时，整个印度只剩下 4 个国有交易所以及 18 个地区交易所。MCX 是印度最大的交易所，其市场交易份额占全国市场的 80%。NCDEX 次之，该交易所的黄金期货交易合约居全国前列。

税收负担阻碍了黄金期货交易规模的扩大，但是增长的机会仍然存在。2012年印度黄金期货交易规模达到最高峰7.5万亿卢比，但是2013年随着CTT的实施，交易量大幅萎缩。随着政府一系列监管措施的实施，一些投资者为了降低交易成本，逃避税收和过度监管，从官方交易平台转移到非官方交易平台。因此，商品交易税收政策的实施对黄金市场的影响仍在继续，后果尚无法预料。但是，印度商品交易所的前景被看好。尽管交易量快速增长，但印度商品交易所对黄金价格的影响仍然很小。交易所投资者多数来自个人以及交易商。银行、金融机构、国外投资者被禁止进入。一旦解禁，那么交易量将会获得飞速增长。

　　印度黄金期货合约如表2-3所示。

表2-3　印度黄金期货合约（MCX）

标志	GOLD
合约开始日	合约月开始第16个工作日，逢假期顺延
最后交易日	到期日第5个工作日，逢假期顺延
交易期	周一到周五
交易时间	周一到周五上午10：00~下午11：30（冬令时）/11：55（夏令时）
交易单位	1千克
报价基准	10克
最大报单量	10千克
最小报价单位	1卢比每10克
初始保证金	最小4%或按合约计算较高者
最大损失保证金	最少1%
额外或特殊保证金	为避免大幅波动，对买卖双方根据实际情况同时征收额外保证金
交割	艾哈迈达巴德（Ahmedabad）港外

七、迪拜黄金市场

　　阿联酋的迪拜城（Dubai）是中东地区重要的黄金交易市场之一，也是世界十大黄金消费地之一。迪拜因黄金而闻名，黄金进出口规模较大，多数再加工后出口，大约占中东国家黄金销售总额的60%以上，已成为世界第五大黄金消费市场。迪拜黄金市场主要进行现货交易，主要交易品种有再生金、黄金饰品、金币、金条和原料。迪拜依托其在中东的特殊地理位置，主要从中东和亚洲国家（如印度）进口高纯度金条、二手金和原料，然后发往周边首饰制造中心。此外，由于中东国家政治不稳定，许多交易商会选择在迪拜进行黄金交易，而不是

·46·

带回国内，这促使迪拜成为中东地区的黄金交易中心。迪拜贸易城街区里有许多黄金首饰店，橱窗里陈列着手镯、项链、戒指等饰品，黄金的成色从 18K 到22K、24K 不等。黄金计价以克为单位，不收设计费和工艺费。为了发展本地的黄金贸易，迪拜出台了一系列优惠措施，包括免营业税政策、100% 的商铺经营所有权、自由保有商业基地、单独的清关窗口、无外汇管制、贸易自由汇兑以及费率较低的货物运输、金融、物流和保险业支持等。

迪拜多种商品交易中心（Dubai Multi Commodities Centre，DMCC）于 2002 年4 月成立，是迪拜黄金市场的支柱。作为打造迪拜国际黄金贸易城战略的首要步骤，DMCC 将黄金交易市场、珠宝交易市场以及其他金属交易市场（如白金、钯和银）融合，提升了迪拜黄金市场的竞争力。DMCC 为黄金珠宝商提供良好的贸易环境，包括协助珠宝商搭建安全铺面、设立贵金属加工基地、提供良好的办公条件等。DMCC 制定了行动守则，督促珠宝商严格遵守最高国际准则和黄金交易机制。DMCC 的基础设施完善，不仅在生产加工、贸易营销、学习研究、证书认证和技术支持方面帮助珠宝行业，还与金融机构和政府部门等合作，共同推动行业发展。DMCC 策划了大型项目迪拜黄金饰品贸易城，贸易城中流通的是 DMCC发行的迪拜黄金收据（DGR），这是一种电子收据，成员可以实时获取黄金，包括储存在 DMCC 批准仓库中的金条、金块、金币和珠宝。经核准的仓库操作经理或副经理根据交易者的黄金存款发行 DGR。DGR 可流通，并可通过背书转让或抵押给持股银行融资。持股银行可通过特定的检验装置利用 DGR 核实黄金的真伪。DGR 为融资者提供信用风险转移机制，增加投资获利可能。DMCC 制定了小型金条交货标准，补充了伦敦黄金市场仅交易 400 盎司金条的不足。在迪拜，黄金冶炼商和制造商生产的小型金条也需要符合重量、成色、外观和印章等标准，纯度不得低于 0.995。迪拜市政府在控制黄金交易质量和珠宝规范销售方面发挥着重要作用，定期进行抽检以保持黄金质量，并适当惩罚违规者。在政府的大力支持下，迪拜基于黄金现货市场开始发展期货交易。

迪拜黄金和商品交易所（Dubai Gold & Commodities Exchange，DGCX）已经于 2005 年 12 月 22 日正式营业，交易规模迅速扩大。但是，总体而言迪拜黄金市场还是一个以批发零售为主的现货市场。

八、中国黄金协会

中国黄金协会是全国性社团组织，于 2001 年获得国家经济贸易委员会和民政部的正式批准和注册登记。其英文名为 China Gold Association，缩写为 CGA。协会由黄金勘探、生产、加工、流通企业，投资企业，科研院所以及与黄金相关的企事业单位和社团组织等依法自愿组成，具有全国性、非营利性和自律性特点。协会定期出版中国黄金市场年鉴，对于从事中国黄金市场的人士具有重要的参考价值。

中国黄金协会宗旨是坚持党的基本路线，守法守规，遵守国家政策和社会道德；致力于为政府、行业和企业提供服务；建立并完善行业自律机制，在国家宏观调控下逐步实现自我管理；充分发挥政府参谋助手和企业间桥梁纽带的作用，为会员单位提供中介服务；开展国际合作与交流，促进对外经济技术合作；评奖评优，推广黄金科技应用；推介黄金产品，培育本土品牌，拓展黄金消费领域；通过多种形式与世界各国和地区的相关组织建立紧密联系，加强国际合作与交流。另外，定期举办国内黄金行业会议，加强学习与合作，为黄金事业发展做出贡献。协会为会员提供培训、展会和咨询等免费或收费服务。除了充分发挥桥梁纽带作用，协会还进一步提高服务水平，倾听会员的声音、需求、意见和建议。

九、世界黄金协会

世界黄金协会是全球黄金行业的市场开发组织，旨在刺激和维持黄金需求。作为独特的机构，该协会为黄金行业带来实际利益，是市场中积极的力量。该协会与不同伙伴合作，创造机会、推动创新、激发需求，同时为协会成员提供交流平台和推介机会，促进公众对国际黄金市场的深入了解，帮助人们认识黄金的投资价值以及重要作用。

过去 20 年中，黄金市场发生了重大变化，规模不断扩大，影响力日益增强。世界黄金协会在推动这一变化中发挥着关键作用，关注中国黄金市场的自由化和市场需求的快速增长。世界黄金协会通过创新实物黄金产品以及进行市场细分，不断提高人们对黄金作为金融资产重要性的认识。该协会由 33 个成员组成，其中大多数是世界上最具前瞻性的黄金生产商。成员分布于全球，涉及 45 个国家。世界黄金协会通过制定指导方针、开展研究和提供实用工具，帮助金矿生产商以更高效的方式控制生产成本，促进协会成员在潜在高风险或受冲突影响的地区负责任、透明地开展活动，并对地方经济和社会发展做出重要贡献。世界黄金协会总部设在英国，并在印度、中国、新加坡和美国等开展业务。协会通过研究、洞察市场供求关系，开展与投资、珠宝、行业和学术界的合作，刺激新兴市场和现有市场的实金和投资需求，为黄金市场发展提供动力支持。此外，协会定期发布《全球黄金年鉴》，对黄金行业从业者、相关机构和研究人员具有重要参考价值。

十、世界黄金市场趋势

黄金市场的结构正面临着前所未有的变化浪潮，这是由不断演变的黄金需求模式、监管变化、新型参与者和创新造成的。从全球的黄金生产供给和需求来看，世界黄金市场格局具有以下几个趋势：

（1）市场需求状况继续向东方转移。从黄金需求来看，仅中国和印度近年来就占全球黄金需求的一半以上。此外，亚洲国家一直积极参与黄金投资价值链的各个阶段，从生产到精炼和制造环节均有体现。今天的中国既是全球最大的黄金生产国也是最大的消费国，表明中国在黄金交易和定价中必将产生更大的影响力。毫无疑问，中国市场（主要是上海黄金交易所）的影响力正在发生重要变化，在全球黄金市场中发挥着越来越重要的作用。世界主要黄金市场交易时间见图2-2。

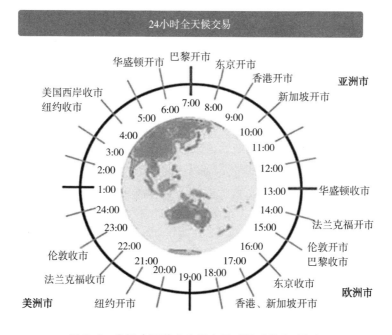

图2-2　世界主要黄金市场交易时间（北京时间）

（2）监管变化。自2008年全球金融危机以来，金融市场出现了一波新的监管浪潮。大多数监管旨在通过增加银行资本化、解决系统性风险和提高市场透明度来提高金融系统的弹性。大多数新规定适用于各种资产类别，并非黄金独有。虽然全球各地的金融监管方向是一致的，但各地区和司法管辖区在监管和实施方面存在差异。总体而言，监管对市场参与者施加了成本，并产生了一些意想不到的后果，可能会导致市场流动性下降。监管政策不断趋向稳定，对黄金市场必将产生深远的影响。

（3）外汇交易日趋透明。由于监管变化，资产交易方式从场外交易向交易所交易转变。由于监管机构不断调整双边场外交易成本，并鼓励集中结算，黄金市场也出现了集中化交易趋势。银行作为批发市场的主要中介机构，通过场外交易会面临更高的资金成本和抵押成本。此外，中央结算（作为交易所交易合约的基础）提供了净收益、运营效率以及场外交易（OTC）市场所缺乏的透明度。这些黄金市场发展的趋势充分证明黄金市场结构正处于一个不断演变的过程中。

（4）新参与者不断出现。银行历来在黄金市场中发挥主导作用，履行融资职能，促进风险转移，提供投资者准入和实物市场服务（如实物分销和托管）。近年来，由于资本约束、市场整合和周期性因素，许多银行已经缩减或退出了大宗商品市场。加上银行对持有自营头寸的限制，非银行参与者已成为流动性和影响价格发现的重要提供者。这些参与者包括对冲基金、算法交易员和高频交易机构等。散户投资者也越来越多地直接参与批发市场交易（例如，通过西方的 ETF 或中国的期货市场），并对黄金价格产生重要影响。

（5）新技术的应用。技术创新给许多行业带来了影响，黄金交易也是如此。特别是区块链技术，有望促进黄金交易结算，并提供更强大、更具操作性和成本效益的机制。尽管存在一系列挑战，但它可能会推动真正的"交付与支付"现货交易，从而消除结算风险并实现其他改进。更广泛地说，区块链技术可以成为黄金价值链的一个组成部分，促进黄金从"矿山到消费者"的追踪，从而强化市场体系的完整性。例如，建立黄金产地的防篡改系统将使黄金市场更加透明、高效，并有助于消除非法行为，如走私或洗钱犯罪等。

思考题

1. 世界黄金市场包括哪些市场？各市场的交易时间是如何分配的？
2. 简述中国黄金市场的历史及现状。
3. 世界上最大的黄金期货交易所是哪里？它是怎么发展来的？

第三章　黄金投资品种与合约

本章导读：

从事黄金交易与投资业务，需要了解国内外黄金市场的交易品种和合约。在国内外黄金现货、远期、OTC、期货及期权市场中，均有不同类型的交易品种。随着互联网技术的快速发展，近年来还出现了一些创新类交易品种，例如跟区块链和比特币相关的黄金交易合约。

通过本章内容的学习，投资者应该掌握：

1. 黄金现货市场合约
2. 黄金期货市场合约
3. 黄金期权市场合约
4. 其他衍生交易合约

作为我国金融市场的重要组成部分，经过近二十年的发展，黄金市场已经取得了长足的进步。无论是现货黄金市场还是期货期权等衍生品黄金市场，市场交易制度逐渐完善，交易产品不断丰富，市场参与者持续增加，市场交易规模不断扩大。本章主要介绍中国黄金市场（不包括港澳台地区）有关的黄金交易和投资品种。

就中国市场（不包括港澳台地区）而言，仅上海黄金交易所就有上千万投资者，自从 2002 年 10 月正式营业以来，已经发展成为全球最大的黄金现货交易所。上海黄金交易所已建成由竞价市场、询价市场、租借市场、质押市场等共同组成，融境内市场主板与境外国际市场于一体的多元化市场体系（见图 3-1）。按照黄金投资产品的不同属性，黄金投资产品包括现货黄金、黄金期货、黄金期权、黄金租赁、黄金寄售、黄金质押、黄金掉期、黄金 OTC、黄金 ETF、纸黄金以及创新类黄金投资产品。

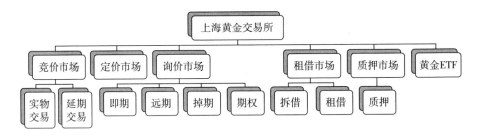

图 3-1 上海黄金交易所产品体系

与黄金现货市场相对应，上海期货交易所是我国目前设立的六大期货交易所（大连商品交易所、郑州商品交易所、广州期货交易所、上海国际能源交易中心、上海期货交易所以及中国金融期货交易所）中，主要从事金属原油类期货期权合约交易的场所。该交易所先后于 2008 年 1 月和 2019 年 12 月推出黄金期货和黄金期权合约。上海黄金交易所和上海期货交易所的黄金交易合约形成了现货、期货与期权共同发展、齐头并进的格局。

第一节 现货黄金

上海黄金交易所分为竞价市场、定价市场、询价市场、租借市场、质押市场和黄金 ETF 市场。在竞价市场中，现货黄金主要是指以黄金实物为交易标的的交易合约，分为现货实盘合约、现货即期合约、现货延期交收合约以及现货交割延期合约四种。目前，上海黄金交易所的全系列合约中，实物交易品种共有 11 种，其中黄金8种、白银2种、铂金1种。这些合约根据交易标的、交易单位、成色和交割地点不同而区分（见图3-2）。应该指出，上海黄金交易所是目前我国唯一的合法黄金现货交易所。

交易品种	交易合约	板块	交易手续费	结算方式	交割仓库	交割品种
黄金（实盘）	Au99.95	主板	成交金额的0.035%	钱货两讫	主板仓库	标准重量3千克，成色不低于99.95%的金锭
	Au99.99					标准重量1千克，成色不低于99.99%的金锭
	Au99.5					标准重量12.5千克，成色不低于99.5%的金锭
	Au100g					标准重量100克，成色不低于99.99%的金条
	Au50g					标准重量50克，成色不低于99.99%的金条
	iAu99.5	国际板	成交金额的0.005%		国际板仓库	标准重量12.5千克，成色不低于99.5%的金锭
	iAu99.99					标准重量1千克，成色不低于99.9%的金锭
	iAu100g					标准重量100克，成色不低于99.99%的金条
白银（即期）	Ag99.99	主板	成交金额的0.02%		主板仓库	标准重量15千克，成色不低于99.99%的银锭
	Ag99.9		0%			标准重量15千克，成色不低于99.9%的银锭
铂金（实盘）	Pt99.95	主板	成交金额的0.04%		主板仓库	0.5千克，1千克，2千克，3千克，4千克，5千克，6千克，成色不低于99.95%的铂锭

图3-2　上海黄金交易所现货市场合约

注：以上交易手续费参照上海黄金交易所最新公告执行。

　　根据交易合约性质的不同，上金所现货交易品种分为现货实盘合约和现货即期合约。现货实盘合约是指交易买（卖）方必须有全额现金（实物）。报价后，对应的资金或实物即被冻结。成交后，实时完成实物交割，以钱货两讫的方式清算。现货实盘交易标的一般为黄金、白银和铂金。现货即期合约是指客户进行买报价或卖报价时，必须有20%的保证金。当前，现货即期合约主要用于白银现货交易，交割要求为标准重量15千克、成色不低于99.99%的银锭。该银锭应符合上海黄金交易所认定的可提供标准银锭企业生产的符合国家银锭GB/T 4135—2016标准，或者伦敦金银市场协会（LBMA）认定的合格供货商生产的标准实物。

　　除了现货交易品种，上金所还推出了一种特别的黄金延期交易合约，即黄金（T+D）。竞价市场中，黄金延期交易合约是指投资者以支付保证金的形式，在交易所集中买卖的一种可推迟交割日期的合约。黄金（T+D）合约分为非定期延期交易T+D和定期延期交易T+N。该合约的特点是杠杆交易，交易双方需支付一定比例的保证金。目前，黄金延期合约（T+D）只需支付全额货款的7%，白银支付全额货款的9%，资金使用效率较现货合约更高（最新保证金水平见交易所公告）。这种合约采取双向交易方式，既可以做多也可以做空，交易方式灵活。同时，为了解决交割双方的匹配问题，交易所引入了延期补偿费和中立仓机制来调节实物供求矛盾。具体延期补偿机制和中立仓原理见图3-3。

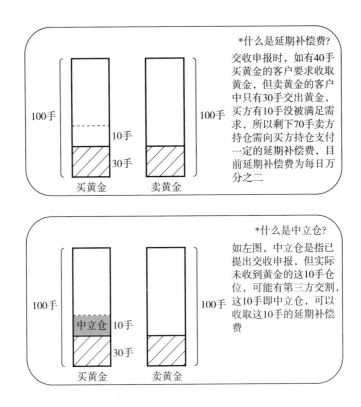

图3-3　延期补偿机制和中立仓原理

延期交收合约一般按日推迟交割日期。其中，T代表Trading，D代表Delay。每天可进行交收申报。当日交易完毕后，市场会每日结算延期补偿费，延期补偿费率为合约价值的0.0175%/天（交易所会根据实际情况予以调整）。标的物为符合交割要求的黄金、白银。例如，Au（T+D）合约一般选择3千克99.95%的金锭或1千克99.99%的金锭进行交割，而mAu（T+D）合约一般则选择1千克99.99%的金锭进行交割。现货延期交收合约包括白银延期交收合约Ag（T+D）和黄金延期交收合约Au（T+D）两种。

Au（T+N1）合约和Au（T+N2）合约以定期集中收付的方式支付延期费，每两个月一次。其中，Au（T+N1）合约的延期费支付日为单数月份的最后交易日，而Au（T+N2）合约的延期费支付日为双数月份的最后交易日；非支付日的延期费率为 0。其中，Au（T+N1）仅在每年 6 月 15 日进行一次延期补偿费收付，其他交易日持仓没有延期费。Au（T+N2）仅在每年 12 月 15 日进行一次延期补偿费收付，其他交易日持仓没有延期费。但是，此类合约上市后交易一直比较平淡。

2019 年 10 月，上海黄金交易所以 COMEX 黄金期货合约为标的推出了现金交割延期交收合约 NYAuTN06 和 NYAuTN12。NYAuTN06 交割结算价为：（交割结算日 COMEX 黄金期货最近的 8 月合约在北京时间 15：25~15：30 的加权平均价）减去（交割结算日前一交易日 COMEX 黄金期货最近的 8 月/6 月日历价差合约的结算价）。NYAuTN12 交割结算价为：（交割结算日 COMEX 黄金期货最近的 2 月合约在北京时间 15：25~15：30 的加权平均价）减去（交割结算日前一交易日 COMEX 黄金期货最近的 2 月/12 月日历价差合约的结算价）。二者的交割结算价以人民币计价，根据交割结算日外汇交易中心在北京时间下午 3 点公布的美元/在岸人民币（USD/CNY）汇率及每盎司 31.10 克进行转换，计价单位为元（人民币）/克。

该合约交易单位为 100 克，但是交割规格为 1 公斤、成色不低于 99.99% 的金锭，旨在避免每天确定延期补偿费的方向，降低了交易成本的不确定性。在竞价市场上，上海金（SHAU）是上海黄金交易所于 2016 年 4 月 19 日推出的新合约品种，其产品标的交易单位为 1 千克、交易规格为 1 公斤、成色不低于 99.99% 的金锭。

竞价市场则遵循价格优先、时间优先的撮合机制，参与主体不仅包括个人客户，也包括法人客户。询价市场是竞价市场的重要补充，由交易双方在电子平台上自行决定交易金额和数量（见图 3-4）。清算流程通过交易所进行，主要包括黄金即期、远期、掉期和期权四类交易品种（见图 3-5）。

类别	场内竞价市场	场外询价市场
交易机制	价格优先、时间优先的撮合机制	交易双方询价、议价
交易对手	不指定交易对手	自行选择交易对手
履约担保机制	交易所冻结保证金；每日无负债管理	交易所不冻结保证金；可采用信用交易机制
常见品种	Au（T+D）、Au99.99现货合约等	即期、远期、掉期等
参与主体	个人及法人客户	法人客户

图 3-4　两种交易机制

类别	即期	远期	掉期	期权
产品合约	PAu99.95，PAu99.99，iPAu99.95，iPAu99.5，iPAu100g			0Au99.99，0Au99.99，
交易单位	交易双方以双边询价方式约定交易重置			
交割方式	实物交割/现金交割			
交易时间	9:00~17:00			
交易方式	交易所黄金询价交易系统及交易所指定的其他交易系统			
手续费率	PAu99.95，PAu99.99：实物交割——万分之三点五 现金交割——暂免 iPAu99.95，iPAu99.5，iPAu100g：实物交割&现金交割——暂免		PAu99.95，PAu99.99：实物交割——万分之四 现金交割——暂免 iPAu99.95，iPAu99.5，iPAu100g：实物交割&现金交割——暂免	暂免收取期权登记手续费，行权合约交易按该合同手续费率收取

图 3-5　询价市场产品

第二节　黄金期货

一、黄金期货合约

目前，中国（不包括港澳台地区）唯一的黄金期货合约是上海期货交易所的黄金期货，主力合约为 6 月或 12 月，具体合约条款见表 3-1。

表 3-1　《上海期货交易所黄金期货合约》（修订版）

交易品种	黄金
交易单位	1000 克/手
报价单位	元（人民币）/克
最小变动价位	0.02 元/克
涨跌停板幅度	上一交易日结算价±3%
合约月份	最近三个连续月份的合约以及最近 13 个月以内的双月合约
交易时间	上午 9：00~11：30，下午 1：30~3：00 和交易所规定的其他交易时间
最后交易日	合约月份的 15 日（遇国家法定节假日顺延，春节月份等最后交易日交易所可另行调整并通知）
交割日期	最后交易日后第一个工作日

续表

交割品级	金含量不小于99.95%的国产金锭及经交易所认可的伦敦金银市场协会（LBMA）认定的合格供货商或精炼厂生产的标准金锭（具体质量规定见本合约附件）
交割地点	交易所指定交割金库
最低交易保证金	合约价值的4%
交割方式	实物交割
交割单位	3000 克
交易代码	AU
上市交易所	上海期货交易所

注：根据2020年8月18日上海期货交易所发布的公告〔2020〕134号修订。

二、黄金期货合约附件

黄金期货合约附件是对黄金期货合约的进一步补充说明，对于深入了解黄金交易投资业务非常重要。

1. 交割单位

黄金期货合约的交易单位为每手1000克，交割单位为每一仓单标准重量（纯重）3000克，交割应当以每一仓单的整数倍交割。

2. 质量规定

（1）用于本合约实物交割的金锭，金含量不低于99.95%。

（2）国产金锭的化学成分应符合表3-2规定，金含量以杂质减量法确定，所需测定杂质包括但不限于下表所列杂质元素。

表3-2　金锭化学成分

牌号	化学成分，%							
	Au ≥	杂质含量，≤						
		Ag	Cu	Fe	Pb	Bi	Sb	总和
Au99.99	99.99	0.005	0.002	0.002	0.001	0.002	0.001	0.01
Au99.95	99.95	0.020	0.015	0.003	0.003	0.002	0.002	0.05

注：其他规定按GB/T 4134—2021标准要求。

（3）交割的金锭为1000克规格的金锭（金含量不小于99.99%）或3000克规格的金锭（金含量不小于99.95%）。

（4）3000克金锭，每块金锭重量（纯重）溢短不超过±50克。1000克金锭，每块金锭重量（毛重）不得小于 1000 克，超过 1000 克的按 1000 克计。每块金锭磅差不超过±0.1 克。

（5）每一仓单的黄金，必须是同一生产企业生产、同一牌号、同一注册商标、同一质量品级、同一块形状的金锭组成。

（6）每一仓单的金锭，必须是交易所批准或认可的注册品牌，须附有相应的质量证明。

3. 交易所认可的生产企业和注册品牌

用于实物交割的金锭，必须是交易所注册的品牌或交易所认可的伦敦金银市场协会（LBMA）认定的合格供货商或精炼厂生产的标准金锭。具体的注册品牌和升贴水标准，由交易所另行规定并公告。

4. 指定交割金库

指定交割金库由交易所指定并另行公告。

符合上海期货交易所要求的金锭交割品牌以及生产厂商，见教材后附录二。

关于黄金期货交割环节有关费用的设定如下（2021 年 1 月 1 日）：

入库费：	2 元/千克；
出库费：	2 元/千克；
入库调运费：	0.04 元/克；
出库调运费：	0.07 元/克；
仓储费：	1.8 元/千克·天。

上海期货交易所将根据市场发展情况调整储运费用，并另行发文通知。

第三节　黄金期权

在我国黄金市场，与黄金期权有关的交易合约有两种：一种是上海期货交易所推出的标准化黄金期权合约；另一种是上海黄金交易所推出的询价期权合约。其中，上海期货交易所的黄金期权合约是基于黄金期货的期权合约，2020 年正式推出，具体条款规定如下：

《上海期货交易所黄金期货期权合约》中关于合约月份的修订，自 2020 年 11 月 17 日（周二）新挂牌期货合约 AU2112 对应的期权合约开始实施，其中，合约月份大于等于 AU2112 的期货合约对应的期权合约适用修订后的规定，合约月份小于 AU2112 的期货合约对应的期权合约适用修订前的规定；

《上海期货交易所黄金期货期权合约》中关于行权方式的修订，自 2021 年 11 月 16 日（周二）新挂牌期货合约 AU2212 对应的期权合约开始实施，其中，合约月份大于等于 AU2212 的期货合约对应的期权合约适用修订后的规定，合约月份小于 AU2212 的期货合约对应的期权合约适用修订前的规定。

修订后合约文本如表 3-3 所示。

表 3-3　修订后合约文本

合约标的物	黄金期货合约（1000 克）
合约类型	看涨期权，看跌期权
交易单位	1 手黄金期货合约
报价单位	元（人民币）/克
最小变动价位	0.02 元/克
涨跌停板幅度	与黄金期货合约涨跌停板幅度相同
合约月份	最近两个连续月份合约，其后月份在标的期货合约结算后持仓量达到一定数值之后的第二个交易日挂牌。具体数值交易所另行发布
交易时间	上午 9：00~11：30、下午 13：30~15：00 及交易所规定的其他时间
最后交易日	标的期货合约交割月前第一月的倒数第五个交易日，交易所可以根据国家法定节假日等调整最后交易日
到期日	同最后交易日
行权价格	行权价格覆盖黄金期货合约上一交易日结算价上下浮动 1.5 倍当日涨跌停板幅度对应的价格范围。行权价格≤200 元/克，行权价格间距为 2 元/克；200 元/克<行权价格≤400 元/克，行权价格间距为 4 元/克；行权价格>400 元/克，行权价格间距为 8 元/克
行权方式	美式。买方可以在到期日前任一交易日的交易时间提交行权申请；买方可以在到期日 15：30 之前提出行权申请、放弃申请
交易代码	看涨期权：AU-合约月份-C-行权价格 看跌期权：AU-合约月份-P-行权价格
上市交易所	上海期货交易所

上海黄金交易所也推出了黄金期权，称为询价期权合约。上海黄金交易所规定，关于期权的规定同样适于黄金询价期权合约。交易所挂牌的询价期权合约包括"OAu99.99"和"OAu99.95"，其标的合约分别为"PAu99.99"和"PAu99.95"即期合约。黄金询价期权的交易类型包括看涨期权和看跌期权。

与上海期货交易所的黄金期权不同，上海黄金交易所黄金询价期权的行权方式包括欧式期权和美式期权，另外上海黄金期货交易所黄金期权标的物为黄金期货合约。对于欧式期权而言，期权买方只能在期权行权日当天才可以行权。美式期权则有所不同，期权买方既可以在行权日当天行权，也可以在行权日之前行权。询价期权合约按结算方式分为实物交割期权和现金结算期权。实物交割期权是指期权标的合约为实物交割型询价即期合约，即期权行权后所产生的询价即期交易，在到期结算时将进行实物交割。现金结算期权则指期权标的合约为现金结算型询价即期合约，即期权行权后所产生的询价即期交易，在到期结算时将进行现金结算。

第四节　黄金租借

租借市场分为黄金租赁和黄金拆借。

黄金租赁是指，符合规定条件的法人客户（含中小企业客户）向金融机构租赁黄金，并按照合同约定以人民币形式支付租赁费，到期从上海黄金交易所（上金所）购买黄金进行归还的业务。上金所为会员及客户提供黄金租赁办理实物库存的过户转移、非交易过户等业务服务（见图 3-6、图 3-7）。

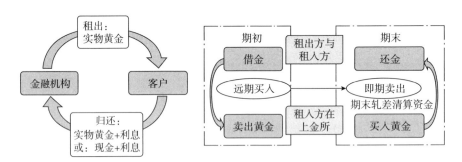

图 3-6　黄金租赁流程

借金品种、还金品种	重量	期限	付息方式	租借利率
• LAu99.95、LAu99.99、iLAu99.99、iLAu99.5、iLAu100g等	• 黄金租借交易单位为千克 • LAu99.95、LAu99.99、iLAu99.99品种交易重量须为1千克的整数倍 • iLAu99.5品种交易重量须为12.5千克的整数倍 • iLAu100g品种交易重量须为0.1千克的整数倍	• 支持O/N、1W、2W、1M、3M、6M、9M、1Y等标准期限和其他非标准期限	• 可选择"交易所清算利息"或"非交易所清算利息"模式	• 选择"交易所清算利息"模式的，租借利率须为固定利率，如为年利率，数值应大于零 • 选择"非交易所清算利息"模式的，租借利率可选择固定利率或浮动利率

图 3-7　黄金租赁业务

黄金拆借是指金融同业间的黄金租赁。

黄金拆借业务图如图 3-8 所示。

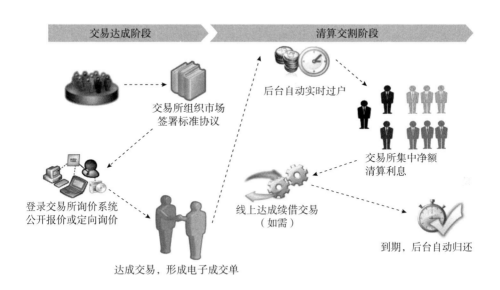

图 3-8 黄金拆借业务

第五节 黄金寄售

"寄售"即他人将物品寄存并委托你销售，即"寄存销售"。1998 年 12 月，深圳黄金寄售业务正式启动，首家合作伙伴是瑞士银行。瑞士银行将黄金寄放在中国人民银行深圳支行的金库，后者按照国内黄金管理政策，并根据国际黄金市场的价格、汇率等因素，确定相应价格后出售给深圳的黄金饰品加工生产企业，每笔销售实物交割一次。中国人民银行深圳支行一方面向国内黄金饰品企业供应黄金并以人民币结算，另一方面与瑞士银行合作，提供黄金并以美元进行资金结算。中华人民共和国成立以后，我国对黄金产品实行严格管制，由中国人民银行统一收购和配售。1982 年放开了黄金饰品零售市场，1993 年改革了黄金收售价格的定价机制，随后开展了黄金寄售业务，改革了黄金制品零售管理审批制度。

黄金寄售业务是指金融机构接受境外银行委托，寄存并销售实物黄金，通过上海黄金交易所进行交易。金融机构负责申请年度黄金进口额度及相关外汇配额，申请人民银行代理黄金进出口的批文，以及协调指导分行的业务管理工作。交易部门负责寄售黄金的进出口申请和规模控制，报价、交易、清算工作。金融机构总部负责黄金寄售业务下的资金购汇、付汇及进出口黄金的外汇核销工作。上海和深圳分行作为黄金寄售的口岸行，负责黄金的进口报关、入库和保管工作。寄售黄金业务遵循权限管理，相关工作人员在权限范围内从事业务活动，寄售协议双方需预留签字样本。黄金寄售业务所称的实物黄金，指的是经上交所认证的标准金锭，其本质是跨国的"借金还金"业务。

第六节 黄金质押

黄金质押是指借款人以可在黄金交易所交易且交割的标准金作质押，从银行获得信贷资金的一种方式。在黄金质押办理过程中，为规避黄金市场价格波动造成贷款风险，借贷双方需设立共同遵守质押黄金的警戒线和平仓线。当质押黄金的市场价格跌至警戒线时，银行会及时通知客户增加押品或提前归还部分贷款，使得质押黄金的有效担保数量大于等于贷款本金。而当质押黄金的市场价格跌至平仓线时，银行将卖出质押黄金，归还贷款（见图3-9）。

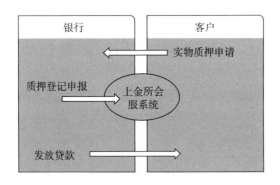

图3-9 黄金质押流程

质物：黄金、白银、铂金等实物。

质权方：交易所金融类会员单位。

出质方：交易所非金融类会员、机构客户、个人客户。

利率：执行中国人民银行规定的贷款利率。

期限：期限最高不超过一年。

质押率：质押率一般不高于质押品评估价值的80%，并随黄金市场行情而进行调整。

质押登记费：由出质人按照黄金交易所规定的标准支付给黄金交易所。

质押手续如图3-10所示。

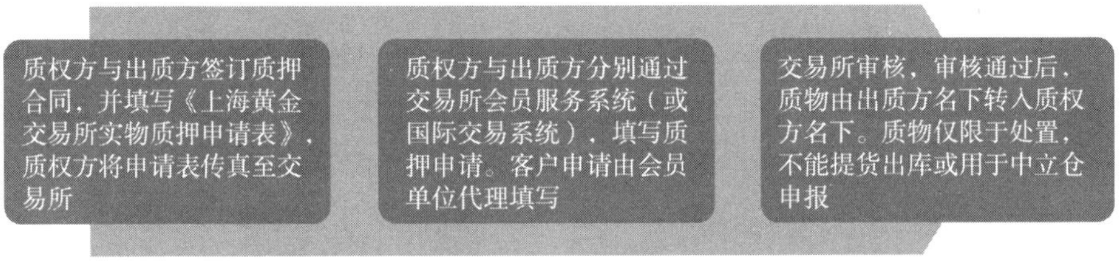

质权方与出质方签订质押合同，并填写《上海黄金交易所实物质押申请表》，质权方将申请表传真至交易所

质权方与出质方分别通过交易所会员服务系统（或国际交易系统）。填写质押申请。客户申请由会员单位代理填写

交易所审核，审核通过后，质物由出质方名下转入质权方名下。质物仅限于处置，不能提货出库或用于中立仓申报

图 3-10　质押手续

第七节　黄金掉期

黄金掉期一般在央行间发生，一家央行用其黄金储备做抵押与另一家银行交易换取货币现金，并约定在未来某个时候，按照约定价格将抵押的黄金买回来。当然，货币现金不是免费的，获得现金的一方需要向对方支付一定的利息作为机会成本的补偿。一般来说，某些央行希望获得一定的资金，但又不想出售手中的黄金储备的时候，就会选择黄金掉期。按照国际清算银行的说法，"客户跑过来跟我们说希望买一些黄金，但是也希望同时能在这些产品上附带回购期权"。需要特别说明的是，黄金掉期这种工具近年来已经很少为央行所使用。

国际清算银行从2009年12月到2010年1月进行了一连串的黄金掉期交易，涉及的黄金高达346吨，约合140亿美元，81.6亿特别提款权。

第八节　黄金OTC

OTC（Over The Counter），中文译为场外交易，又称柜台交易或店头交易。和交易所市场完全不同，黄金OTC没有固定的场所，没有规定的成员资格，没有严格可控的规则制度，没有规定的交易产品和限制，主要是交易对手通过私下协商进行的一对一的交易。场外交易主要发生在金融业，特别是银行等金融机构十分发达的国家。该交易模式通常采用做市商制度，场内交易大部分通过场外对冲。大型的黄金交易做市商一般通过国内外贵金属市场将敞口风险转移或寻求对冲。OTC 模式下，场内的大部分交易会自行对冲。不通过场外交易进行对冲的交易商很少，一般业务量不大或贵金属综合服务提供商的实力较强，能够承担较大的价格变化风险。

为了应对 2007~2008 年开始的全球性经济金融危机，2010 年起美国政府在金融部门进行了一系列深入改革。《多德-弗兰克华尔街改革与消费者保护法案》又称《多德-弗兰克法案》，目标是缓解或减少系统性金融风险，避免大量金融机构倒闭。根据《多德-弗兰克法案》中编号为 742（2）的条款规定，自 2011 年 7 月 15 日起禁止美国公民进行所有贵金属（包括黄金、白银）柜台交易（OTC）。在我国，OTC 市场的交易相对较少，许多 OTC 市场发展并不规范，经常和"互联网+"创新类产品业务有所重叠。

第九节　黄金 ETF

黄金 ETF（Exchange Traded Fund）指将绝大部分基金资产用于投资上海黄金交易所挂牌交易的黄金品种，紧密跟踪黄金价格，使用黄金品种组合或基金合同约定的方式进行申购赎回，并在证券交易所上市交易的开放式基金。上海黄金交易所 ETF 发展历史如图 3-11 所示。

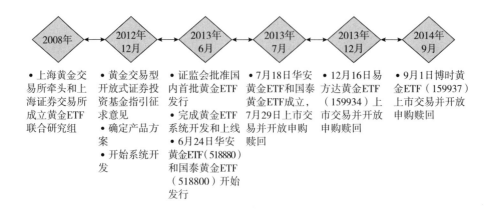

图 3-11　上海黄金交易所 ETF 发展历史

该产品的设计特点及认购流程如图 3-12 所示。

产品设计优于国外同类产品

	黄金ETF	SPDR
申赎效率	T+0	T+3
投资收益	主动增强型	被动型
申赎参与者	普通投资者	特许授权金融机构

认购流程

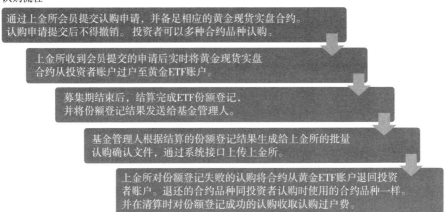

图 3-12　上海黄金交易所 ETF 基金流程

第十节　纸黄金

纸黄金（Paper Gold），直译可理解为黄金的纸上交易。投资者交易账户的买卖对象为黄金，但是多数无法进行实物交割，或交割成本相对较高。纸黄金作为一种投资产品，主要由银行向客户提供交易平台，满足客户的多元化投资需要。国际上大多数银行均开展此类业务。就国内银行而言，纸黄金业务是非实物黄金交易产品合约的统称，具体包括银行非实物黄金产品、"互联网+"系列黄金产品。这些产品的主要特点是，交易形式虚拟，以上海黄金交易所或上海期货交易所的黄金合约为基础进行设计。但是，在具体交割合约上又有所不同，交割产品呈现多元化设计，交割数量也比较灵活（比如 50 克金条）。

第十一节　黄金股票

黄金股票是指具有黄金行业背景概念的股票，目前在上海证券交易所

（SSE）、深圳证券交易所（SZSE）以及香港证券交易所（HKEX）均有交易。这些股票的上下游产业，或产品生产、销售跟黄金有密切关系。

按照所处的黄金产业链位置的不同，黄金股票可以分为金矿类股票、金银首饰类股票、冶炼加工类股票、伴生矿类股票等。其中，金矿类股票是指主要以金矿开采、冶炼、精炼等业务为主营业务的股票。目前，国内影响力比较大的黄金行业股票有山东黄金、山东招金、紫金矿业、中国黄金、中金黄金等。此类企业股票对国内外黄金市场价格波动比较敏感，当国际金价出现剧烈波动时，也会有较大波动。此外，经济通胀预期、美元指数及人民币汇率等会影响黄金价格，同样也会影响黄金股票价格。金银首饰类股票是指以黄金、白银为原材料加工、生产、销售金银首饰的企业股票。此类股票的价格也容易受到黄金价格中长期波动的影响。冶炼加工类股票，主要是以金精矿、粗金银等为原料，加工生产黄金的企业股票。此类股票赚取的利润主要来自加工制造环节，由于销售时大多已经进行保值操作，因此价格波动对其影响相对较小。伴生矿类股票，主要是指部分铜、铅、锌等金属生产加工企业在生产过程中黄金作为副产品出现的企业股票。此类股票对黄金价格的敏感程度取决于黄金销售额在营业收入中的占比。但是，投资者应该看到，金矿类公司的股票与黄金价格相关的程度各有不同。虽然黄金价格对于金矿类公司股票价格有很大影响，但是股票的增长和回报取决于公司的预期未来收益，而不仅仅取决于黄金的价值。有效的矿山管理、生产成本控制、储量平衡、矿山勘探和项目开发，以及是否采取套期保值操作等都是决定是否购买此类股票时考虑的因素。

目前，就全球来看，黄金开采行业规模巨大。根据世界黄金协会统计，有300多家黄金矿业公司上市交易，黄金矿业公司的市值规模从微型到100亿美元以上均有分布。为了衡量黄金板块股票的波动情况，许多金融市场指数对其进行了专门的统计。比如，提供全球金矿股业绩基准的既定指数包括：富时黄金矿业指数、标准普尔/TSX封顶黄金指数、费城黄金和白银指数以及纽约证券交易所阿尔卡黄金股指数。就国内投资者而言，券商股票行情软件中均有黄金或贵金属概念板块，投资者可以自行选择黄金矿业概念板块有关股票进行跟踪研究分析。

第十二节　黄金数字创新类产品

随着互联网技术的发展，黄金投资和交易的产品创新也不断涌现。在新兴的数字货币中，很多锚定币就针对黄金进行了专门设计，比如，eAUD、LDC、GGC、Gigix、HelloGold等黄金类数字货币。

1. eAUD 币

该数字货币是锚定黄金发行的资产存托型数字货币，拥有加密数字货币的一般特性，但其特征在于和澳大利亚、马来西亚等全球资源、资源相关贸易，以及与跨境结算存在紧密联系，最终在虚拟世界里把 eAUD 做成全世界通用的硬流通货币。任何国家的用户只要登入 eAUD 的系统，都可以把 eAUD 转换成各自所在国的货币或进行所有交易所内提供的服务。作为锚定黄金发行的存托型数字货币，eAUD 黄金稳定币旨在用区块链技术建立一套高效率、低成本、安全可靠的跨境支付和资产管理体系，在限定领域应用，并与各国现有的金融体系实现合规对接和接受金融监管。

2. 乐点链（LDC）币

该数字货币由乐点链与美国国家科学基金会共同打造，LDC 作为乐点链的第一个明星应用，目的是被打造成为全球支付工具。发行 LDC 的目的主要在于快速构建起全球化的乐点链社群、获取应用开发所需的大数据，进而推动 LDC 的中远期战略实施与落地。LDC 锚定实物黄金，与数字世界连通，基于黄金的内在价值，再加上区块链技术提供的可访问性，将区块链透明度、安全性和不变性与 LDC 结合起来，旨在为区块链、加密货币以及黄金世界引入信任、公平交换和独特的价值潜力。加速度和转换一个数字资产交易平台的透明度让投资者可以获得一种令人兴奋、创新和安全的方式，能够在全球买卖和持有黄金。

LDC 作为社群系统中的通用货币，其应用非常广泛，在一切资产交易中充当支付与结算工具。作为独特的黄金标准，LDC 可以在交易所和全球便携式交易。作为一种价值加密货币，LDC 可以用于付款、汇款和购买商品等服务。关于黄金交割问题，该货币在任何时候都可以选择兑换实物黄金。

3. GGC 币

GGC 币由 GramGold Coin Collaboration（以下简称 GGCC）发行。该数字货币作为锚定黄金的稳定币，提供三种审计方式来确保资产透明性：内部审计、外部审计、交易所审计。其中，GGC 币的内部审计，依靠中心化机构的信用背书。GGC 与新加坡的一家贵金属交易商 BullionStar 达成合作。可以提供 7 天 24 小时的多方即时审计服务，提供即时的资产凭证报告。投资者通过查询 BullionStar 的官网，即可知晓 GGC 是否拥有足额的黄金储备，从而保证 GGC 的资产透明性。外部审计，即 BullionStar 每年会接受第三方审计公司 Bureau Veritas 的两次审查。交易所审计，即 GGCC 自己出资给 GGC 所上市的交易所做资产审计。GGCC 认为，他们不把与美元挂钩类的稳定币当作竞争对手，认为彼此是一个相互补充、相互替代的关系。

4. 黄金比特币

该数字货币是一种以比特币为基础的加密货币，可使用普通的 GPU（图像处理器）进行挖掘，而无须专门的 ASIC（特定用途处理器）。ASIC 一般适用于大型投资者，而 GPU 挖矿技术则意味着一般去中心化及独立性技术的投资者均可挖掘此类数字货币。GPU 挖矿对于全世界投资者都可适用，而非针对少数规模性 ASIC 投资者，充分体现了比特币曾经拥有的网络化特点。

思考题

1. 目前，我国黄金市场有哪些投资产品？

2. 我国的黄金期权与期货合约有哪些关系？符合哪些经济学原理？

3. 如何理解黄金创新类数字货币？

第四章 黄金投资分析

本章导读：

黄金交易过程中的投资分析必不可少。无论是投机交易还是套期保值，投资分析是实现黄金交易目标的必要环节。黄金投资分析涵盖了投资分析基础知识、基本面分析、技术面分析以及量化分析等重要内容。

通过本章学习，应掌握以下内容：

1. 投资分析基础知识

2. 基本面分析

3. 技术分析

4. 量化分析及其他

黄金投资分析，是指根据金融学和投资学的原理，为了追求个体风险需求下资产的最大收益，对黄金投资资产的价值及未来的收益和风险进行分析、管理和决策的过程。它不仅具有时间性、预期性和风险性等一般特征，还具有贵金属投资活动的特殊性。黄金投资的对象是包括黄金现货、期货以及期权等标准及非标准化合约在内的交易品种。在本书的学习中，黄金现货投资主要是指通过上海黄金交易所买卖黄金现货的过程；黄金期货投资主要是指通过上海期货交易所进行期货买卖的过程。其他类型黄金合约的投资主要是指通过 OTC、ETF 等形式进行金融投资的买卖过程。

第一节　投资分析基础

作为一名合格的黄金交易与投资者，必须具有基本的投资分析基础知识。按照投资分析的一般要求，投资者需要掌握经济学、金融学、定价模型、数理统计等基础知识。通过掌握这些投资分析基础知识，投资者就可以更为有效地进行基本面分析、技术面分析以及量化分析（详见本书第五章），提高价格预测的准确度，从而提高投资收益率。本节内容主要就上述基础知识主要内容进行概括介绍，为后续学习打下基础。

一、经济学基础

本节主要学习宏观经济学、微观经济学有关的部分经济学基础知识。这里，我们主要掌握市场竞争及类型、经济指标、经济增长以及国际贸易有关的知识。通过掌握黄金市场合约的竞争情况，针对黄金市场所处的国内外经济环境进行客观的研判分析，对经济增长及衰退进行正确的预测，了解涉及经济贸易关系的黄金进出口规模及动态变化，从而对黄金市场价格的变化作出正确的预测和判断。

1. 黄金市场竞争及类型

经济学对市场类型有不同定义，包括完全竞争市场、垄断竞争市场和寡头市场。

完全竞争市场的特征为：

（1）大量买家和卖家存在。

（2）厂商提供同质商品。

（3）资源完全流动。

（4）信息完全，确保价格一致。

垄断竞争市场的特征为：

（1）许多企业提供有差异的替代产品。

（2）存在许多卖家，企业影响相对较小。

（3）生产规模较小，进入和退出比较容易。

寡头市场的特征为：

（1）少数几家企业控制整个市场。

（2）少数厂商采取行动会对行业和竞争对手产生较大影响。

（3）厂商具有规模经济，进入和退出困难。

寡头市场位于完全竞争和完全垄断之间，厂商数量影响产量和价格决策。随着寡头数量增加，价格效应减弱，只剩下产量效应。当寡头数量极大时，价格效应消失，每个企业只要价格高于边际成本就增加产量。较大的寡头市场趋向于竞争市场，价格接近边际成本，生产量接近社会效率水平。

在不同的黄金市场中，市场竞争的类型也不同。如果是黄金 OTC 市场，那么这类市场则不是完全竞争市场，而是不完全竞争市场。市场上虽然具有为数众多的买卖双方，但不同的黄金首饰提供了基于品牌差异的商品，并非完全同质。另外，黄金销售企业或购买企业，由于买卖双方所处的行业不同，并不能自由地进入或退出市场。一个黄金首饰企业，需要一定的规模，并且要在工商部门进行注册审批。这种销售资格需要一定的资金规模及行业基础条件，并不能够自由地进入或者退出。因此，黄金市场在较大程度上属于寡头市场。在黄金市场细分中，部分黄金市场属于不完全竞争市场。此外，标准化黄金合约市场大多近似于完全竞争市场。

2. 经济指标

要想对宏观和微观经济形势有一个基本的把握，投资者需要掌握一些基本经济指标。

（1）国内生产总值。国内生产总值（Gross Domestic Product，GDP）是某一特定时期内一个国家内生产的所有最终物品与劳务的市场价值。GDP 是衡量经济活动的重要指标，用于描述整体经济的总产出或总收入，并可分析经济增长量、增长速度和经济结构等，同时也是国际经济比较的重要指标。总的产出等于总的收入（Y），总的收入等于总的支出，因此 GDP 可以从支出的角度分为四个部分，即消费（C）、投资（I）、政府购买（G）和净出口（NX），用公式表示为式（4-1）：

$$Y = C + I + G + NX \tag{4-1}$$

具体而言，消费是居民除购买住房外用于物品和劳务的支出，包括耐用品和非耐用品的购买，以及接受的各种服务。投资是企业用于未来生产的支出，包括资本设备、存货和建筑物的购买。政府购买是政府用于物品和劳务的支出，包括薪水和公务支出。净出口等于国内物品和劳务的出口减去进口，表示外国对国内生产的购买减去国内对外国的购买。

（2）通货膨胀率。一个经济体的总体物价水平经常发生变动。通货膨胀被用来描述总体物价水平持续上升的情况，通货紧缩被用来描述总体物价水平持续下降的情况。通货膨胀（紧缩）的程度用通货膨胀率来衡量。通货膨胀率是从一个时期到另一个时期物价水平变动的百分比，用式（4-2）表示为：

$$\pi_t = \frac{P_t - P_{t-1}}{P_{t-1}} \qquad\qquad (4-2)$$

其中，π_t 为第 t 时期的通货膨胀（紧缩）率；P_t 和 P_{t-1} 分别为第 t 时期和第 t-1 时期的物价水平。物价水平通常用价格指数来衡量。宏观经济学中常涉及的价格指数主要有 GDP 平减指数、消费者价格指数和生产者价格指数。

（3）失业率。失业率是劳动力中失业者所占的百分比，用式（4-3）表示为：

$$U_r = \frac{U}{L} \times 100\% \qquad\qquad (4-3)$$

其中，U_r 表示失业率，U 表示失业人数，L 表示劳动力。失业者一般指在劳动年龄阶段内没有工作而又在努力寻找工作的人员。劳动力等于失业者与就业者之和。另外，在校学生、家务劳动者、服刑犯人、退休人员以及丧失劳动能力的人、不愿工作的人员等属于非劳动力，在失业率计算式外。

经济发展中在任何时期总会存在一定数量的失业者，所以一个经济体在正常情况下存在的失业率称为自然失业率，所谓的正常情况是指在有伸缩性的工资和价格下，实际工资调整到劳动供求相等的状态。一般认为，有两类失业是难以避免的：摩擦性失业和结构性失业。现代宏观经济学中使用的自然失业率概念中的失业正是指摩擦性失业和结构性失业之和。失业中的周期性失业，则是可以通过总需求政策来施加影响的。由于部分劳动力无法参与产品和劳务的生产，失业意味着总产出的下降；失业者不能获得工资收入，也意味着总收入的下降，还意味着对产品和劳务需求的下降。一个经济体的失业率越高，其经济衰退程度往往越高。所以，失业率也是衡量整个经济活动的重要指标。

非农就业数据是经济统计数据中的一个重要指标，用于衡量一个国家或地区非农部门（除农业部门以外的所有行业）的就业情况。非农就业数据通常涉及制造业、服务业、建筑业、金融业等行业。在美国，非农就业数据由美国劳工部每月发布的《就业状况报告》(Employment Situation Report) 中的非农业部门就业人口数据所衡量和发布。该报告还包括失业率、平均时薪、平均每周工时等其他与就业相关的数据。非农就业数据是市场关注的焦点，被认为是衡量经济健康状况的重要指标之一。它对经济增长、劳动力市场情况和货币政策的预期产生直接影响。非农就业数据的表现通常被视为经济强弱的指示器，因为就业状况与个人消费能力、经济发展和企业利润密切相关。因此，非农就业数据对金融市场，尤其是外汇市场和黄金市场具有重要影响。

美国非农就业数据对黄金价格有着重要的影响，因为非农就业数据是衡量经济健康状况的重要指标之一，与黄金价格存在一定的负相关关系。一般情况下，如果美国非农就业数据表现良好，即新增就业岗位超过预期，失业率降低，工资增长稳定，这通常被视为经济强劲的信号，可能会对黄金价格产生负面压力。以下是美国非农就业数据对黄金价格影响的一般分析思路：

（1）就业数据超过预期：如果就业数据显示新增就业岗位超出市场预期，这可能被视为经济增长的积极信号，激发投资者对风险资产的兴趣，从而降低对避险资产如黄金的需求，可能导致黄金价格下跌。

（2）就业数据低于预期：如果就业数据表现不佳，比市场预期的增长幅度小，失业率上升或工资增长放缓，投资者可能会认为经济增长疲软，此时黄金往往被视为安全避险资产，其需求可能会增加，从而推高黄金价格。

（3）就业数据与其他经济指标的联动：除了非农就业数据，其他经济指标如失业率、工资增长、通胀率等也会对黄金价格产生影响。如果非农就业数据与其他指标一致，即经济整体表现稳定或强劲，黄金价格可能受到压力。相反地，如果其他指标表现不佳，就业数据虽好但不能完全抵消整体经济疲软的印象，黄金价格可能仍有上涨机会。

需要注意的是，金融市场非常复杂，受到众多因素的综合影响。除了非农就业数据，还有其他经济数据、地缘政治事件、货币政策以及市场情绪等因素也会对黄金价格产生影响。因此，在分析黄金价格时，需要综合考虑多种因素，并采用综合的方法进行数据分析和解读。

3. 经济增长

当我们谈论经济增长时，我们指的是一个国家或地区总体经济的增长率，通常用国内生产总值（GDP）来衡量。经济增长指的是一个经济体在一段时间内生产和销售的货物及服务的总量的增加。在一个经济增长的环境中，国家的经济活动不断扩大，企业的生产和销售额增加，国内就业和收入水平提高，人民的购买力得到增强。这种增长通常与技术进步、人口增长、投资和消费增加等因素密切相关。通过投资，投资者可以利用经济增长的机会获得回报。经济增长意味着企业的利润可能增加，股票市场可能上涨，就业机会可能增加等。此外，经济增长还可能导致消费者需求的增加，从而提高企业的销售额和利润。因此，作为普通投资者，了解经济增长及其影响是重要的，可以关注国内生产总值（GDP）的增长率、就业市场的状况、企业的盈利情况以及消费者信心指数等方面的数据。同时，投资者还可以关注宏观经济政策的变化，如货币政策、财政政策和贸易政策的调整，以了解这些政策对经济增长的可能影响。然而，需要注意的是，经济增长并非持续不断，经济有周期性的波动。因此，作为投资者，还需要注意经济衰退、通货膨胀和市场风险等因素，以便做出明智的投资决策。

4. 国际贸易

国际贸易是指不同国家或地区之间的商品、服务和资本的跨境交换。它是现代全球化经济体系的核心组成部分。国际贸易涉及各国的进出口活动，在市场经济中具有重要的地位和影响力。国际贸易的核心概念是比较优势，即不同国家或地区在生产某种商品或提供某种服务方面具有相对成本优势。根据比较优势原理，各国应专注于生产自身具有相对成本优势的商品或服务，并通过贸易与其他国家交换。这种互惠互利的交换可以使各国在全球范围内实现资源配置的最佳化，提供各种商品和服务，促进经济增长。国际贸易的实施涉及多个主体，包括生产企业、经销商、政府和消费者。企业通过出口产品来获得利润，同时通过进口获取国际市场上的其他产品和资源。政府通过制定贸易政策、关税和非关税措施，以及与其他国家的贸易协定来管理和促进国际贸易。消费者通过进口获得更多多样化和有竞争力的产品，同时出口为国家创造财富。国际贸易的优势包括拓宽市场、实现规模经济、提高产品质量和促进创新。然而，国际贸易也面临一些挑战，如贸易壁垒、保护主义政策、汇率变动、不稳定的全球经济环境等。为了促进国际贸易的合作和规则化，国际组织如世界贸易组织（World Trade Organization，WTO）扮演着重要角色，通过协商和制定贸易规则来解决贸易争端、推动自由贸易和促进全球经济的可持续发展。

总之，国际贸易是不同国家和地区之间商品、服务和资本的交换，通过比较优势原则实现资源的最佳配置和经济的增长，同时面临各种挑战和机遇。

二、金融学基础

1. 债券估值

债券估值是指通过分析和计算来确定债券的合理价格或价值的过程。债券是一种固定收益工具，作为借款人发行的债务工具，通常用于资金筹集。债券估值的目的是确定债券的当前市场价值，并为投资者提供评估债券投资的指导。债券的估值依赖于多个因素，包括债券的本金、到期日、利率、付息频率以及市场利率等。在进行债券估值时，常用的方法包括贴现现金流量法、收益率曲线法和市场比较法等。贴现现金流量法是一种常见的债券估值方法，它基于债券的未来现金流量，并将这些现金流量以适当的折现率进行贴现。债券的未来现金流量包括固定的利息支付和到期时的本金偿还。根据目前市场利率和其他相关因素，折现率会根据债券的特性和风险进行调整。收益率曲线法是另一种常用的债券估值方法，它基于市场上的各种债券价格和相应的收益率水平。根据不同期限的债券价格和收益率，可以绘制出一条收益率曲线，通过与这条曲线比较，可以估算出债券的相对价值。市场比较法是通过观察和比较类似债券的市场价格来进行估值。这种方法适用于市场上存在其他类似特征和风险特点的债券，通过比较它们的市场价格，可以推断出目标债券的合理价格范围。债券估值的过程需要考虑多个因素和模型，包括市场环境、风险评估、利率预测和市场需求等。此外，评估人员还需考虑市场流动性、信用风险以及事件风险等因素，以全面评估债券的价格和风险。

总之，债券估值是通过分析和计算确定债券合理价格或价值的过程，其中涉及多种方法和模型，以评估债券的现金流量、市场因素和其他相关因素的影响。

2. 股票估值

股票估值是指通过分析和计算来确定股票的合理价格或价值的过程。股票是一种代表企业所有权的金融工具，投资者通过购买股票成为公司的股东。股票估值的目的是确定股票的当前市场价值，并为投资者提供评估股票投资的指导。股票的估值依赖于多个因素，包括公司的财务状况、盈利能力、成长潜力、市场前景、竞争环境以及行业趋势等。在进行股票估值时，常用的方法包括基本分析和技术分析。基本分析是一种广泛应用的股票估值方法，它基于公司的财务报表和相关数据，通过评估公司的内部价值来确定股票的合理价格。基本分析包括分析公司的盈利能力、现金流状况、资产价值和成长潜力等指标，以及对行业和市场趋势的评估。技术分析是一种以股票价格和交易量数据为基础的股票估值方法。技术分析试图通过研究股票价格的历史模式和趋势来预测未来的价格走势。技术分析使用图表、趋势线、移动平均线和一些技术指标等工具来确定股票的合理价格区间。此外，股票估值还可以涉及其他因素，如市场情绪、投资者预期、宏观经济因素和市场流动性等。股票估值的过程是一个综合性的评估过程，需要综合考虑众多定量和定性因素，并使用适当的模型和方法进行分析。需要强调的是，股票估值是一种主观判断，并且存在一定的不确定性。市场中的股票价格往往会受到多种因素的影响，包括市场供求关系、情绪波动、市场操纵等。因此，投资者在进行股票估值时需要谨慎，并结合个人的风险承受能力和投资目标做出决策。同时，与财务专业人士或金融顾问合作可以获得更专业的股票估值建议。

三、定价模型

对于不同的市场，有不同的定价模型。总体而言，定价模型主要包括期货定价模型、期权定价模型以及其他衍生黄金交易合约定价模型。

1. 期货定价

（1）期货定价理论。期货定价方法主要依据持有成本理论和无套利定价理论。持有成本理论认为，现货价格和期货价格的差（持有成本）由融资利息、仓储费用和收益三部分组成。

该理论以商品持有（仓储）为中心，分析期货市场机制，论证期货交易对供求关系有积极影响，并应用于金融期货定价。无套利定价理论是金融资产定价的重要方法，其基本思想是在有效率的金融市场中，任何金融资产的定价都应消除套利机会，以防投资者通过"高卖低买"或者"低买高卖"策略获取无风险收益。否则，资产的市场价格会相应调整，直到消除套利机会，达到公平价格。

（2）期货定价模型。基于标的资产在合约期间的不同情况，期货定价分为多种形式。其中，黄金期货定价模型可以采用以下形式：

$$F_t = S_t e^{(r+u-z)(T-t)} \tag{4-4}$$

其中，F_t 表示期货合约在时间 t 的价格，S_t 表示现货标的物在时间 t 的价格，r 表示无风险利率，u 为存储成本，z 为连续复利下的便利收益率，T 表示期货合约到期时间。该公式利用了指数函数的性质，将现货标的物的价格按照无风险利率折现至期货合约到期时间，从而得到期货合约的价格。

2. 期权定价

期权定价理论是金融学中的重要理论之一，用于确定期权在市场上的合理价格。期权是一种金融衍生品，给予持有人在未来某个时间以约定的价格购买或出售某个资产的权利，但并不强制执行。最著名的期权定价理论是 BSM（Black-Scholes-Merton）模型，该模型基于假设和数学原理，提供一种计算欧式期权定价的方法。BSM 模型假设标的资产价格遵循几何布朗运动，市场无摩擦，无风险利率不变且波动率恒定。根据这些假设，利用偏微分方程，可以计算欧式期权的定价。BSM 模型考虑了标的资产价格、执行价格、无风险利率、波动率和时间等因素，计算出期权的公平价格。然而，需要注意的是，BSM 模型的假设并不完全符合实际市场情况，因此在实践中仍需要进行调整和修正。

BSM 模型的关键假设包括：

（1）标的资产的价格满足几何布朗运动（GBM）：这意味着标的资产价格的变化遵循一个随机过程，类似于布朗运动。

（2）市场无摩擦：假设没有交易费用，投资者可以自由买卖标的资产和期权，并且可以以无风险利率无限期地借入或借出资金。

（3）无风险利率不变：假设市场的无风险利率在期权有效期内保持不变。

（4）波动率恒定：假设标的资产的价格波动率在期权有效期内保持恒定。

基于以上假设，BSM 模型利用偏微分方程的方法，计算出了欧式期权的定价公式：

$$C = S \cdot N(d_1) - K \cdot e^{-rT} \cdot N(d_2) \tag{4-5}$$

$$P = K \cdot e^{-rT} \cdot N(-d_2) - S \cdot N(-d_1) \tag{4-6}$$

其中，

$$d_1 = \frac{\ln\left(\dfrac{S}{K}\right) + [r + (\sigma^2/2)] T}{\sigma\sqrt{T}} \tag{4-7}$$

$$d_2 = \frac{\ln\left(\dfrac{S}{K}\right) + [r - (\sigma^2/2)] T}{\sigma\sqrt{T}} \tag{4-8}$$

S 为无收益标的资产的当前价格；σ 为无收益标的资产的价格波动率；K 为欧式看涨期权的执行价格；T 为欧式看涨期权的到期时间；C 为欧式看涨期权的价格；N（d）为标准正态概率值（具体值可查正态概率值表），N（-d）= 1 - N（d）。

3. 资本资产定价

资本资产定价模型（Capital Asset Pricing Model，CAPM）是金融学中重要的资产回报估计模型。它基于一些基本假设，其中最重要的是投资者行为理性和资产组合有效市场假设。

CAPM 的数学表示为式（4-9）：

$$E(R_i) = R_f + \beta_i \times (E(R_m) - R_f) \tag{4-9}$$

其中，$E(R_i)$ 表示资产 i 的预期回报率，R_f 表示无风险利率，$E(R_m)$ 表示市场组合的预期回报率，β_i 为资产 i 的贝塔系数，衡量其与市场的相关性。

该公式表达了资本资产定价理论的核心思想。根据 CAPM，资产的预期回报率等于无风险利率加上贝塔系数与市场组合收益率与无风险利率之差的乘积。贝塔系数衡量了资产相对于整个市场的敏感性，如果贝塔系数大于 1，表示资产的波动性高于整个市场；如果贝塔系数小于 1，则资产的波动性低于整个市场。

CAPM 的基本假设包括：

（1）投资者是理性的，寻求最大化投资组合的效用。

（2）投资者的风险偏好程度可以由他们对预期回报的偏好程度来衡量。

（3）资产的预期回报服从正态分布。

（4）市场是有效的，即所有信息都被正确地反映在资产价格中。

CAPM 的优点是简单而直观，提供了衡量投资风险和确定预期回报的工具。然而，该理论具有一些局限性，包括未考虑其他因素对资产回报的影响，以及对市场和资产的假设可能与实际情况不完全一致。因此，在实践中，CAPM 通常作为一个参考模型，与其他方法和因素结合使用。

4. 投资组合理论

投资组合理论是金融学中的重要理论之一，旨在帮助投资者构建有效的投资组合，并优化风险和收益之间的权衡。该理论利用统计和数学方法，提供了一种系统化的方式来选择和管理资产组合。

在投资组合理论中，假设有 N 种不同的投资资产，其每种资产的收益和风险都是已知的。投资者希望将这些资产组合在一起，以获得最佳的投资回报和最小的风险。

假设资产 i 的预期回报率为 μ_i，标准差为 σ_i，投资者配置给资产 i 的权重为 w_i。投资组合的收益率为组合中各资产收益率的加权平均，即：

$$R_p = \sum_{i=1}^{n} (w_i u_i) \tag{4-10}$$

投资组合的方差是各资产风险的加权平方和，即：

$$\sigma_p^2 = \sum_{i=1}^{n} (x_i^2 \sigma_i^2) + \sum_{i=1}^{n} (x_i x_j \sigma_{ij}) \tag{4-11}$$

投资组合理论的目标是找到适当的资产权重，使投资组合的风险最小化，或者在给定风险水平下，投资组合的收益最大化。这可以通过构建一个有效前沿（Efficient Frontier）来实现，即在给定风险水平下，最大化预期收益。

有效前沿曲线是由各种风险水平下的最佳投资组合组成的曲线。通过求解一系列优化问题，可以确定出有效前沿上最佳的投资组合权重，以达到最理想的风险和收益平衡。投资组合理论的核心思想是通过多样化投资组合，即将资金分散投资于不同的资产，降低整体风险，同时追求预期回报。该理论提供了一种科学的方法来评估和管理投资风险，并为投资者提供决策支持，以实现更有效的资产配置。

四、数理基础

概率及其分布是统计推断的基础，回归模型的有效性依赖于统计推断，本部分我们简单地回顾概率基本概念、随机变量的分布与性质和金融业务中几个常用分布。

（1）随机变量与随机过程。随机变量是一种在概率论和统计学中使用的数学对象，它代表了一个随机事件的数值结果。具体而言，随机变量是定义在某个概率空间上的函数，将每个可能的结果映射到实数域上。随机变量可以用来描述不确定性和随机性，使我们能够研究和分析随机现象。

随机过程是一组随机变量的集合，这些随机变量在一个时间参数上进行索引。换句话说，随机过程是描述时间上随机性的数学模型。随机过程提供了一种方法来描述随机现象随着时间发展的演变规律。随机过程通常用于建模随机时间发展的现象，如金融市场的价格变动、天气的演变、通信通道的噪声等。在随机过程中，每个随机变量对应一个特定的时间点或时间段的随机事件。随机过程提供了一种概率的框架，使我们能够分析和预测在给定时间点或时间段内观察到的随机变量的概率分布和统计特性。通过研究随机过程的平均值、方差、协方差等统计量，可以获得对随机现象的更深入的理解。

总之，随机变量和随机过程是概率论和统计学中用于描述和研究随机性的重要工具，它们为我们理解和分析各种随机现象提供了数学基础。

（2）随机分布。随机分布是概率论和统计学中的一个概念，用于描述随机变量可能取值的分布情况。随机变量是一个数值随机发生的变量，其取值可以通过概率分布函数来描述。

在随机分布中，每个可能的取值都与一个概率相关联，这个概率表示在一系列重复的独立试验中，随机变量取到该值的概率。随机分布可以由某种数学形式的概率密度函数或累积分布函数来表示。常见的随机分布包括正态分布、均匀分布、指数分布、泊松分布等。

随机分布具有某些特性，例如期望值（平均值）和方差分别可以用来描述分布的中心位置和其对数据的分散程度。不同的随机分布可能具有不同的形状和特征，如正态分布是具有对称性的钟形曲线，而泊松分布则呈现出右偏的形态。

随机分布的研究和分析对于概率论、统计学和各种科学领域具有重要意义。通过对随机分布的了解和分析，我们可以得到对随机变量行为的认识，进行概率预测和推断，以及进行统计推断和模型建立。随机分布是概率统计学的基础，为我们理解随机现象提供了重要的工具和框架。

第二节　基本面分析

本节内容主要是了解基本面分析涉及的供求理论，掌握影响因素的结构分析方法、影响因素的种类及量化分析方法，掌握常用的基本面分析方法；熟悉基本面分析的基本步骤，了解基本面分析的注意要点；能够熟练运用基本面分析方法解析期货价格变动的内在原因和判断价格走势。

一、基本面概述

基本面分析，主要是指从供求关系出发，对黄金市场价格进行分析的方法。经济学理论中对供求关系与价格的联系作出了系统性的归纳，其基本原理已成为黄金投资基本面分析的基础理论，并在实践中得到大量应用。

1. 供求理论

（1）需求理论。一般而言，商品的购买数量与其价格有关。在其他条件不变的情况下，价格越高，购买数量就越少；价格越低，购买数量就越多。这种关系可以用需求曲线表示，该曲线呈向下倾斜的特性。

由图4-1可见，较高价格P_1对应较低需求量Q_1，较低价格P_2对应较高需求量Q_2。价格上升导致需求量下降有两个主要原因：一是替代效应，当商品价格上升时，人们会转而购买类似的替代商品。二是收入效应，当价格上升时，人们发现所能购买的数量减少，自然会减少支出。对于生产商而言，上述两点同样适用。原材料价格上涨时，生产商会发现成本增加。若产品价格不能同步上升，抵消成本增加的有效方式是减少原材料消耗量，或寻找更便宜的替代材料。例如，当黄金价格上涨时，黄金珠宝商会减少黄金原料的使用量，并加强库存管理。

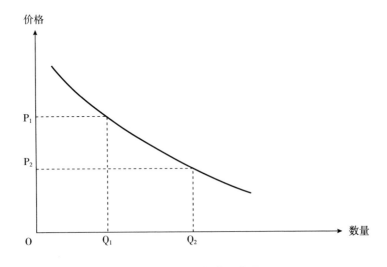

图4-1 需求曲线示意图

需求可分为需求量变化和需求变化两种情况，前者由价格变化引起，后者由价格之外的因素引起。需求量变化以需求曲线上下移动表示，而需求变化则表现为需求曲线左右移动。价格变动会影响需求量，但影响需求量的因素不仅是价格。例如，人口自然增长会导致需求量自然增长，即使价格不变；消费者收入增加、消费偏好改变、通货膨胀以及对价格变动的预期等都会引起需求量变化。此外，当与某商品相关的替代品价格上涨时，部分需求会转移到该商品上。这些因素导致需求量增加或减少时，原来的需求曲线发生变化，整个需求曲线都会发生移动。图表形式上，需求曲线右移表示需求增加。相反，如果价格之外的因素导致需求量减少，则需求曲线将左移（见图4-2）。

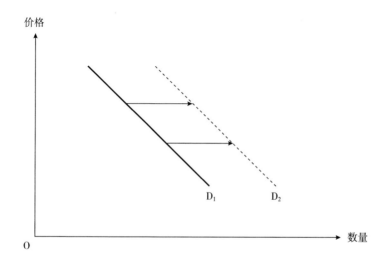

图4-2　需求的变动

黄金投资中的宏观经济分析，以宏观经济理论为基础，建立一定的分析框架，解读各种经济指标数据，分析经济运行及经济政策对期货市场和期货品种价格的具体影响。

（2）供给理论。生产者的目标是获得利润，利润受生产成本和市场价格的影响。市场价格越高，利润越大；价格越低，利润越小。当价格低于一定水平时，生产商可能会亏损。高价格会促使生产商供给更多商品，低价格会减少供给量。供给曲线描述了供给量与价格的关系，呈向上倾斜的特性，高价格对应着较高的供给量，低价格对应着较低的供给量。图4-3是供给曲线的示意图，从图中可以看出，较高的价格 P_1 对应着较高的供给量 Q_1，较低的价格 P_2 对应着较低的供给量 Q_2。显然，供给曲线具有向上倾斜的特性。

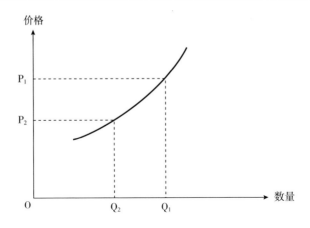

图4-3　供给曲线示意图

　　供给弹性实际上反映的是供给量变动对价格变动的敏感程度，不同的商品具有不同的弹性，影响供给弹性大小的主要因素是增加生产的困难程度。如果所有的投入品很容易在现行市场价格下购得，则价格的微小上升就会导致产出大幅上升，这就表明供给弹性相对较大；反之，如果生产能力受到严格限制，例如黄金矿开采，即使价格急剧上升，产量也只能增加少许，供给就缺乏弹性。供给弹性的大小与考察时间的长短也有关系。某些商品，在价格上升的短时期内，企业也许无法增加其劳动、物资及资本投入，供给就缺乏弹性。但随着时间推移，企业可以逐步增加投入而扩大生产能力，供给弹性就会逐步增大。

　　价格变动会影响供给量，但是影响供给量的不只是商品价格这一种因素。比如，商品价格没有变动，但生产成本大幅降低，生产商的利润有了相应增长，就会刺激生产商生产更多数量的商品。又如，政府的经济政策或行业政策也会对供给量产生影响，比较典型的是各国对农业都制定了特殊的支持政策。再如，一国的政治情况、国际关系及战争也都会对供给量产生影响，如产油国突发的政治动乱或战争有可能打断石油的正常供给，从而减少全球石油供给量。此外，一些其他原因也会影响商品的供给量，如气候条件、市场结构、通货膨胀、生产商对未来价格的预期等。当供给量因为价格之外的因素增加（减少）时，意味着原来的供给曲线发生了变化，其变化特征为对应的原来供给曲线中的任何特定价格的供给量都增加（减少）了。在图形中表现出来的形式是整个供给曲线发生了移动。图4-4是供给曲线因为供给增加而右移的示意图。反之，如果价格之外的因素引起供给量减少，则供给曲线左移。

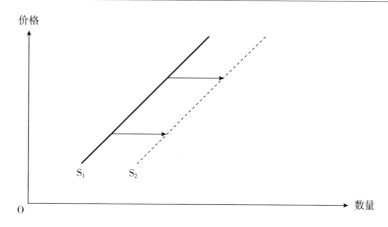

图 4-4　供给的变动

2. 市场分析

对于市场供求关系的分析，按照视角的不同，可以分为影响因素分析和影响因素之间的关系分析。供求关系是决定商品价格的根本原因，而无论是供给还是需求，都会受到其他许多因素的影响。因而，从这个逻辑关系出发，基本面分析势必涉及许多因素的分析。分析影响供求关系的因素可以从结构和内容两个层面进行。

影响因素的内容分析是指分析影响供求关系的具体因素。由于不同的商品具有各自不同的情况，因而对黄金而言必须结合具体情况进行分析。

1）库存的影响。供求关系是决定商品价格的根本原因，而库存是供求关系的重要指标。无论是国家还是企业，在某种商品上都会保持一定的库存量。国家库存表现为政府储备，通常不会轻易投放市场，除非出现严重供应短缺。然而，储备被动用之后也会在适当时机进行补充。

从国内供需角度看，黄金期末库存与供求关系的关系可以表示为：

期末库存＝期初库存＋当期产量－当期消费

如果当期可供应量大于当期需求量，期末库存将增加，反之则减少。在进出口顺畅的情况下，国内供不应求时可以通过进口弥补，实际进口价格成为影响国内价格的重要因素。当国内供大于求时，可以通过出口疏导，实际出口价格也会影响国内价格。

期末库存减少意味着当期需求大于供应，但不能仅凭此结论认为价格一定上涨，还要考虑库存是否正常。此外，如果黄金卖出保值较多，则即使目前现货库存有所降低，但仍远高于正常水平，价格难以上涨。由于库存是供求关系的重要指标和影响因素，各种商品的基本面分析都会关注库存变化并将其纳入预测模型。在预测模型中，库存指标通常设计为库存与消费量的比率，而不是绝对数值大小。这是因为基本商品规模长期处于增长趋势。以正常库存规模与十年前的规模对比，显然已经扩大很多。因此，考虑库存与消费量比率更加科学。

2）替代品的影响。一般来说，替代品与被替代品存在竞争关系。如果替代品的供求关系发生重大变化，则会打破被替代品原有的平衡，导致价格大幅波动。就黄金而言，其替代性商品较少。在工业领域，由于黄金卓越的物理化学性能，很难找到其替代产品。在其他行业领域，例如珠宝首饰领域，黄金则会部分受到铂金、钯金和白银等替代金属的影响。总体来看，黄金的替代品影响较小，很难完全取代黄金。

3）季节性因素和自然因素影响。一些商品的供应或需求具有季节性特点，如农产品的供应每年都在特定时间集中上市，而需求则分散。就黄金而言，其季节性的影响主要表现在不同国家风俗习惯及文化的影响。例如，中国传统的春节、中秋节、五一劳动节以及国庆节等，都会给黄金首饰消费需求带来显著影响。这些节日在中国文化中具有重要意义，被视为家庭团聚和庆祝的时刻，人们倾向于进行奢侈品消费或礼物购买。黄金在中国文化中寓意着财富、吉祥和保值，因此成为许多人选择的理想礼物和投资方式，以示祝福和感恩之情。因此，这些节日经常是黄金市场的旺季，黄金销售量明显增加。商家也会推出各种促销活动和打折优惠，吸引更多消费者购买黄金首饰。同时，许多人还将黄金视为一种长期保值的投资工具，希望在这些节日期间抓住黄金价格走势有利的机会。节日期间人们的消费意愿提高，对黄金首饰的需求增加，这通常会导致黄金价格上涨。因此，节日对中国黄金市场的消费需求具有显著的影响，而黄金首饰也成为人们重要的节日购物目标之一。

印度的排灯节（Diwali）是印度教传统节日之一，也是印度最重要、最盛大的节日之一，印度的排灯节对其黄金首饰需求具有较大影响。排灯节期间，人们会燃放烟花、点燃彩灯、燃香祈祷，并庆祝胜利，这也是富饶和光明的象征。在此期间，黄金首饰在印度扮演着重要的角色。购买黄金在印度被认为是一种炫耀财富和繁荣的方式，也被视为一种投资和储蓄的手段。因此，印度人在排灯节期间通常会购买黄金首饰，以展示他们的财富和繁荣，并将其视为一种传统和仪式。排灯节期间人们对黄金首饰需求的增加通常会引起黄金价格的上涨，因为供求关系的改变会影响市场供应和需求的平衡。黄金市场的供求紧张会导致价格上涨，尤其是在排灯节这样的重要节日期间。因此，排灯节期间也是黄金交易量较高的时期，金店和珠宝商会迎来大量的顾客购买黄金首饰。对于印度的珠宝行业和黄金市场来说，排灯节是一年中最重要的销售时机之一。

4）宏观经济形势及经济金融政策影响。宏观经济形势对期货价格产生影响，政府制定的宏观政策具有反周期性特点。特殊政策直接影响具体商品的供需关系和价格平衡。大宗商品受主要生产国和消费国的协调政策影响。指标和政策的不同导致影响效果有差异。政治因素和突发事件使期货价格产生剧烈波动。国内外政治局势、事件爆发、国际关系变化都可能导致价格波动，例如贸易谈判结果和恐怖袭击事件。政治因素对期货市场具有制约性和巨大影响，不同商品受影响程度不同。在分析政治因素的影响时，需注意不同商品的受影响程度不同，战略性物资价格在国际局势紧张时受影响更大。具体表现在：

首先，宏观经济形势中的通货膨胀和经济增长对黄金供求关系有直接影响。通常情况下，当经济增长过快和通货膨胀压力上升时，投资者可能会转向选择黄金作为避险资产。这导致黄金需求增加，从而推高黄金价格。相反，经济疲软或通货紧缩可能会减少对黄金的需求，导致黄金价格下跌。其次，货币政策的变化也会对黄金供求关系产生重要影响。当中央银行采取宽松货币政策时，降低利率并增加货币供应量，这通常会推动黄金价格上涨。因为宽松政策会使其他资产的回报率下降，投资者倾向于将资金转向相对稳定的黄金。相反，紧缩货币政策可能会抑制黄金价格，因为高利率和稳定的货币价值可能刺激投资者在其他利率较高的资产上进行投资。最后，地缘政治上的紧张局势和金融市场的波动也会对黄金供求关系产生影响。不稳定的地缘政治形势和高风险事件可能引发投资者对避险资产的需求增加，其中就包括黄金。同样，如果金融市场出现不确定性和波动，投资者可能会寻求黄金作为风险分散工具，从而增加对黄金的需求。

综上所述，宏观经济形势和经济金融政策对黄金供求关系具有显著影响。通货膨胀、经济增长、货币政策、地缘政治风险和金融市场波动等因素都会影响投资者对黄金的需求和供给，进而影响黄金价格的走势。因此，理解和分析这些因素变化对黄金市场的影响，对投资者和市场参与者来说是重要的。

5）投机对价格的影响。投机交易对黄金价格具有一定影响，尽管黄金作为一种贵金属具有实物价值，但市场上的投机活动可以导致价格的波动和变动。以下对投机交易对黄金价格影响的分析：

首先，投机交易可以增加市场上的交易活动和流动性，从而对供求关系产生影响。如果投机者集中追求购买黄金，可能导致市场需求增加，进而推高价格。相反，如果投机者倾向于抛售黄金，可能引发市场供应过剩，导致价格下跌。其次，投机交易活动通常受市场情绪和预期的影响。当投机者普遍认为黄金价格将上涨时，他们可能会追逐涨势，导致价格进一步上升。反之，如果大多数投机者预期价格下跌，他们可能会进行抛售，从而推动价格下行。再次，投机交易者通常使用技术分析和趋势来预测价格走势。这些技术指标和趋势线可以影响投机者的决策，因为他们可能根据这些指标寻找买入或卖出的时机。当投机者相互反应，形成共同的看法和行动时，市场价格可能会受到影响。最后，投机者通常会使用杠杆交易，即以较小的资本参与高额交易。这种交易方式可以放大投机者的利润和亏损，从而对价格产生更大的影响。当投机者集中进行杠杆交易并采取大规模抛售或购买操作时，可能引发市场价格的剧烈波动。

需要注意的是，投机活动对于黄金价格的影响是暂时的，并且往往会受到市场其他因素的制约。金融市场的宏观经济状况、政治动荡和地缘政治风险等都可能对黄金价格产生更长期和持久的影响。因此，在分析黄金价格时，需要综合考虑多种因素以获得更全面的认识。

6）市场行为影响。市场行为影响是指交易市场由于市场主体的行为对交易合约价格产生的影响。对市场行为影响进行分析的理论基础，主要是金融市场行为学。在实际应用层面，这里主要介绍 CFTC 持仓分析。

在期货交易中，价格、成交量和持仓量是投资者关注的重要因素。在基本面相对确定的情况下，除了技术分析外，持仓量和持仓结构的变化更能清晰地反映市场参与方的观点。持仓量的研究可以分为两个方面：一方面是研究价格、持仓量和成交量之间的关系，这是传统的经典研究方法，有助于整体判断市场的买卖意向；另一方面是研究各会员的多空持仓变化，这是基于市场内部规律性的分析方法，通过分析买方和卖方力量的变化来预测市场的走向，而这些买卖力量可以通过持仓状况进行分析。一般来说，主力机构的持仓方向会影响价格的发展方向，这在国内市场尤其明显。由于基本面通常不会在短时间内发生剧变，在基本面相对确定的情况下，可以认为主力机构，尤其是大型套保商在对基本面的分析上更具优势。他们对基本面的理解更加深入全面，因此他们的行动对交易有更强的指导意义。然而，由于主力资金经常进行分仓或转移交易席位，因此仅凭持仓排行来把握主力动向的方法有时像"盲人摸象"一样，这种方法得出的结论只能作为制定交易策略时的辅助指标。

3. 国内交易所持仓分析

（1）交易所持仓信息披露。持仓信息是一种常规信息。不同国家的交易所或监管机构在持仓具体规定和信息披露上存在差异。例如，我国期货交易所在风险管理规定中设定了限仓制度和大户持仓报告制度。针对不同期货品种，确定了每个品种每月合约的限仓量，并采用限制会员持仓和投资者持仓的方式控制市场风险。当会员或投资者在某一品种合约的投机持仓头寸达到交易所规定的持仓限额的 80% 及以上时，会员或投资者应向交易所报告其资金和头寸情况。投资者需通过经纪会员进行报告。交易所可根据市场风险情况制定和调整持仓报告标准。

目前，中国六大商品期货交易所每日收盘后公布各品种主要合约当日交易量排名前20的会员名单及持仓量，同时公布多空持仓量排名前20的会员及其数量。中国的持仓公布有两个特点：一是每个交易日发布，频率较高；二是公布对象为会员。然而，会员的客户既包括套期保值者、投机者，也包括套利者，仅从会员的持仓数据无法清楚地了解持仓结构。

（2）持仓分析方法。

1）前20名持仓分析：通过比较多空主要持仓量的大小，观察多方和空方持仓的差异，可以判断主力资金的多空态度。

2）"区域"或"派系"会员持仓分析：在特定时期，持仓资金可能具有地区属性或特定背景。通过分析特定品种中的"区域"或"派系"会员持仓情况，可以了解目前的多空倾向。

3）成交量活跃席位的多空持仓分析：分析成交量活跃的席位的多空持仓情况，可以了解这些"最活跃"资金的多空倾向。然而，需要注意某些席位的活跃成交量可能因为其特定交易策略而不能全面反映主流资金的多空倾向。

（3）持仓分析中需注意的问题。持仓分析中有几个需要注意的问题。其中最重要的是，投资者常常错误地判断具有现货背景的会员席位上的多空仓位变化。例如，金矿通常进行卖出套期保值，因此，其仓位增加并不意味着黄金期货可能见顶。同样，首饰厂通常是买入套期保值者，因此其建立多仓也不一定表明金价上涨。在牛市中，前者显然亏损，而在熊市中，后者亏损也很常见。因此，在分析具有现货背景的会员席位上的持仓时，应该考虑套期保值的因素，并辩证地分析套期保值者的建仓目的。

另外，期货市场上空头比较分散，而多头通常比较集中（当然也有相反的情况）。这个现象实际上反映了现货资源的有限性与资金的无限性之间的矛盾。很难想象一个没有现货背景的机构敢于建立大规模的空头持仓。一旦建立了庞大的空头仓位，而又没有现货来源，就有可能面临被逼空的危机。因此，当空头仓位比较分散，多头仓位比较集中时，并不能断言目前是牛市行情，反之亦然。对于多头来说，不会遇到逼空的问题，因此仓位相对较重，最后有交割可作为保障，或者转投到远期合约上。

综上所述，无论是经典的持仓量、成交量与价格之间关系的分析，还是主力持仓分析方法，都没有固定的模式，也没有绝对的结论，一切都需要投资者结合市场的现状和行情的趋势进行综合判断。然而，相对于股票市场，期货市场的持仓量确实能够给投资者提供一个反映多空双方交易意图和多空力量变化的指标。

4. 美国商品期货交易委员会（Commodity Futures Trading Commission，CFTC）持仓报告分析

（1）CFTC持仓报告披露。美国商品期货交易委员会是监管期货和期权交

易、促使市场免于虚假价格的权力机构。其中，CFTC的市场监管项目是其实施监管的关键之一，旨在防止某个交易商的头寸规模过大，导致价格无法正确反映供需情况。为了监控市场，CFTC设立了大户报告制度。期货交易所的结算会员、期货经纪商和境外经纪商必须每天向CFTC提交持仓报告，即报告持有量达到或超过CFTC规定水平的交易者的持仓情况。在每天收盘后，如果投资者在任何月份的期货或期权合约上超过CFTC的持仓限额，报告单位必须向CFTC报告其在期货和期权上的全部持仓情况。CFTC负责收集所有期货合约持仓构成数据，并将其中一部分公开在CFTC的COT持仓报告（Commitments of Traders Report）中供公众查阅。

CFTC持仓报告中包含了关于黄金交易合约的重要信息，这些信息可以帮助投资者和市场参与者了解市场上黄金期货合约的位置和趋势。

CFTC持仓报告中关于黄金交易合约的内容包括以下几个方面：

1）多头头寸（Long Positions）：持仓报告提供了多头交易者在特定期间内持有的黄金期货合约数量。多头头寸表示投资者预期黄金价格上涨并购买合约的数量。

2）空头头寸（Short Positions）：持仓报告还列出了空头交易者在特定期间内持有的黄金期货合约数量。空头头寸表示投资者预期黄金价格下跌并卖出合约的数量。

3）净头寸（Net Positions）：净头寸是多头头寸与空头头寸之间的差异。通过计算多头头寸减去空头头寸，可以得到净头寸的数值。净头寸反映了市场上多头和空头之间的交易差异，可以帮助投资者了解该市场的情况。

4）头寸变化趋势（Changes Trend in Positions）：持仓报告还提供了黄金期货合约的头寸变化趋势信息。这包括在特定期间内多头头寸和空头头寸的变化数量以及净头寸的变化情况。这些数据可以帮助投资者追踪市场参与者的操作和趋势。

CFTC持仓报告提供了对黄金交易合约市场的洞察，帮助投资者了解市场上的买方和卖方活动以及市场情绪。这些信息可以用于分析市场趋势、评估市场参与者的情绪和预期，并辅助投资决策。

（2）CFTC持仓报告分析。通过分析持仓报告，投资者试图确定不同市场参与者（包括大型对冲机构、大型投机者和小型交易者）对市场的预测表现。一般认为，大型和经验丰富的交易者对市场有更好的洞察力，能够更准确地预测价格走势。长期追踪显示，大型对冲机构和大型投机者的预测相对准确，而小型交易者的预测效果较差。然而，大型投机者的预测结果在不同市场中存在较大差异。

为排除季节性影响，可以采取以下步骤对持仓报告进行分析：首先计算大型对冲机构、大型投机者和小型交易者在每月末的净头寸水平，并将这些数据在一定年份的末月进行平均。然后，确定他们在给定时间内正常头寸的水平。将当前各市场参与者的头寸与其正常水平进行比较，只要头寸明显偏离正常水平，就视之为牛市或熊市的信号。牛市格局可表现为大型对冲机构持有大量多头头寸，远超季节性正常水平；大型投机者持有明显多头头寸；小型交易者持有明显空头头寸，且超过季节性正常水平。相反，熊市格局则是大型对冲机构持有大量空头头寸，且规模庞大。在分析中，特别需要注意净持仓偏离长期平均值超过40%的情况，而忽略偏离程度小于5%的情况。

CFTC持仓报告反映了不同交易商的交易动机，但并未完全厘清所有交易背后的动机。商业交易者的动机未被具体说明，只知道他们未超过持仓限制，可能是保值商或投机商。将报告分为商业参与者和非商业参与者的可能导致潜在误导，因为商业交易商并非总是保值商，非商业交易商也可能存在投机头寸限制，可能会将自身定位为商业交易商，实际的保值头寸可能只是商业交易商头寸的一部分。此外，市场并没有明确刺激因素将自身归类为投机商。因此，非商业持仓中交易商的动机相对一致，相对更为纯粹。尽管持仓报告反映了交易商的交易动机，但应注意的是，商业头寸的净头寸变化比多头或空头的持有更为重要。另外，需要注意季节性因素的变化，尤其是在农产品市场，有时商业交易者只是进行季节性套期保值。最后，持仓分析是从资金面角度看市场动向，对短期影响较大，对于长期走势还需结合基本分析等其他方法。尽管如此，持仓报告仍为投资者提供了市场的大致轮廓，并具有一定的利用价值。

（3）影响因素关系分析。任何一种商品都不是孤立的。从商品的纵向来看，任何商品都是该商品产业链中的一个环节。该商品生产中所需要使用的主要原材料是该商品的上游产业，需要使用该商品的便是下游产业。从横向方面而论，绝大多数商品都存在一定的可替代性产品，这些替代性产品实际上是竞争性产品。一般而言，商品涉及的产业链越长，每一个环节存在的可替代性产品就越多，影响因素的结构也就越复杂。影响黄金价格的因素可以从显著性因素、非显著性因素和持续性因素三个方面进行分析。

1）显著性因素。首先，货币政策和利率对于黄金价格的影响较为显著。黄金被视为避险资产，当利率下降或货币政策宽松时，投资者倾向于持有黄金，因为它更具吸引力。其次，地缘政治风险的影响也比较显著。地缘政治紧张局势、战争、政府不稳定等因素会引发避险需求，推高金价。最后，通货膨胀对金价的影响也非常突出。黄金通常被认为是通胀对冲工具，因为它的价值相对稳定，所以通货膨胀预期能够提升对黄金的需求。

2）非显著性因素。非显著性因素包括美元汇率、投资者市场情绪以及工业需求等。黄金与美元呈负相关关系，当美元走强时，黄金价格通常承受下跌压力。因为黄金在全球贸易中以美元计价，汇率变化可能影响其供需关系。市场的投资者情绪和风险偏好对黄金价格也有一定影响。例如，股票市场的波动和投机行为可能导致投资者对黄金的需求发生变化。黄金除了作为投资工具，还广泛应用于珠宝、电子、医疗等行业。因此，全球经济增长和工业需求的波动也会对黄金价格产生一定影响。

3）持续性因素。持续性因素包括供求关系、市场流动性和交易活跃度以及市场主体行为等。黄金的供求关系是一个持续影响其价格的因素。供应受到开采量、开采成本、宏观经济因素等的影响；需求受到投资需求、珠宝需求、央行购买等因素的影响。交易活跃度、市场流动性以及衍生品市场对黄金价格的影响力也是持续存在的因素。市场中的技术分析、市场参与者的行为与情绪也会对黄金价格形成持续性的影响。

需要注意的是，这些因素在特定时间段内的相对重要性可能会发生变化，并且市场上还存在其他因素，如政策变化、大宗商品行业走势等，也可能对黄金价格产生影响。因此，对黄金价格的影响因素需要综合考虑和分析。

二、分析方法

经济学理论提供了基本面分析的理论概括和基础，但无法满足具体期货品种分析的要求。进行期货品种的基本面分析需要了解具体的供求关系及其对价格的影响，并掌握相应的分析方法。基本面分析没有固定模式，分析者可根据实际情况确定分析方法，如经验法、平衡表法、图表法、经济计量模型法、季节性分析法、分类排序法、指数模型法等。掌握多种分析方法并相互验证，有助于提高准确性。下面介绍一些常用的基本面分析方法。

1. 量化分析法

量化分析是一种利用数值和统计方法来研究和分析市场现象的方法。它将主观判断转化为客观的量化指标，通过收集和分析大量的数据来揭示市场的规律和趋势。量化分析可以帮助我们量化各种影响因素的影响程度，以及它们之间的相互关系。通过建立数学模型和统计模型，量化分析可以提供全面、准确的市场信息，帮助进行预测和决策。在黄金价格分析中，量化分析可以使用历史价格数据、交易量、技术指标等来进行统计和计算，从而揭示黄金价格的趋势和周期性。通过量化分析，我们可以更清晰地了解黄金市场，做出更有依据的投资决策。影响黄金价格的因素众多，只有进行定量分析才能准确回答各因素对价格的影响程度。定量分析具有诸多优点，能够用具体数值全面表达因素的影响力度，避免主观判断的误差。同时，定量分析可以揭示多因素之间的关系，对于快速变化的金融市场尤为重要。在实践中，我们可以使用各种方法进行量化分析，如相关性分析、因果关系检验和协整检验。

然而，在使用量化分析时需注意样本数据的质量和一致性。此外，联立方程计量模型分析法相对于回归分析法更为复杂，但在处理多因素和复杂关系的情况下可能更准确。对于一般投资者来说，选择合适的分析模型要考虑数据难度和实用性。

（1）影响因素的量化分析。影响期货价格的因素很多，各种影响因素对价格的影响程度究竟有多大，如果不作定量分析，仅凭个人经验及主观判断是很难回答的，甚至会产生错误判断。

量化分析是将定性思维与定量规律进行量化应用的过程，量化分析较主观分析有诸多优点，最突出的有：①可以比较全面地用具体数值表达各种因素的影响力度。量化分析以客观市场状态作为分析研究的依据，避免了人性主观判断上的失误和缺陷。②量化分析不仅可以确定单一因素的影响力度，还可以揭示多因素之间的关系，这对于包含大量信息冲击而又瞬息万变的金融市场是非常重要的。③量化分析在表现形式上更直观，在深度挖掘上更全面、更精确、更可靠，且更有说服力。④量化分析为建立预测模型打好了基础，明确应纳入分析框架体系的各因素，明确应选取的数据来源和范围，是建立模型的基础工作。

在经济生活中，除了政治及突发事件等难以量化外，大量的经济因素如利率、汇率、库存等都是可计量的，这就为我们对影响因素进行量化分析提供了现实条件。

（2）量化分析方法及注意事项。在特定时点会有许多因素影响特定商品的价格，且各种因素对价格的影响程度有所不同。在研究中只有明确了各因素对价格影响的程度，才能把握主导因素，正确进行分析。量化分析是随着计量经济学的发展而产生的，已经衍生出多种方法，例如变量间相关性分析方法、因果关系检验方法、协整检验方法、神经网络分析方法等。

1）简单线性回归分析法。该法是一种实用价值高、基础且广泛运用的分析工具。它在平衡表法基础上拓展，通过建立变量之间的回归方程并进行预测，将图表中的因果关系转化为明确的数学方程。相较于平衡表法，回归分析法有以下几个优点：首先，在分析多因素模型时更加简单和方便。其次，使用回归模型可以通过统计方法计算出唯一的结果，不同分析者得到相同的拟合曲线。最后，回归分析可以准确评估因素之间的相关程度和回归拟合程度，提升预测方程的效果。回归分析法基于自变量个数的不同，可分为一元和多元回归分析法。根据自变量和因变量之间的关系，可分为线性回归分析法和非线性回归分析法。在实际应用中，多元线性回归分析比一元线性回归更为广泛使用，因为市场现象受多种因素影响，很少仅受单个因素影响。

2）联立方程计量经济模型分析法。该方法比回归分析法更为复杂。回归分析只用一个方程描述经济变量与影响因素的关系，且因果关系是单向的。然而，有些品种的影响因素众多且相互关系复杂，简单的回归模型可能无法准确预测价格。在这种情况下，需要将多个方程有机地组合起来描述复杂关系，有时还需要考虑非线性方程。这种由一组联立方程表达的模型称为联立方程计量经济模型。该模型在理论上比单方程精密且结构完善，预测效果可能更精确。然而，增加模型复杂度带来的计算难度和对数据的要求也增加了。对于大多数商品而言，获取符合要求的数据往往比建模本身更困难。因此，一些专家认为，联立方程计量经济模型在实用性上并非必要的分析工具。他们认为，商品价格本身具有随机波动特性，期货价格预测的主要任务是进行区间预测，精确预测既不可能也不必要。相对于多元回归模型，联立方程计量经济模型的精确性并不显著，不值得为此增加模型复杂度。因此，他们主张可以忽略次要作用的影响因素，在建模时放弃这种精密统计模型不会造成太大损失。然而，是否采用更复杂的分析模型取决于使用者的条件。

3）神经网络分析方法。神经网络、强化学习和深度学习在黄金投资分析中被广泛应用，提供了更精确的预测和决策支持。

神经网络是一种模仿人脑神经系统的计算模型。在黄金投资分析中，神经网络可以用于建立复杂的模型，通过学习历史数据和相关影响因素，预测金价的走势。神经网络通过处理大量数据并发现其中的模式和趋势，能够识别非线性关系和隐藏的影响因素，提供更准确的预测结果。强化学习是一种机器学习方法，通过不断地试错和反馈来优化决策策略。在黄金投资分析中，强化学习可以应用于制定交易策略和风险管理。通过训练智能代理程序，引入奖励和惩罚机制，使其能够学习在不同市场情况下做出最优的投资决策，从而提高投资回报率。深度学习是人工神经网络的一种形式，通过构建多层次的神经网络来模拟人脑的学习过程。在黄金投资分析中，深度学习可以自动地从大规模数据中提取和学习特征，从而识别不同市场因素对金价的影响。深度学习模型如卷积神经网络和递归神经网络在时间序列数据和图像数据的处理上表现出色，能够更好地预测金价走势和识别市场信号。

这些技术在黄金投资分析中可以为投资者提供更深入的洞察和决策支持，帮助投资者做出更准确的买卖决策，实现更优化的投资回报。然而，这些技术的应用也需要充分考虑数据质量、模型选择和模型解释性等方面的问题。对于一些大型专业机构投资者如商品基金来说，为提高预测精度和取得更大获胜机会，他们愿意投入更多的人力和物力，因此采用复杂的计量经济模型和算法的比例远高于普通投资者。

2. 平衡表法

一些重要的大宗商品，都有专业的统计研究机构。这些机构既有官方的，也有非官方的。例如，世界黄金协会，定期免费公布关于黄金供求关系的数据报告。官方或半官方机构，例如中国黄金协会等机构，定期向会员提供关于黄金市场及行业研究报告。在这些研究机构的各种统计报告中，平衡表（Balance Table）备受市场关注，因为在其中列出了大量的供给与需求方面的重要数据，比如上期结转库存，当期生产量、进口量、消耗量、出口量、当期结转库存（对于不易储存的商品，库存的参考意义不是很大），除此以外，还列出了前期的对照值及未来期的预测值。一些分析人士非常强调平衡表的功能，他们重视供给与需求中各种成分的变动，借此预测价格变动的可能方向。

尽管平衡表是一项非常有用的参考资料，清楚地列示了各种关键的数据，但是平衡表作为一项分析工具仍有其一定的局限性，它本身没有办法回答黄金期货价格是否合理的问题。价格水平与基本面状况是否对应，还需借鉴其他的分析方法。

3. 分类排序法

有效数据对于黄金交易的预测应用至关重要。数据不足会严重影响预测效果甚至无法建立模型。在遇到数据不足或无法应用定量分析方法的情况下，分类排序法可以作为替代方法。分类排序法的步骤如下：

（1）确定几个对价格有重大影响的基本面因素或指标。

（2）将每个因素或指标的状态划分为强烈利多、利多、中性、利空、强烈利空几个等级，并赋予相应的数值。

（3）对每个因素或指标的状态进行评估，得出对应的数值。

（4）将所有指标的数值相加求和，根据总得分评估未来行情的趋势是上涨、下跌还是盘整。

需要注意的是，分类排序法只适用于判断价格的未来趋势，并不能预测价格的绝对水平或变动幅度。同时，基本面指标的判断与赋值大小与分析师个人的主观判断相关，因此得出的结论与分析师个人的判断有很大关系。基于短期和长期指标的综合得分，我们根据-10至+10的范围进行评估。短期指标读数为-3，可判断为偏空市场。中期指标读数为0，判断为中性市场。长期指标读数为+1，属于偏多市场。这样的综合得分对于预测黄金的短期、中期和长期走势有一定的指导意义。

4. 打分法

在黄金投资分析中，可以使用打分法来分析影响金价的因素。以下是使用打分法进行分析的步骤：

（1）确定影响金价的因素：首先需要确定一组可能影响金价的因素，如全球经济情况、通胀预期、地缘政治风险、市场需求等。

（2）设定评分指标：为每个影响因素设定评分指标，这些指标应该是反映该因素对金价的影响程度的标准。例如，在全球经济情况方面，可以使用国际经济增长率、贸易指标等指标作为评分指标。

（3）给定权重和分值：根据经验或专家意见，为每个评分指标设定权重，表示其对金价的重要程度，然后为每个评分指标的各个分值设定相应的得分，通常使用0~10的分值。

（4）评估各因素的影响力：针对每个因素，根据评分指标的实际数值，给出相应的分值并乘以权重，计算出该因素对金价的影响分数。这样可以量化不同因素的影响程度，并将其综合成一个总体评分。

（5）综合总体评分：将各因素的影响分数相加，得到一个综合的总体评分。根据总体评分的高低，可以对金价的走向作出相应的分析和预测。

需要注意的是，打分法只是一种分析方法，其准确性和可靠性取决于所选的评分指标、权重和分值的合理性以及数据来源的可靠性。因此，在实际应用中，要务必进行全面的研究和数据验证，结合其他分析方法和市场信息，以得出更准确的分析结论。

5. 季度分析法

（1）季度分析概述。季节类比法适用于农产品分析，但其他品种也可能存在季节性特点。农产品适合应用季节类比方法，是由其供给具有天然的季节性特点所决定的。

季节性分析可以绘制价格运行走势图，为展望市场运行和把握交易机会提供方法。计算季节性指数是一种常用方法，它可以测定季节波动的规律性。

季节性图表法是其中最基本的方法之一，通过计算价格变动指标并绘制成图表，可以识别商品的季节性变动模式。季节性图表法具有全面观察季节性变动、验证各指标相互关系的优点，准确性较高。

具体步骤如下：

1）确定研究时段，选择商品的期货价格数据，通常使用主力合约组成的连续合约价格数据。

2）确定研究周期，根据商品特点确定周期的时间跨度，如周、月或季度。

3）计算相关指标，包括上涨和下跌的年数及百分比，最高和最低价格与期初价格的差值及平均值，平均最大涨幅和跌幅，期初和期末百分率，平均百分率及变动。

4）根据上述指标判断研究时段的价格季节性变动模式。

（2）季节性分析。季节性分析法旨在通过比较相似季节条件下的价格形态，推测当前季节的价格走势，以指导市场时机的选择。农产品等具有季节性特征的生产受灾害、收成和库存等因素影响。通过观察历史上类似季节的价格转折点，计算价格摆动时间与幅度，可以预测当季的价格行为。然而，季节性分析的有效性有时受供需失衡、通货膨胀或经济形势等因素影响。因此，仅依赖季节性走势并不足以准确预测价格，还需要综合考虑其他因素。在计量经济学中，可以借用时间序列分析视角下的 HP、BK、Ch-Fitz 以及 Kalman 滤波等技术进行辅助分析。这些方法需要深入掌握中级计量经济学的有关知识，学有余力的投资者可以参考有关计量经济学的书籍进行深入研究。

第三节　技术面分析

一、技术分析概述

1. 技术分析的概念与假设

（1）技术分析的概念。技术分析是通过对市场行为的分析来预测价格变化，主要利用期货市场的历史交易数据，绘制图形或图表进行分析研究，预测价格走势。技术分析基于经验模型，它在内部逻辑关系的基础上解释变化原因。按时间顺序排列价格可发现稳定模式，如上升三角形形成后通常会向上突破，并且经常在期货价格中重复出现。基于这些总结，技术分析者判断这些模式可能会继续出现，并根据它们预测未来的价格变化趋势。除价格之外，我们还可以通过成交量、时间、空间等分析发现其他经验模型并应用。技术分析的任务是从波动模式中提炼出经验模型，以内部逻辑关系作为推理基础，从价格、成交量、时间、空间等角度寻找波动的理由，揭示其中的因果规律，对市场趋势进行评估，并进行未来价格波动的分析。

（2）技术分析的三大假设。技术分析有三个基本假设：市场行为涵盖一切信息，价格以趋势方式演变，历史会重演。

1）"市场行为涵盖一切信息"是技术分析的基础。技术分析者认为所有影响市场价格的因素都会反映在价格之中。他们通过研究价格图表和技术指标，让市场揭示出走势，而不是凭借个人分析。

2）"价格以趋势方式演变"是技术分析的核心。研究价格图表的目的是及时准确地揭示出趋势，并进行顺势交易。市场价格往往延续现有趋势，反转的可能性较小。

3）"历史会重演"。技术分析与人类心理有关。过去有效的价格形态可能在未来同样有效，因为它们基于人类心理和行为特征，在相似的市场条件下可能产生相似的结果。

（3）对三大假设的辩证认识。对技术分析的三大假设，我们需要有辩证的认识。

首先，"市场行为涵盖一切信息"，虽然市场行为反映了各种因素，但信息在传播过程中存在损失，仅凭市场行为解释价格变化可能导致错误的决策和失败。

其次，"价格以趋势方式演变"，虽然跟进趋势被认为是最佳策略，但市场中的趋势形态多样，尤其在高效市场中，价格变动是随机的，无法预测。

最后，"历史会重演"也存在相反的命题。信奉历史重复的投资者若只依赖经验性操作，一旦历史出现改变，则会面临失败的风险。在期货交易中尤其如此。

面对这些悖论，辩证思考可以帮助我们避免大的损失。我们应该综合考虑多种因素，并避免过度依赖单一的假设，以取得更好的投资结果。

2. 技术分析理论

黄金价格的技术分析理论主要包括以下几个方面：

（1）趋势分析。趋势分析是研究黄金价格长期走势的方法。该理论认为市场价格往往会延续现有的趋势，并且趋势可能持续相对长的时间。技术分析者通过观察价格图表中的趋势线、移动平均线等工具，确定黄金价格的长期趋势方向。

（2）形态分析。形态分析关注价格图表中的图形和形态模式。研究者认为某些重要的价格形态和模式会重复出现，且可用来预测未来的价格走势。例如，头肩顶和头肩底是常见的形态模式，它们被认为是趋势反转的信号。

（3）技术指标。技术指标是通过对黄金价格和交易量等数据进行统计和计算，辅助预测价格走势的工具。常见的技术指标包括移动平均线、相对强弱指标（RSI）、随机指标（Stochastic Oscillator）等。这些指标计算出来的数值可以提供价格超买超卖的信号，帮助确定买入或卖出的时机。

（4）支撑和阻力。支撑线和阻力线是技术分析中常用的概念。支撑线是指价格下跌到一定水平后，处于供需平衡的状态，可能出现反弹的位置。而阻力线是指价格上涨到一定水平后，由于供应过剩或者投资者抛售，可能遇到阻碍而难以继续上涨。支撑和阻力水平可用于确定价格的重要转折点。

综合运用这些技术分析理论，技术分析者可以利用历史数据和价格图表来预测黄金价格的未来走势。然而，需要注意的是技术分析并非绝对准确，市场受多种因素的影响，因此技术分析结果仅供参考，投资者仍需综合考量其他因素做出决策。

3. 技术分析的优点和缺点

（1）技术分析的优点：

1）具有可操作性，通过价格走势反映市场因素，可以把握市场脉搏。

2）高度灵活，可同时跟踪多个市场。

3）适用于不同时间尺度的分析。

4）给出明确的买卖信号。技术分析主要研究市场行为，而基本分析关注供求关系。两派的判断方法有所不同，但目的都是预测价格变化和反映市场的供求关系。

（2）技术分析的缺点：

1）发出的买卖信号具有时滞性，只能逐步判断未来价格走势。

2）分析指标或方法的局限性和不稳定性，有可能导致错误判断和投资者亏损。

3）不同技术分析者对同样的信号和指标可能有不同解释和预测，产生相互矛盾的信号。

总体来说，技术分析相对于基本分析更便利和容易掌握，但也有自身的优势和不足，需要灵活运用和避免不足之处。

二、技术分析指标

本部分主要介绍几类传统的分析指标，如移动平均线、MACD、布林通道、DMI 指标、摆动型指标及情绪型指标。这些指标都在一定程度上对市场的趋势、波动等进行了反映。

1. 移动平均线

移动平均线是一种常用的技术分析指标，用于平滑价格数据并辅助判断趋势的走向。该指标计算一段时间内的价格平均值，并随着时间推移不断更新。移动平均线指标的优点是可以平滑价格波动，减少短期价格噪声的干扰，从而更好地捕捉趋势的变化。常见的指标包括简单移动平均线（SMA）和指数移动平均线（EMA）。

简单移动平均线（SMA）是根据一段时间内的价格数据求出固定时间间隔内的平均值。例如，30 日 SMA 就是过去 30 个交易日的收盘价之和除以 30。随着新的价格数据出现，最旧的价格数据将被剔除，新的价格数据将被纳入计算，使移动平均线随着时间的推移而变动。

指数移动平均线（EMA）是一种赋予较新价格较大权重的移动平均线。计算 EMA 时会使用一个平滑系数，通常使用较短的时间周期，如 12 日或 26 日。EMA 对价格的变化更加敏感，因此在市场趋势出现变化时能够更快地做出反应。移动平均线指标常用于确定价格的长期和短期趋势，以及判断价格的支撑位和阻力位。当价格在移动平均线之上时，可能表明上涨趋势；当价格在移动平均线之下时，可能表明下跌趋势。此外，移动平均线之间的交叉也常被视作买入和卖出的信号。

需要注意的是，移动平均线指标并非预测价格的未来走势，而是根据过去的价格变化来分析当前的市场情况。在使用移动平均线指标时，可以结合其他技术指标和市场分析方法，综合判断市场趋势，并进行风险控制和决策制定。

2. MACD

MACD 指标（移动平均线收敛/发散指标）是一种技术分析工具，用于判断价格趋势的强弱和转折点。它由两条移动平均线和一个信号线组成。MACD 的计算方法是将短期移动平均线（快线）与长期移动平均线（慢线）之间的差异进行度量，并通过对差异的指数移动平均来得到信号线。当快线（短期移动平均线）向上突破慢线（长期移动平均线）时，MACD 指标为正值，表示价格可能出现向上的趋势。反之，当快线向下突破慢线时，MACD 指标为负值，表示价格可能出现向下的趋势。信号线是对 MACD 指标进行平滑处理形成的结果，用于辅助判断趋势的转折点。当 MACD 指标向上突破信号线时，可能为买入信号；当 MACD 指标向下突破信号线时，可能为卖出信号。MACD 指标在技术分析中被广泛使用，并可结合其他指标和价格图形进行确认和验证。然而，作为一种趋势追踪指标，MACD 也存在滞后性的问题，需要结合其他工具和技术指标一起使用，以提高分析准确性。

3. 布林通道

布林通道是一种经典的技术指标，用于衡量资产价格的波动性。它由三条线组成：中轨（中线）和上下轨（上下线）。中轨通常是基于移动平均线计算而得，上下轨则通过计算标准差来确定。布林通道的目的是帮助交易者判断资产价格是处于高波动性还是低波动性的阶段。当资产价格触及上轨时，暗示着市场可能过热，价格有回调的可能。相反，当价格触及下轨时，意味着市场可能过冷，价格有反弹的潜力。交易者可以利用布林通道作为买入或卖出的信号。例如，当资产价格从下轨上穿中轨时，可视为买入信号，表明价格可能向上反弹。而当价格从上轨下穿中轨时，可视为卖出信号，表明价格可能出现回调。

然而，布林通道并不能单独作为决策依据，因为市场具有多种因素和风险。因此，交易者应结合其他技术指标和市场趋势进行综合分析，以做出更准确的交易决策。

4. DMI 指标

DMI 指标，全称为趋向指标（Directional Movement Index，DMI），是一种技术分析工具，用于衡量市场趋势的强度和方向。DMI 指标由两条线组成：+DI（上升方向线）和-DI（下降方向线）。+DI 衡量上升趋势的力量，而-DI 衡量下降趋势的力量。这两条线的交叉和方向可以揭示市场中的买入和卖出信号。当 +DI 线高于-DI 线时，表明上升趋势较强，可能出现买入信号。相反，当-DI 线高于+DI 线时，表明下降趋势较强，可能出现卖出信号。此外，DMI 指标还包括一个称为 ADX（平均趋向指标）的线，用于衡量趋势的强度。ADX 值越高，说明趋势越强，而 ADX 值较低，则表示趋势较弱或市场处于盘整阶段。DMI 指标的优势在于能够提供趋势的强度和方向，协助交易者判断趋势的可靠性。然而，它并不能直接给出买卖信号，因此通常需要结合其他技术指标和价格模式进行综合分析，以提高交易决策的准确性。

5. 摆动型指标

摆动型指标是一类技术指标，用于判断价格或市场的超买和超卖状态，以及反转的可能性。摆动型指标通过计算价格、成交量或其他市场数据的相对强弱，提供了一种衡量交易市场波动的方法，通常以震荡曲线或柱状图的形式展示。摆动型指标的计算通常基于一个特定的时间周期，例如相对强弱指标（RSI）和随机指标（Stochastic Oscillator）等。这些指标的数值通常在某个范围内波动，如 0~100，或-100~100。当指标超过某个特定阈值，例如超过 70 或低于 30 时，就可能表示市场超买或超卖的状态。通过观察指标的波动情况和趋势，交易者可以寻找买入或卖出的机会。例如，当指标超过 70 后回落，可能暗示市场即将出现下跌反转；相反，当指标低于 30 后回升，可能暗示市场即将出现上涨反转。

摆动型指标是市场分析中常用的工具之一，但也需要结合其他技术指标和价格模式进行综合分析，以提高交易决策的准确性。

6. 情绪型指标

情绪型指标是一种用于衡量市场参与者情绪和情绪变化的技术指标。它们可以提供有关市场情绪是否极度乐观或悲观的信息。情绪型指标通常使用各种市场数据，如交易量、持仓比例或投机性交易位置等，来量化市场参与者的情绪。这些指标的数值范围可以是 0~100 或-100~100。常见的情绪型指标包括投机性多空比率（投机性多头持仓与空头持仓的比例）、投资者情绪指数（基于投资者调查的结果）、恐慌指数（衡量市场担忧水平）等。情绪型指标可以提供重要的参考，帮助交易者判断市场情绪和市场参与者的情绪压力。高度极端的情绪水平可能预示价格发生反转或调整。然而，情绪指标并不是绝对的买卖信号，仍需要结合其他技术指标和基本面分析来做出决策。

　　总之，情绪型指标对于交易决策和风险管理具有一定的参考价值，但需要谨慎使用，并与其他分析工具结合起来，以获得更全面的市场观点。

<h1 style="text-align:center">思 考 题</h1>

　　1. 黄金投资分析需要哪些基础知识？请概述。

　　2. 基本面分析重要还是技术分析重要？请从实际操作角度谈一下你对两者的看法。

　　3. 黄金投资有哪些分析方法？如何理解指标量化与基本面分析量化之间的关系？

第五章　黄金量化交易

本章导读:

黄金量化交易是近年来新兴的一种交易方式。本章从量化交易概况、量化编程基础以及黄金量化交易模型案例三个方面进行了介绍。其中，量化交易案例中着重介绍了基本面、技术指标、多因子以及神经网络四类模型。

通过本章学习，应掌握以下内容:

1. 量化交易的概况及历史
2. 量化编程基础知识
3. 黄金量化交易四类模型

随着近三十年来网络信息技术的发展，量化交易逐渐成为中国金融市场新兴的交易方式和手段。黄金量化交易与传统的基本面分析交易、技术分析交易有着根本的区别。这种交易方式并不是依靠投资者的主观判断来决定交易时机，而是从市场数据中拟合某个数学模型，据此进行交易操作。由于其交易依据概率统计理论和数理模型，因此具有相当的科学性。

量化交易在国外已经有三十多年的历史，其业绩表现相当稳定，市场交易规模不断扩大。量化交易是指运用先进的数学模型替代交易者的主观判断，利用计算机技术从历史数据中筛选出能够带来超额收益的大概率事件，据此制定交易策略。通过量化交易，投资者能够在很大程度上减少自身的情绪化心理波动，避免受到市场极度狂热或悲观情绪的影响，从而做出较为理性的交易决策。与传统交易方式相比，量化交易在交易依据、纪律性及控制性等多个方面存在明显优势。量化交易可以按照不同的方式进行分类，以采用策略的多寡分类，可以分为单策略量化交易和多策略量化交易。按照交易属性的不同，可以分为投机型量化交易和套利型量化交易。

第一节　量化交易概述

量化交易的起源与发展与计量经济学、概率统计学等有关学科的发展，以及信息技术的进步有着密切关系。本节内容主要介绍了量化交易的历史、量化交易的特点以及有效市场假说。

一、量化交易概况

对于量化交易的概念，目前尚无统一的说法。狭义上说，量化交易是指以概率统计理论和计量经济学理论为基础，以数理模型为依据进行自动化交易的方式。广义上说，一切应用概率统计及数理模型思维的交易方式，都可以称之为量化交易。本书中如无特别强调，主要采用前者的说法。同时，在不同场合，也出现了所谓"程序化交易""算法交易"等不同说法。程序化交易，主要是指交易指令的执行、止损以及开平仓都按照预设的条件执行。这种说法主要是强调交易的程序化、自动化，而非量化交易。这种程序化交易的依据，在有些情况下可能是个人经验判断，未必是数理模型。例如，此前在股票或期货行情软件中嵌入的自动化条件交易指令，也称之为程序化交易。算法交易是指在量化交易中，采用不同形式的数理模型进行交易，重点强调建立交易模型时使用的算法。也有观点认为，算法交易不是量化交易，认为量化归属于算法。显然，这种观点颠倒了数据与算法之间的关系，容易引起概念的混淆。

量化交易是一种交易方式，并非投资理念。在此，要区分价值投资与量化交易概念之间的关系。价值投资，又称基本面分析投资，与技术分析投资一样是传统交易方式中两种不同的投资理念，前者以投资标的物（主要是股票）的价值为基础，在价值低谷时进入，价值恢复时退出。技术分析则主要是以 K 线及技术指标等为交易依据，通过经验判断而非股票的基本面来进行交易决策。无论是基本面分析，还是技术分析，如果能将其量化为数理模型，都可以被量化交易所采纳。

对于量化交易的历史，可以从量化交易起源与发展、量化交易现状等几个方面进行了解。

（1）量化交易起源与发展。量化交易的起源与发展目前来看主要分为三个阶段：

1971~1977 年，巴克利国际投资管理公司发行了世界上第一只主动量化基金。

1977~1995 年，行业发展缓慢，但随着信息技术和计算机技术的进步，电话交易得到快速发展。

1995 年至今，量化投资技术逐渐成熟。目前，约 50% 的投资种类采用定量技术，其中指数基金完全采用定量技术，主动投资类基金的 20%~30% 采用定量技术。

（2）量化交易现状。国内量化交易目前正处于快速发展阶段，具有自身鲜明的特点。

首先，技术不断进步。随着计算机和信息技术的不断发展，国内量化交易技术不断创新，涌现出了一批具有自主知识产权的交易系统和算法模型。高速计算能力、大数据分析和人工智能等技术的应用，推动了量化交易的发展。其次，资金规模不断增长。国内量化交易的资金规模逐年扩大，吸引了越来越多机构和个人投资者参与。大型基金公司、券商、私募基金和高净值个人等都积极布局和参与量化交易，推动市场的增长。再次，策略多样化。国内量化交易策略呈现多样化趋势，包括股票、期货、外汇等各类金融产品。常见的策略包括趋势跟踪、套利、统计套利、市场中性等。同时，也出现了一些具有特色的量化策略，如事件驱动、情绪分析等。最后，监管力度不断加大。随着国内量化交易市场的快速增长，监管部门对其监管力度也在加大。加强市场监管、规范交易行为和保护投资者利益成为重要任务。相关规章制度的完善和监管政策的调整，将进一步促进国内量化交易市场的健康发展。

总体而言，国内量化交易市场在技术、资金规模和策略多样化等方面均呈现积极的发展态势，并逐步走向成熟和规范化。

二、量化交易特点

传统的交易方式，如以基本面分析为主或者以技术面分析为主的交易方式，与量化的交易方式相比具有很大的不同。

投资者很容易混淆量化交易和技术分析的联系，事实上在量化交易中会使用一些常见的技术指标，在技术分析中也会运用许多量化指标。而且相当一部分量化交易策略和技术分析都依赖于对价格、成交额等交易信息的分析。然而，量化交易与技术分析之间仍存在区别。首先，有些技术分析方法很难被量化。例如，图形分析是技术分析的重要组成部分，但有些图形并没有明确的定义，如波浪形态。因此，这些技术分析手段不能应用于量化交易中。其次，量化交易不仅局限于技术分析涉及的交易信息。基本面信息、公司的财务数据、利率、通胀等宏观基本面信息也可能成为量化交易策略的参考因素。因此，量化交易和技术分析的关系既有重叠之处，也有相互独立的特点。

量化交易与传统交易相比，在交易依据性、效率性、纪律性、控制性以及复制性等多个方面存在显著区别，具体参考表5-1。由此可知，与传统交易方式相比，量化交易具有相当的优势。

表5-1　量化交易与传统交易的对比

比较内容	传统交易	量化交易
依据性	依据个人交易经验进行交易；不具备数理模型和概率基础	以严谨的数理模型和概率统计理论为依据，科学性强
效率性	从决策到执行容易产生时滞；执行交易需要人工输入，容易错失机会	计算机操作，瞬息之间就可完成；交易效率高
纪律性	容易受到市场情绪波动的影响，投资者心态左右摆动	机械化交易，完全由电脑执行操作，不受市场情绪的影响
控制性	由于心态及市场情绪原因，导致交易策略容易改变	以数理模型为基础，根据模型参数进行交易；可控性强
复制性	交易经验及结果容易受到个体特质影响；投资者的心理素质、交易经验及认知不同，难以复制	模型可以广泛复制和传播；一旦通过市场检验，可以快速在交易账户之间进行转移

三、有效市场假说（Efficient Market Hypothesis，EMH）

1. 有效市场分类

无论是基于价值分析、技术分析视角，还是基于量化分析视角，有一个问题非常重要，那就是市场能否赚取交易利润的问题。对于这个问题，经济学上有一个专门的话题，那就是有效市场假说（EMH）。关于市场有效性的假说，先后有多名经济学家提出，20 世纪 60 年代由美国经济学家 Fama 进行完善。在 EMH 中，Fama 提出了三种不同程度有效性的市场，即强有效市场、弱有效市场、半强式有效市场。三种市场的定义如下：

（1）强有效市场。在强有效市场中，价格已经充分包含了所有的公开及未公开信息（包括内幕信息）。由于所有的信息都已经反映到市场价格上，因此投资者买卖市场价格的商品或合约，不会获得超额利润。

（2）弱有效市场。在弱有效市场中，由于市场交易合约的价格充分反映了过去的信息（如价格、成交量、买卖融资金额等信息），但是没有反映市场合约的基本面信息和内幕信息，因此，投资者基于内幕信息和基本面信息，可以获得超额利润。这时，价格的技术分析就会失去作用，内幕信息和基本面信息就会给投资者带来利润。

（3）半强式有效市场。在半强式有效市场上，市场交易合约的价格已充分反映出所有历史信息和公开信息，但是未能反映内幕信息。历史信息包括该合约的价格、成交量、盈亏资料以及公司基本面的状况等。因此投资者可以利用内幕信息获得超额利润。

2. 关于有效市场研究进展

针对 Fama 总结归纳的有效市场假说，许多学者开展了有关的实证研究，发表了大量的论文。从图 5-1 的论文发表数据来看，关于金融市场的研究结论，从开始多数观点认为的有效市场，开始向弱有效市场或者时变的有效市场转变。比如，巴菲特的伯克希尔·哈撒韦公司以及西蒙斯的大奖章基金，已经充分说明了市场的弱有效性。

从量化交易的角度来看，也很容易理解市场的弱有效性。当一个量化投资模型被挖掘并得以应用之后，其盈利性具有传播效应。为了谋取更多利润，必然会导致套利资金增加。随着套利交易行为的不断增加，交易策略的同质性逐渐体现出来，导致套利空间逐渐缩小。因此，大量套利行为的增加，必然会提高黄金市场交易的有效性。

Paper	Market	Methodology	Sample	Results
Choudhry (1997)	6 Latin American countries	ADF test	January 1989–December 1993	Efficient market
Kawakatsu and Morey (1999)	16 emerging markets	ADF and PP tests	January 1985–February 1997	Efficient market
Chaudhuri and Wu (2003)	17 emerging markets	DF-GLS and KPSS tests	January 1976–December 1997	Efficient market
Chaudhuri and Wu (2003)	17 emerging markets	Zivot and Andrews (1992)	January 1985–February 1997	Inefficient market
Lee and Strazicich (2003)	S&P 500	Two-break LM unit root test	1860–1970	Inefficient market
Chaudhuri and Wu (2004)	17 emerging markets	Panel tests based on OLS and SUR estimation	January 1985–April 2002	Inefficient market
Narayan (2005)	Australia and New Zealand	Caner and Hansen (2001) threshold unit root test	January 1960–April 2003	Efficient market
Narayan and Smyth (2005)	22 OECD countries	Im et al. (2002) test	January 1991–June 2003	Efficient market
Narayan (2006)	U.S.	Caner and Hansen (2001) threshold unit root test	June 1964–April 2003	Efficient market
Azeez and Yonezawa (2006)	Japanese stock market	Linear regression *t*- test	January 1973–December 1998	Efficient market
Narayan and Smyth (2007)	G7 countries	Two-break LM unit root test	January 1975–April 2003	Efficient market
Narayan and Narayan (2007)	G7 countries	SUR estimation Panel tests based on IPS, LLC, LM, SUR and MADF test	January 1975–April 2003	Efficient market
Narayan and Prasad (2007)	17 European countries	Panel unit root test based on LLC, SUR, and MADF	January 1988–March 2003	Efficient market
Lean and Smyth (2007)	8 Asian countries	Panel LM unit root test with one and two breaks	January 1998–June 2005	Inefficient market
Hoque et al . (2007)	eight emerging Asian stock markets	Wright's rank and sign and Whang-Kim sub-sampling tests the Lo-MacKinlay and Chow-Denning tests	April 1990–February 2004	Varying efficiency
Narayan (2008)	G7 countries	Panel LM unit root test with one and two breaks	January 1975–April 2003	Inefficient market
Qian et al. (2008)	Shanghai stock exchange composite index	Caner and Hansen (2001) threshold unit root test	December 1990–June 2007	Efficient market
Lee et al. (2010)	32 developed and 26 developing countries	the panel data stationary test the PPS test	January 1999–May 2007	Inefficient market
Ahmad et al. (2012)	12 Asia-Pacific economies	Johansen cointegration test, the ADF and PP tests, the KPSS test	January 1997- June 2010	Efficient market
Makovský (2014)	Central European countries Forex	The Johansen panel co-integration test,Pedroni's Panel cointegration test	2001 February–2013 January	Inefficient market
Arshad and Rizvi (2015)	4 East Asian economies	MF-DFA analysis	January 1990-31 July 2013	Varying efficiency
Rizvi and Arshad (2016)	4 Asian stock markets	MF-DFA analysis	5 years post and pre crisis daily	Varying efficiency
Ng et al. (2017)	NASDAQ 100 and S&P 500	stochastic dominance via quantile regression	January 1996 –December 2011	Efficient efficiency
Narayan and Liu (2018)	U S stock market	GARCH-SK model	ends in December 2014	Inefficient market
Gil-Alana et al. (2018)	four daily Baltic stock indices	the fractional integration approach	January 2000-January 2016	Inefficient market
Liu and Su (2018)	China gold market	rolling boot strap, stability test, cointegration test	October 2006-October 2017	Varying efficiency
Zhang et al. (2018)	China's stock market	Order imbalance regression	Ultra high frequency in 2003	Varying efficiency
Wang and Chen (2019)	Simulating markets	a two factor interaction function, the Watts Strogatz small world network, the modified Barabási Albert network	1200 observation periods and 256 times per period	Varying efficiency
Levich et al.(2019)	23 currencies	Huang and Zhou (2017), Poti (2018)	1994 to 2016	Varying efficiency

图 5-1　关于市场有效性的研究数据

第二节　量化交易基础

一、量化交易平台

进行量化交易，首先要有数据源，这是进行量化交易的前提条件。投资者一旦选定了交易市场和交易对象，就应该搜集相应交易合约的数据。对于交易数据，可以采用多种方式获得。一种方式是向各大行情或资讯提供商购买，比如向 Wind、路透、彭博等国内外商家购买。另一种方式是自行搜集整理，建立自己的数据库。除了数据，开发者还需要配置一定的硬件资源，以便进行研发测试及实战交易。

1. 数据源

对于商业购买方式，以国内资讯商 Wind 为例，投资者可以在购买后从系统下载相应的合约数据。

对于非商业购买方式，可以通过行情交易软件每日进行备份，或者利用免费的爬虫软件，从网络上爬取各种行情数据。值得一提的是，在 Python 中有许多免费的行情模块，例如 AKShare、Tushare、BaoStock、JQData 等公开数据源，投资者可以从中直接导出数据。

以 AKShare 为例，该扩展库的安装是在 Shell 环境下输入命令：

```
pip install akshare
```

安装完毕以后，检查一下是否能够正常调用，具体见图 5-2。AKShare 是基于 Python 的开源数据库，能够免费提供股票、期权等各大市场的金融数据。

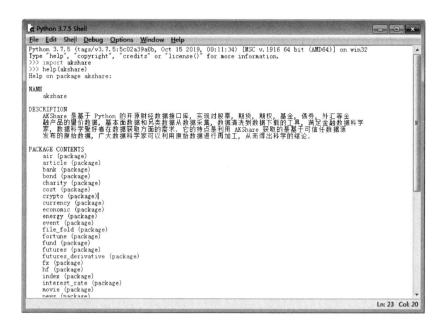

图 5-2　AKShare 安装完毕

2. 量化平台

有许多个人及机构爱好者已经基于 Python 开发了不同的量化交易平台，投资者可以从中选择一个平台，加快量化交易学习的速度。其中，国内比较知名的量化交易平台有 Wind、BigQuant、MindGo、掘金、优矿、万矿、JQDate、米筐、真格、镭矿、量化云、点宽等。国际上知名的量化交易平台有 Numerai、Quant-Net、QuantConnect、Quantiacs、WorldQuant、CrowdSourcing 等。这些交易平台，有些部分开源，多数内容属于收费性质。有的甚至本身就是私募基金，提供策略开发、数据行情以及投资咨询建议等服务。

国内外 Python 社区也有很多免费的开源扩展库供投资者自行选择。本书主要选择国际上最受欢迎的 Backtrader 扩展库作为交易平台进行介绍。另外，开发者可以根据自己掌握的 Python 知识，开发属于自己的交易平台。在熟悉量化交易策略、Python 基础知识、Python 面向对象编程及量化交易框架之后，投资者完

黄金投资素养与技术

全可以开发属于自己的量化交易平台。

（1）jqdatasdk 扩展库。第一种方式，可以使用网络 git 安装方式实现。开发者需要先到 git 的官网"https：//git-scm. com/downloads"，下载 Windows 系统下的 git 安装包。具体如图 5-3 所示。

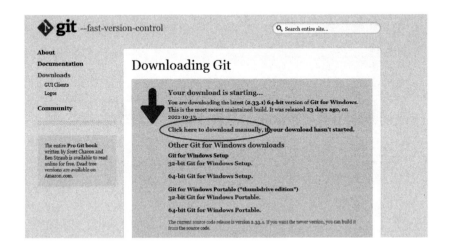

图 5-3　git 扩展库

安装完毕后，在 CMD 环境下，输入以下命令：

pip install git+https：//github. com/JoinQuant/jqdatasdk. git

在 Shell 环境下，输入下文命令进行检查，系统返回结果见图 5-4。

图 5-4　jqdatasdk 安装完毕

```
import jqdatasdk
dir(jqdatasdk)
```

也可以在 CMD 环境下，输入以下命令进行安装：

```
pip install jqdatasdk
```

（2）Backtrader 扩展库。Backtrader 扩展库由 Daniel Rodriguez 在 2015 年推出，目前最新版本是 2020 年推出的 1.9.76.123。

在 Shell 环境下，输入以下命令进行安装：

```
pip install backtrader
```

安装完毕以后，检查一下是否能够正常调用，系统返回结果见图 5-5。

图 5-5　Backtrader 安装完毕

3. 软硬件配置

有很多量化交易语言可以供投资者选择，比如 Python、Java、VB、MAT-

LAB、R、C++、Delphi 等语言。投资者可以选择自己喜欢的计算机语言进行量化交易。根据 TIOBE 公司统计，世界前十名的编程语言中，Python 已经超越了多年的排行榜冠军 C 语言，上升至第一名，具体见图 5-6。

Oct 2021	Oct 2020	Change		Programming Language	Ratings	Change
1	3	⌃		Python	11.27%	-0.00%
2	1	⌄		C	11.16%	-5.79%
3	2	⌄		Java	10.46%	-2.11%
4	4			C++	7.50%	+0.57%
5	5			C#	5.26%	+1.10%
6	6			Visual Basic	5.24%	+1.27%
7	7			JavaScript	2.19%	+0.05%
8	10	⌃		SQL	2.17%	+0.61%
9	8	⌄		PHP	2.10%	+0.01%
10	17	⌃⌃		Assembly language	2.06%	+0.99%

图 5-6 TIOBE 指数（2021 年 10 月）

Python 语言是 Guido van Rossum 在 1989 年开发出来的，从 ABC 语言发展而来，如今已经成为最受欢迎的编程语言之一。其由于代码易读，开发效率高，扩展性强，被称为"胶水语言"。国际上，越来越多的高校采用 Python 语言讲授计算机及金融系列课程。该语言奉行极简主义，面向全世界开源，既支持面向对象编程，也支持面向过程编程，并且兼容 Mac、Linux 及 Windows 等操作系统。同时，它具有丰富的扩展库，能够协助开发人员在日常办公、数据分析、后台维护、网络编程、界面应用以及人工智能等多个领域高效开展工作。由于其"胶水语言"的特性，Python 可以与绝大多数编程语言进行通信，并调用其他程序开发的各种模块进行交易，避免了重复开发，大大提高了工作效率。对于使用 Python 开发程序的优点，业界有一句话概括得非常形象具体，即"人生苦短，我用 Python"。

对于硬件配置方面，由于资本投入的限制，个体投资者和机构投资者有很大的不同。对于具体投资配置，机构投资者可以参考《期货公司信息技术管理指引》《期货行业托管机房指引》等有关规定，匹配相应硬件设施。对于个人投资者而言，视个人情况，配置办公电脑即可。有条件的投资者，可以进行服务器托管或云托管交易，从而低成本实现高速网络交易。

二、Python 语言基础

Python 语言是当前量化金融领域应用广泛的计算机语言，具有强大的数据分析功能。与 C、Java 及 C++语言相比，虽然运行效率相对低一些，但是开发效率要远远超过上述语言。因此，在量化金融领域，Python 语言越来越受到追捧。

1. Python 安装

Python 程序在三大主流操作系统上均可使用，不需要重复编程。为方便起见，本书中以 Windows 应用环境为例进行介绍。

（1）Python 下载与安装。Python 可以从官网 http：//www. python. org 下载，在 Downloads 栏中，选择 Windows 操作系统下的合适版本进行下载。由于 Python 分为 2 个系列版本，一个是 2. 0 系列版本，一个是 3. 0 系列版本，我们可以根据操作系统的类型（32 位或者 64 位）来选择合适的版本。本书中使用 64 位 Windows 操作系统，Python 版本以比较稳定的 3. 7. 5 版本为例进行演示（见图 5-7~图 5-8）。

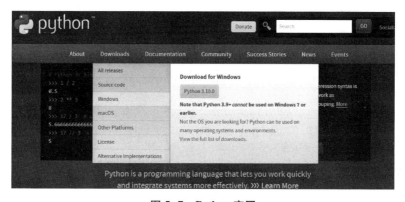

图 5-7 Python 官网

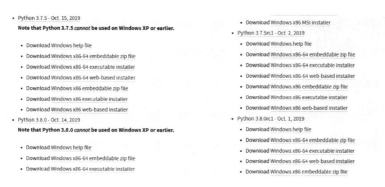

图 5-8（a） Python 3. 7. 5 下载界面

黄金投资素养与技术

投资者需要注意的是，要根据自身的操作系统情况选择，建议选择"Windows x86-64 executable installer"版本下载(见图5-8(b))。

图5-8 (b)

注意：在这里要点击复选框，选择"Add Python 3.7 to PATH"，以方便后续Python文件的执行。

点击"Install Now"，即可将Python安装到系统默认位置。如果想对其进行个性化安装，可以选择"Customize installation"（见图5-8(c)）。

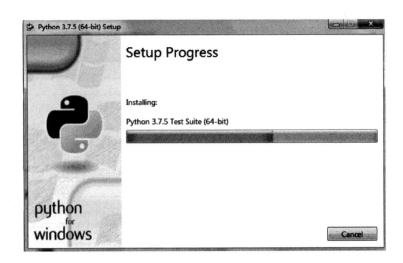

图5-8 (c)

系统安装完成以后，会出现以下界面（见图5-8(d)）。

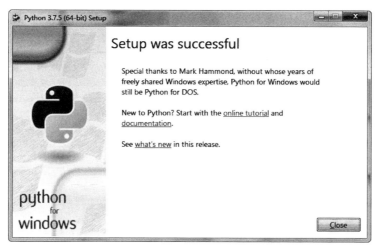

图5-8　（d）

（2）系统路径配置。下载后完成安装，这样就可以利用 Python 编译器编写运行 Python 程序了。如果投资者在安装编译器时，没有选择"Add Python 3.7 to PATH"这一选项，那么在运行 Python 程序时可能就会遇到程序无法运行的问题。为了确保 Python 程序的可执行，需要对系统路径 Path 进行配置。配置系统路径有两种方法，一种是在"我的电脑"—"高级系统设置"中打开如图5-9所示的界面。

图5-9　我的电脑界面

点击"高级"系统设置，然后进入环境变量配置界面（见图 5-10）。

图 5-10　高级系统设置

点击"环境变量"，进入环境变量设置界面（见图 5-11）。这时，要在 Path 中添加 Python 编译器的安装路径。比如，如果是"C：\ Python3.75 \"，那么就应该在对话框中输入该路径，点击"确定"即可。这时要注意，输入时与前面的系统路径用分号";"隔开。

图 5-11　环境变量设置

添加路径完成以后，可以在"开始"中，输入"cmd"，调出 cmd 命令对话框，运行"python-h"，即可查看 Python 编译器有关信息，具体见图 5-12。

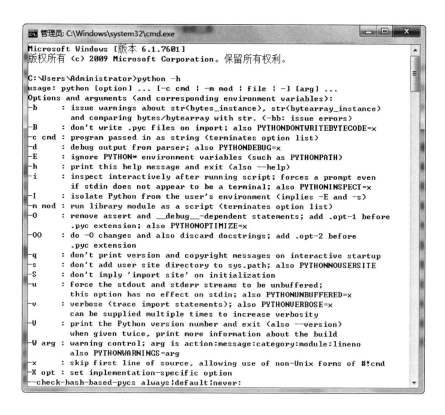

图 5-12 Python 编译器信息

配置系统路径的另一种方式是 CMD 命令方式。点击"开始"，输入 cmd 后回车，调出命令窗口。在 CMD 窗口中，输入以下命令：

Path=%path%；C：\Python3.75\

这样就完成了对 Windows 系统路径的配置。

此外，Python 还有很多集成化的安装方式。这类方式主要以比较流行的开发环境如 VScode、Pycharm、Ipython 及 JupyterNotebook 等平台为主体，集成了 Python 编译器，也有很多开发者选择使用。

2. Python 基本语法

基本语法包括基本数据类型、运算符、变量与赋值、语法规则及扩展库等知识。

（1）Python 基本数据类型。Python 的基本数据类型一共有 6 种，包括数值、字符串、列表、元组、集合、字典。相对于其他语言而言，Python 的数据类型较少，但功能非常强大。即使是 C 语言比较擅长的链表和二叉树建模工作，Python 也可以高效实现。

1）数值类型。Python 支持三种不同的数值类型，分别为整型、浮点型和复数型，具体见图 5-13。

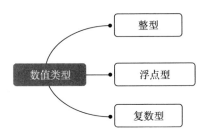

图 5-13　Python 的数值类型

①整型。整型数值，通常被称为整数，包括正整数和负整数，不包含小数点。Python 3 的整型数值没有限制大小，可以当作长整型数据（Long）使用。因此，Python 3 没有 Python 2 的长整型数值。并且，Python 3 可以使用 16 进制和 8 进制表示整数。

②浮点型。浮点型由整数部分与小数部分组成，浮点型也可以使用科学计数法表示，比如 $1.5E+03 = 1.5×10^3$。

③复数型。复数型由实数部分和虚数部分构成，可以用 a+bj 或者 complex（a，b）表示。复数的实部和虚部都是浮点型。Python 的数值类型实例如表 5-2 所示。

表 5-2　Python 的数值类型

整型	浮点型	复数型
30	0	3.54j
120	15.2	49.j
−758	−21.9	9.72e−36j
90	3.23E+19	0.86j
−400	−90.	−0.6545+0J

续表

整型	浮点型	复数型
-0x160	-3.25E+101	5e+26J
0x59	7.02E-11	4.73e-7j

以下举例说明数值类型的不同表示方法。在开始菜单中，打开 Python 3.7.5 Shell，点击菜单栏中的"File—New File"命令，建立一个 Python 文件，将其命名为 num.py，然后输入以下代码：

```
x1=-25    #整型数值
x2=31.0#浮点型数值
x3=5-8j#复数型
x4=0xA0F#16 进制
x5=0o35    #8 进制
x6=2.8E+07
print(x1)
print(x2)
print(x3)
print(x4)
print(x5)
print(x6)
```

然后点击菜单栏中"Run-Run Module"，或者按"F5"键运行该程序，可以得到如图 5-14~图 5-15 所示结果。

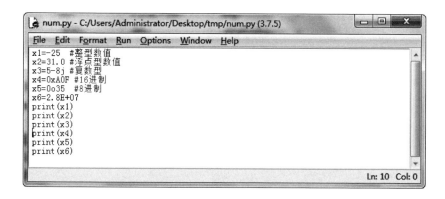

图 5-14 Python 的数值类型

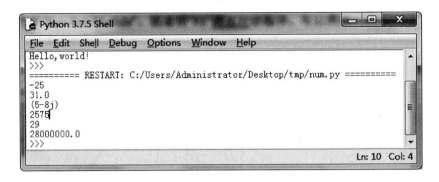

图 5-15　Python 数值类型代码的运行结果

有时，需要将不同的数值类型进行转换，这就需要用到转换函数。各种数值之间的转换如表 5-3 所示。

表 5-3　数值转换函数

转换函数	说明
Int（x）	将 x 转换为一个整数
float（x）	将 x 转换为一个浮点数
Complete（x）	将 x 转换为一个复数，其中 x 为实部，虚部为 0
Complete（x，y）	将 x 和 y 转换为一个复数，x 和 y 分别表示实部和虚部

2）字符串类型。字符串是 Python 编程语言中最常用的数据类型，可以使用单引号或双引号来创建字符串。这里需要注意的是，Python 不支持单字符类型，单字符在 Python 中也是作为一个字符串使用。

单击"开始"菜单，打开"Python 3.7.5 Shell"窗口，然后单击"File—New File"命令，新建一个文件，命名为"cha. py"，输入以下代码：

```
var1='Python Finance Trading'      #利用单引号给变量赋值
var2="This is Python 3.7.5"        #利用双引号给变量赋值
print(var1)                        #输出字符串
print(var2)
print(var2[0])                     #输出 var2 中的第 1 个字符
print(var1[1:3])                   #输出 var1 中的第 2 到 4 个字符
print(var1[1:])                    #输出第 2 个到最后所有字符
```

然后，点击菜单栏中的"Run—Run Module"命令，或者按"F5"执行运行命令，则可以得到运行结果，如图5-16所示。

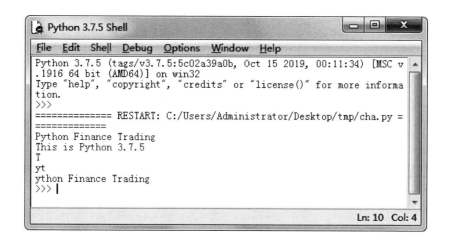

图5-16　字符串函数

如果在程序编写时需要输入特殊字符，就要使用转义字符"\"。具体使用规则如表5-4所示。

表5-4　Python 的转义字符

转义字符	描述
\（在行尾时）	续行符
\\	反斜杠符号
\'	单引号
\"	双引号
\a	响铃
\b	退格（Backspace）
\e	转义
\000	空
\n	换行
\v	纵向制表符
\t	横向制表符
\r	回车

转义字符	描述
\f	换页
\oyy	八进制数 yy 代表的字符,例如:\o12 代表换行
\xyy	十进制数 yy 代表的字符,例如:\x0a 代表换行
\other	其他的字符以普通格式输出

注:这里要注意,在 Python 字符串的使用规则中,关于字符串的格式化使用与 C 语言中的 sprint(SS)函数语法一样。

单击"开始"按钮,打开"Python 3. 7. 5 Shell"窗口,输入以下代码:

```
print("我叫 %s 今年 %d 岁!" %("李四",20))
```

则 Shell 窗口返回如图 5-17 所示结果。

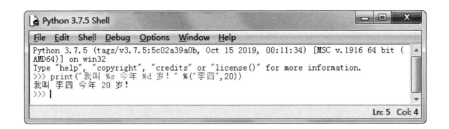

图 5-17 格式化字符串

如果要调用字符串,可以使用 input() 函数。在"Python 3. 7. 5 Shell"窗口中点击"File—New File",新建一个 Python 文件,命名为"input. py",输入代码如下:

```
x1=input("请输入你的名字:")
x2=input("请输入你的班级:")
print("我叫%s,在%d 班"%(x1,int(x2)))
```

这里要注意,input() 函数默认输入数据为字符串类型,在调用时需要使用 int() 函数进行转换。然后,在 Shell 窗口中点击"run"或按"F5",提示"请输入你的名字:",假设输入"李四",回车后出现下一步提示,"请输入你的班级:",输入"2021"后,回车运行结果见图 5-18。

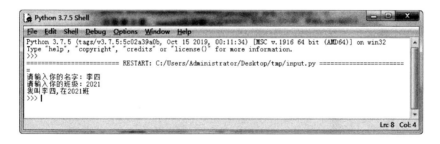

图 5-18　input 函数

Python 字符串的格式化具有特别的含义，有关格式化符号的含义见表 5-5。

表 5-5　格式化字符

符　号	描述
%c	格式化字符及其 ASCII 码
%s	格式化字符串
%d	格式化整数
%u	格式化无符号整型
%o	格式化无符号八进制数
%x	格式化无符号十六进制数
%X	格式化无符号十六进制数（大写）
%f	格式化浮点数字，可指定小数点后的精度
%e	用科学记数法格式化浮点数
%E	作用同%e，用科学记数法格式化浮点数
%g	%f 和%e 的简写
%G	%f 和%E 的简写
%p	用十六进制数格式化变量的地址

（2）Python 运算符。Python 中基本运算包括算术运算、赋值运算及位运算。

1）算术运算。Python 的算术运算形式有加、减、乘、除、取模、求余、取幂及取整除等，具体见表 5-6。

表5-6 算术运算符

运算符	描述	实例
+	加，两个对象相加	a+b 输出结果 30
−	减，得到负数或是一个数减去另一个数	a−b 输出结果−10
*	乘，两个数相乘或是返回一个被重复若干次的字符串	a * b 输出结果 200
/	除，x 除以 y	b/a 输出结果 2
%	取模，返回除法的余数	b%a 输出结果 0
**	幂，返回 x 的 y 次幂	a ** b 为 10 的 20 次方，输出结果 100000000000000000000
//	取整除，返回商的整数部分（向下取整）	>>>11//2 　　　　　　　　　　5 >>>−13//2 　　　　　　　　　−7

在 Shell 环境下，点击"File-New File"，命名为"calc. py"，输入代码如下：

```
a1 = 23
b1 = 45
c1 = 9
c1 = a1+b1
print("a1+b1 的值:",c1)
c = a1−b1
print("a1−b1 的值:",c1)
c1 = a1/b1
print("a1/b1 的值:",c1)
c1 = a1 * b1
print("a1 * b1 的值:",c1)
c1 = a1%b1
print("a%b 的值:",c1)
a1,b1 = 4,3
c1 = a1 ** b1
print("a1 ** b1 的值:",c1)
c1 = a1//b1
print("a1//b1 的值:",c1)
```

Shell 环境中，按"F5"或者点击"run"，得到运行结果见图5-19。

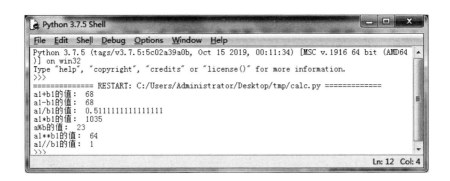

图5-19 Python 的算术运算

2）赋值运算。在 Python 中有一种特殊的运算，即赋值运算。需要连续进行赋值的时候，这种运算符就显得较为方便，具体赋值运算符见表5-7。

表5-7 赋值运算符

运算符	描述	实例
=	简单的赋值运算符	c=a+b 将 a+b 的运算结果赋值为 c
+=	加法赋值运算符	c+=a 等效于 c=c+a
-=	减法赋值运算符	c-=a 等效于 c=c-a
* =	乘法赋值运算符	c*=a 等效于 c=c*a
/ =	除法赋值运算符	c/=a 等效于 c=c/a
% =	取模赋值运算符	c%=a 等效于 c=c%a
** =	幂赋值运算符	c**=a 等效于 c=c**a
// =	取整除赋值运算符	c//=a 等效于 c=c//a

在 Shell 环境下，点击"File – New File"，命名为"value.py"，输入代码如下：

```
a1 = 2
b1 = 3
c1 = 4
c1 = a1 + b1
print("a1+b1:",c1)
c1 += a1
print("c1+=a1:",c1)
c1 * = a1
print("c1 * =a1:",c1)
c1/ = a1
print("c1/=a1:",c1)
c1 = 3
c1% = a1
print("c1%=a1:",c1)
c1 ** = a1
print("c1 ** =a1:",c1)
c1// = a1
print("c1//=a1:",c1)
```

Shell 环境中，按"F5"或者点击"run"，得到运行结果见图 5-20。

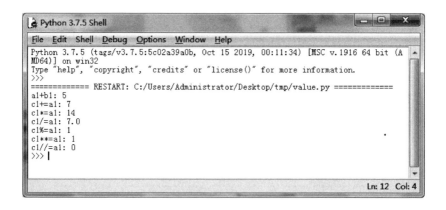

图 5-20　Python 赋值运算

3）位运算。位运算是把数字看作二进制进行计算，具体位运算符使用，见表 5-8。

表 5-8　位运算

运算符	描述	实例
&	按位与运算符：参与运算的两个值，如果两个相应位都为 1，则该位的结果为 1，否则为 0	（a & b）输出结果 12，二进制解释：0000 1100
|	按位或运算符：只要对应的两个二进位有一个为 1 时，结果位就为 1	（a | b）输出结果 61，二进制解释：0011 1101
^	按位异或运算符：当两个对应的二进位相异时，结果为 1	（a^b）输出结果 49，二进制解释：0011 0001
~	按位取反运算符：对数据的每个二进制位取反，即把 1 变为 0，把 0 变为 1。~x 类似于-x-1	（~a）输出结果-61，二进制解释：1100 0011，在一个有符号二进制数的补码形式
<<	左移动运算符：把<<右边的运算数的各二进位全部左移若干位，由<<右边的数字指定移动的位数，高位丢弃，低位补 0	a<<2 输出结果 240，二进制解释：1111 0000
>>	右移动运算符：把>>左边的运算数的各二进位全部右移若干位，由>>右边的数字指定移动的位数	a>>2 输出结果 15，二进制解释：0000 1111

在 Shell 环境下，点击 "File-New File"，命名为 "positon. py"，输入代码如下：

```
a=60            #60=0011 1100
b=13            #13=0000 1101
c=0
c=a & b;        #12=0000 1100
print("a & b 的值为:",c)

c=a|b;          #61=0011 1101
print("a|b 的值为:",c)
c=a^b;          #49=0011 0001
print("a^b 的值为:",c)
c=~a;           #-61=1100 0011
print("~a 的值为:",c)
c=a<<2;         #240=1111 0000
print("a<<2 的值为:",c)
c=a>>2;         #15=0000 1111
print("a>>2 的值为:",c)
```

在 Shell 环境下，按 "F5" 或者点击 "run"，运行结果见图 5-21。

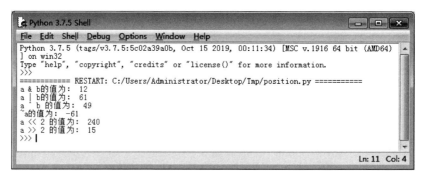

图 5-21　位运算符

（3）Python 变量与赋值。Python 环境下，给变量命名应该遵守如表 5-9 所示规则。

表 5-9　Python 变量命名规则

序号	规则要求
1	变量名通常由字母、数字、下划线组成
2	数字不能作为变量名开头
3	不能以 Python 中的关键字命名
4	变量名要区分大小写

其中，Python 的关键字即系统保留字（见图 5-22），在 Python 环境中，可以通过命令调出全部系统关键字，以避免编程中调用此类变量。在 Python 环境中输入命令如下：

```
import keyword
keyword. kwlist
```

图 5-22　系统保留字

Python 中的每个变量在使用前必须先赋值，这样才会创建该变量。Python 中的变量类型是指内存中对象的类型，并非变量。一般利用等号"＝"给变量赋值，左边为变量名，右边为变量值。在 Shell 环境中输入以下命令：

```
number＝99#整型变量
miles＝999. 00#浮点型变量
length＝"98 cm"#字符串
```

输入后可以查看该数据类型，在 Shell 中逐行输入以下命令后回车：

type(number)

type(miles)

type(length)

Shell 环境下，系统反馈见图 5-23。

图 5-23　type 函数

另外，Python 可以为多个变量赋值，比如：

v1 = v2 = v3 = 99

这段代码表示，将变量 v1、v2、v3 都赋值为 99。同时，Python 可以为多个变量分别赋值，比如：

v1,v2,v3 = 0,1,2

运行结果见图 5-24。

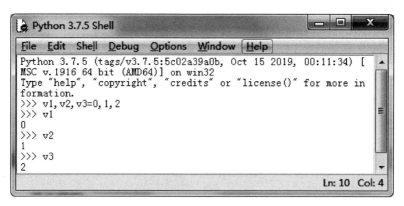

图 5-24　分别赋值

（4）Python 语法规则。

1）Python 代码与格式。Python 语言编码格式简洁，在编码规则上以缩进为主要特征。Python 一行可以编写多句代码，比如：

a=11;b=22;c=33;print(a,b,c)

运行结果见图 5-25。

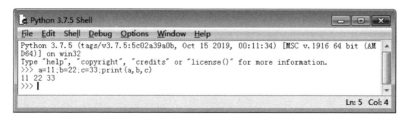

图 5-25　一行编写多句代码

Python 编码规则中缩进最具特色，以缩进来表示不同层级的代码块。在编写时不需要使用大括号"｛｝"。缩进的空格数可以适当变化，但是同一级别的代码块，必须包含相同的缩进空格数。举例如下：

```
if True:
    print("状态为 True")
else:
    print("状态为 False")
```

如果同级代码块缩进不同，则会报错或给出错误结算结果。

2）注释。Python 中的注释有单行注释和多行注释，单行注释以#开头，例如：

```
print("Hello,World!")#这是一个注释
```

另外，Python 中还可以有多行注释，可以使用#号，也可以使用""" 或者'''，可输入代码如下：

```
'''
这是多行注释，用三个单引号
这是多行注释，用三个单引号
这是多行注释，用三个单引号
'''
print("Hello,World!")
"""
这是多行注释，用三个单引号
这是多行注释，用三个单引号
这是多行注释，用三个单引号
"""
```

另外，Python 中允许空行，空行也是代码的一部分。虽然，空行有无对运行结果没有影响，但是在不同的类或函数代码段之间，用空行隔开可以增强可读性。

3）Python 帮助系统。要想深入学习 Python，其帮助系统是一个强力的工具。在 Python 中，可以通过三种方式学习：

第一，通过 help( ) 函数。help 函数是 Python 的一个内置函数。函数原型为 help([object])，可以帮助我们了解该对象的更多信息，具体可参考图 5-26。

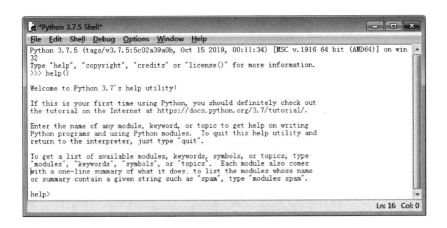

图 5-26　help（）函数

比如,以 abs () 函数为例,如果我们想进一步了解这个函数,在 Shell 环境中输入以下命令并回车,运行结果如下:

```
Python 3.7.5 (tags/v3.7.5:5c02a39a0b, Oct 15 2019, 00:11:34) [MSC v.1916 64 bit (AMD64)] on win32
Type "help", "copyright", "credits" or "license()" for more information.
>>> help(abs)
Help on built-in function abs in module builtins:
abs(x, /)
    Return the absolute value of the argument.
```

第二,通过 dir () 函数。dir 函数是 Python 的一个内置函数。函数原型为 dir (〔object〕),可以帮助我们获取该对象的大部分相关属性。以 print 函数为例,运行结果如下:

```
>>> dir(print)
['__call__', '__class__', '__delattr__', '__dir__', '__doc__', '__eq__', '__format__', '__ge__', '__getattribute__', '__gt__', '__hash__', '__init__', '__init_subclass__', '__le__', '__lt__', '__module__', '__name__', '__ne__', '__new__', '__qualname__', '__reduce__', '__reduce_ex__', '__repr__', '__self__', '__setattr__', '__sizeof__', '__str__', '__subclasshook__', '__text_signature__']
>>>
```

第三,通过__doc__方法。在 Python 中有一个对有关模块、类或者函数、方法等添加说明的文档,又称为 DocStrings。该文档内容,可以使用 print 函数输出。该文档自带的标准方法就是__doc__,前后各两个下划线。比如,以 time 扩展库为例,如图 5-27 所示。

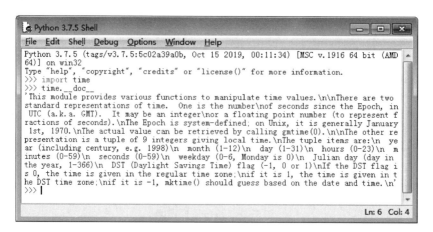

图 5-27 __doc__方法

（5）Python 扩展库。Python 广受人们喜爱的一个原因是其强大的扩展库功能，该扩展库由全球 Python 编程爱好者及 Python 社区贡献而成。这一功能由 Python 的软件库开源工程发展而来，主要通过 PyPI 分发。开发者可以充分利用此前已有的开发成果，进行深入开发，不必再浪费人力和物力，大大提高了开发效率。有许多术语来描述 PyPI 上可用的软件，如"项目""发布""文件"和"包"等，本书统一称为"扩展库"。PyPI 上的"项目"是发布和文件的集合的名称以及有关它们的信息。该项目由 Python 社区的其他成员创建和共享，以便其他开发者使用。PyPI 上的"发布"是指项目的特定版本。例如：requests 项目有许多版本，如"requests 2.10"和"requests 1.2.1"版本，由一个或多个"文件"组成。PyPI 上的"文件"，也称为"包"，可以下载并安装。由于硬件、操作系统和文件格式不同，一个版本可能有多个文件（包），如包含源代码的归档文件或二进制文件轮。

以 numpy 扩展库为例，在电脑网络可用的情况下，点击"开始"，输入"cmd"，启动 CMD 命令窗口，输入命令如下：

pip install numpy

这样，系统会自动链接 pip 源下载 numpy 扩展包。

如果下载速度较慢，有多种方式可以供开发者进行个性化安装，比如，本地安装、网络安装等等。一种比较简单的方式是更换 pip 安装镜像网站，比如，在中国大陆，有多个镜像源可供使用：

阿里云：https：//mirrors. aliyun. com/pypi/simple/

豆瓣：https：//pypi. douban. com/simple/

清华大学：https：//pypi. tuna. tsinghua. edu. cn/simple/

中国科学技术大学：http：//pypi. mirrors. ustc. edu. cn/simple/

比如，开发者可以在 CMD 命令窗口输入以下命令（见图 5-28）：

pip config set global. index-url https://pypi. tuna. tsinghua. edu. cn/simple

图 5-28　更换 pip 源

此外，Python 量化交易中经常需要用到一些必备的扩展库。除了 NumPy 库以外，还有 pandas。开发者可以参考上述步骤，在 Shell 环境下输入以下命令：

```
pip install pandas
```

在具体使用过程中，还需要根据情况安装其他扩展库，安装方式可以参考 Python 帮助或者上述安装流程。

三、Python 流程控制

Python 的流程控制主要涉及四类流程，即顺序、条件、循环、中断。一是顺序类，是电脑执行程序的默认流程。二是条件类，主要由 if 语句构成。三是循环类，主要由 while 语句和 for 语句构成。第四是中断类，主要由 break 语句、continue 语句和 pass 语句构成。具体示意图如图 5-29 所示。

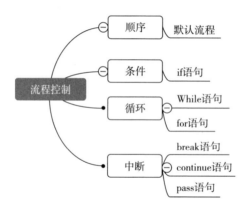

图 5-29 Python 流程控制

1. 条件语句

要进行条件判断，首先要熟悉一下关系运算符和逻辑运算符。

（1）关系运算符及逻辑运算符。Python 中关系运算符共有 6 种，有关描述及实例见表 5-10。

表 5-10 关系运算符

运算符	描述	实例（a=1，b=2）
==	等于：比较对象是否相等	(a==b) 返回 False
!=	不等于：比较两个对象是否不等	(a! =b) 返回 True

续表

运算符	描述	实例（a=1，b=2）
>	大于：返回 x 是否大于 y	（a>b）返回 False
<	小于：返回 x 是否小于 y	（a<b）返回 True
>=	大于等于：返回 x 是否大于等于 y	（a>=b）返回 False
<=	小于等于：返回 x 是否小于等于 y	（a<=b）返回 True

注：所有比较运算符返回 1 表示真，返回 0 表示假。这分别与特殊的变量 True 和 False 等价。这些变量名的首字母大写。

Python 环境中有 3 个逻辑运算符，即 and、or、not。具体如表格 5-11 所示。

表 5-11　Python 逻辑运算符

运算符	逻辑表达式	描述	实例
and	x and y	布尔"与"：如果 x 为 False，x and y 返回 x 的值，否则返回 y 的计算值	（a and b）返回 20
or	x or y	布尔"或"：如果 x 是 True，它返回 x 的值，否则它返回 y 的计算值	（a or b）返回 10
not	not x	布尔"非"：如果 x 为 True，返回 False。如果 x 为 False，它返回 True	not（a and b）返回 False

（2）if 语句。

1）关系及逻辑运算。点击菜单"开始"按钮，打开"Python 3.7.5 Shell"界面，点击"File—New File"命令，命名为"if. py"。输入命令如下：

```
a=18
b=5
c=0
if(a==b):
    print("1. a 等于 b")
else:
    print("1. a 不等于 b")
if(a! =b):
    print("2. a 不等于 b")
else:
```

```
    print("2. a 等于 b")
if(a<b):
    print("3. a 小于 b")
else:
    print("3. a 大于等于 b")
if(a>b):
    print("4. a 大于 b")
else:
    print("4. a 小于等于 b")
#修改变量 a 和 b 的值
a=9
b=15
if(a<=b):
    print("5. a 小于等于 b")
else:
    print("5. a 大于 b")
if(b>=a):
    print("6. b 大于等于 a")
else:
    print("6. b 小于 a")
```

按"F5"或者点击"run"，得到运行结果如图 5-30 所示。

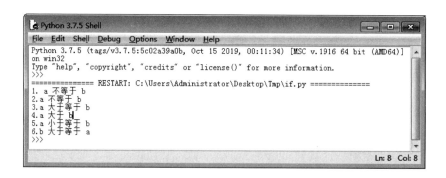

图 5-30 关系比较

下面我们来验证一下 Python 的逻辑运算。点击菜单"开始"按钮，打开"Python 3. 7. 5 Shell"界面，点击"File—New File"命令，命名为"logic. py"。输入命令如下：

```
a=1
b=2
if(a and b):
    print("1.变量 a 和 b 都为 true")
else:
    print("1.变量 a 和 b 有一个不为 true")
if(a or b):
    print("2.变量 a 和 b 都为 true,或其中一个变量为 true")
else:
    print("2.变量 a 和 b 都不为 true")
#修改变量 a 的值
a=0
if(a and b):
    print("3.变量 a 和 b 都为 true")
else:
    print("3.变量 a 和 b 有一个不为 true")
if(a or b):
    print("4.变量 a 和 b 都为 true,或其中一个变量为 true")
else:
    print("4.变量 a 和 b 都不为 true")
if not(a and b):
    print("5.变量 a 和 b 都为 false,或其中一个变量为 false")
else:
    print("5.变量 a 和 b 都为 true")
```

按"F5"或者点击"run",得到运行结果如图 5-31 所示。

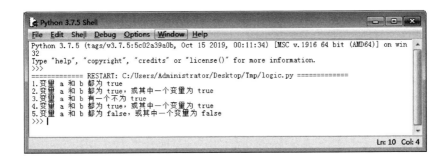

图 5-31 逻辑运算

2）if 语句。在 Python 中，条件语句 if 表达结构如下：

```
if 表达式 1：
    代码 1
elif 表达式 2：
    代码 2
else：
    代码 3
```

如果第一个条件为真，则执行代码 1；如果表达式 2 为真，则执行代码 2；如果两者都不是，则执行代码 3。

Python 的 if 条件使用注意事项有 3 个，具体见图 5-32。

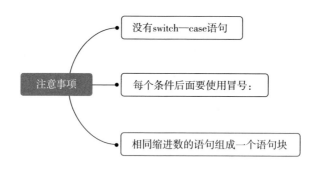

图 5-32 if 条件语句注意事项

2. 循环语句

循环语句是 Python 编程语言中的一种控制结构，它在特定条件下重复执行一段代码，直到条件不再满足为止。

Python 提供了两种主要的循环语句：for 循环和 while 循环。for 循环基于迭代对象的特性，通过迭代序列（如列表、元组、字符串等）或可迭代对象（例如range（）函数生成的序列）中的每个元素来进行重复操作。在每次循环迭代中，for循环依次将序列中的元素赋值给一个临时变量，然后执行相应的代码块。示例如下：

```python
# for 循环示例
fruits = ["apple", "banana", "cherry"]
for fruit in fruits：
    print(fruit)
```

上述代码中，for 循环迭代遍历了列表 fruits 中的每个元素，并将当前元素赋值给变量 fruit，然后打印该元素。

while 循环则通过判断一个给定的条件表达式的真假来确定是否执行代码块。在每次循环迭代开始时，会首先评估给定的条件表达式。如果条件为真，循环体内的代码块将会执行，然后再次检查条件。只要条件保持为真，循环会持续执行。示例如下：

```python
#while 循环示例
count = 0
while count<5:
    print(count)
    count+=1
```

在上述示例中，while 循环通过判断计数器 count 是否小于 5 来控制循环的执行。当计数器小于 5 时，打印计数器的值并将其递增，然后再次检查条件。只要条件满足，循环将一直继续。两种循环语句还支持类似于' break '和 continue 的控制语句。break 语句用于立即终止当前循环，并跳转到循环之后的下一条语句。continue 语句用于跳过当前迭代周期的剩余代码，直接进入下一次迭代。这些控制语句提供了灵活性，用于在循环执行过程中控制流程。

综上所述，Python 的循环语句根据一定的条件进行迭代执行，提供了对迭代序列和条件的灵活控制，同时还支持控制语句来调整循环执行的行为。这使程序能够有效地执行迭代操作，并解决各种复杂的迭代需求。

3. 中断语句

在 Python 中，中断语句是一种控制流语句，用于在特定条件下终止循环或程序的执行。Python 提供了两种常见的中断语句：break 和 continue。

break 语句用于立即中断当前所在的循环，并执行循环之后的下一行代码。通常，break 语句与条件语句结合使用，一旦满足某个条件，程序将跳出当前循环，不再执行后续迭代。这对于在循环遍历中寻找特定元素或达到特定条件时提前跳出循环非常有用。下面是一个示例代码：

```python
#使用 break 语句在循环中查找特定元素
numbers=[1,2,3,4,5,6,7,8,9,10]
target=6


for number in numbers：
    if number==target：
        print("找到了目标元素：",number)
        break
else：
    print("未找到目标元素")
```

在上述代码中，循环遍历列表 numbers 中的每个元素，如果当前元素与目标值 target 匹配，则打印相应的消息并立即跳出循环。如果循环未被中断（即没有找到目标元素），则会执行 else 语句块中的代码。

相比之下，continue 语句用于跳过当前迭代周期中剩余的代码，直接开始下一次迭代。一旦遇到 continue 语句，程序将在此处中止当前迭代，然后返回到循环条件进行下一次迭代。这对于在循环中跳过某些不符合条件的特定迭代步骤非常有用。下面是一个示例代码：

```python
#使用 continue 语句跳过特定迭代步骤
numbers=[1,2,3,4,5,6,7,8,9,10]


for number in numbers：
    if number%2==0：
        continue
    print("奇数：",number)
```

在上述代码中，循环遍历列表 numbers 中的每个元素，如果当前元素为偶数，则遇到 continue 语句，会直接跳过打印奇数的代码，转而进行下一次迭代。

总而言之，Python 中的中断语句（如 break 和 continue）提供了在特定条件下中止循环或跳过特定迭代步骤的功能。这些中断语句使程序具备了更高的灵活性和控制能力，可以根据需要控制循环的执行，提高代码的效率和可读性。

4. 数据结构

为了方便后续数据分析和研究，建议投资者将数据存放于专业的数据库中。在入门阶段，投资者可以暂不安装和配置数据库软件。但是，要想对交易合约和品种进行长期的研究，建立独立完善的投资研发和操作框架，一个优秀的数据库软件是必不可少的。

目前，国内外盛行的数据库软件有 MSSQL、MySQL、Oracle、PostgreSQL、MongoDB 等。对于数据量比较少的测试和模拟验证分析，投资者选择 Microsoft Access 数据库、CSV 格式或 Excel 表格均可以实现数据存储及模拟流程。本书以 MySQL 为例，对数据进行专业的分析和管理。

第三节 量化交易编程

在 Python 编译器安装完成以后，就可以开发 Python 程序了。点击桌面左下角"开始"—"所有程序"菜单，点击"Python3.7"就可以看到 Python 安装的默认开发环境 IDLE（Python 3.7 64-bit），如图 5-33 所示。

图 5-33 Python 的 IDLE 环境

此时，点击 IDLE，进入 Python 3.7.5 开发环境（见图 5-34）。

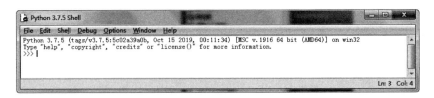

图 5-34　Python 3.7.5 编译器

一、第一个 Python 程序

进入 IDLE 开发环境以后，在 Python 3.7.5 Shell 中输入以下命令（见图 5-35）：

print("Hello,World!")

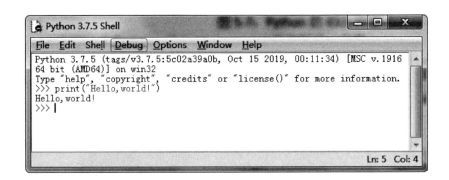

图 5-35　第一个 Python 程序

这样就完成了对第一个 Python 程序的编写。

对于量化交易，如果按照采取策略多少的种类划分，可以分为单策略量化和多策略量化交易；按照量化交易的主动与否，可以分为被动式量化交易和主动式量化交易；按照交易的属性，可以分为投机型交易和套利型交易；按照量化模型分析的视角不同，可以分为基本面量化、技术面量化、因子量化、涨跌量化等多种类型。本书着重对基本面策略、技术指标策略、多因子策略以及神经网络算法策略进行演示。

二、量化模型构建

基于投资者不同的投资策略，可以构建多种的量化交易模型。本节内容在举例时，主要以 Backtrader 为例进行讲解。

1. 基本面量化策略

下面是使用 Backtrader 库实现对黄金价格基本面数据进行分析的程序示例，同时结合同期利率 LIBOR、非农就业人口和美元指数数据：

```python
import backtrader as bt
from datetime import datetime

class GoldStrategy(bt.Strategy):
    params = (
        ('lookback_period', 10),
        ('target_return', 0.05),
    )

    def __init__(self):
        self.dataclose = self.datas[0].close
        self.libor = self.datas[1]
        self.nonfarm_payrolls = self.datas[2]
        self.us_dollar_index = self.datas[3]

        self.order = None
        self.buy_price = None
        self.target_price = None

    def next(self):
        # 获取当前的黄金价格、LIBOR 利率、非农就业人口和美元指数
        gold_price = self.dataclose[0]
        libor_rate = self.libor.close[0]
        nonfarm_payrolls = self.nonfarm_payrolls.close[0]
        us_dollar_index = self.us_dollar_index.close[0]

        # 选择策略逻辑,当黄金价格上涨且 LIBOR 利率、非农就业人口、美元指数均满足条件时执行买入订单
        if self.order is None:
            if gold_price > self.dataclose[-1] and libor_rate > 0.02 and nonfarm_payrolls > 100000 and us_dollar_index > self.us_dollar_index[-1]:
                self.target_price = gold_price * (1 + self.params.target_return)
                self.order = self.buy()
```

```
        # 当达到目标价格时执行卖出订单
        elif self. order is not None and gold_price >= self. target_price：
            self. order = self. sell( )
            self. order = None


if __name__ == '__main__'：
    cerebro = bt. Cerebro( )

    # 加载黄金价格数据
    gold_data = bt. feeds. YahooFinanceData( dataname =' XAUUSD = X ', fromdate = datetime
( 2022，1，1)，todate=datetime( 2023，1，1) )
    cerebro. adddata( gold_data)

    # 加载同期 LIBOR 利率数据
    libor_data = bt. feeds. YahooFinanceData( dataname =' GBPUSD = X ', fromdate = datetime
( 2022，1，1)，todate=datetime( 2023，1，1) )
    cerebro. adddata( libor_data)

    # 加载非农就业人口数据
    nonfarm_payrolls_data = bt. feeds. YahooFinanceData( dataname =' USDEX = T ', fromdate = da-
tetime( 2022，1，1)，todate=datetime( 2023，1，1) )
    cerebro. adddata( nonfarm_payrolls_data)
    # 加载美元指数数据
    us_dollar_index_data = bt. feeds. YahooFinanceData( dataname =' DX-Y. NYB ', fromdate = da-
tetime( 2022，1，1)，todate=datetime( 2023，1，1) )
    cerebro. adddata( us_dollar_index_data)
    cerebro. addstrategy( GoldStrategy)


    cerebro. run( )
    # 获取回测分析指标
    analyzer = bt. analyzers. SharpeRatio
    sharpe_ratio = analyzer. get_analysis( ) [' sharperatio ']
    drawdown_info = cerebro. broker. getdrawdowninfo( )
    max_drawdown = max( drawdown_info[ " drawdown" ] )
    # 输出回测指标结果
    print( f" 夏普比率：{ sharpe_ratio：. 2f} " )
```

```
print(f"最大回撤率：|max_drawdown:.2%|")
# 其他回测分析指标可以根据需要添加相应的分析器并获取结果
cerebro.plot()
'''
```

上述代码中，我们定义了一个名为"GoldStrategy"的策略类，其中设置了两个参数：lookback_ period 表示回溯期长度，target_ return 表示目标收益率。在"next"方法中，我们获取当前的黄金价格、LIBOR 利率、非农就业人口和美元指数，并通过一系列条件判断确定买入和卖出时机。在主程序中，我们创建了 Cerebro 对象，并分别加载了黄金价格、LIBOR 利率、非农就业人口和美元指数的数据。通过"cerebro.adddata（）"将数据添加到策略执行器中，并使用"cerebro.addstrategy（）"添加我们定义的策略类。执行回测后，我们可以使用相应的分析器进行回测指标分析。在示例中，我们使用了夏普比率分析器来计算夏普比率，并使用"getdrawdowninfo（）"方法获取最大回撤率。根据需要，可以添加其他分析器来计算更多回测指标。最后，通过"cerebro.plot（）"可视化策略执行结果。请注意，你需要安装 Backtrader 库并提供相应的黄金价格、LIBOR 利率、非农就业人口和美元指数的数据文件来运行该程序。并且需要根据具体需求调整策略逻辑和设置相应的回测分析器。

2. 技术指标策略

下面是一个使用布林带指标构建的黄金投资量化交易策略的示例代码，同时对策略进行了基本的回测和指标评估：

```python
import backtrader as bt
from datetime import datetime

class GoldStrategy(bt.Strategy):
    params = (
        ('period', 20),    # 布林带计算周期
        ('devfactor', 2.0)   # 布林带标准差倍数
    )

    def __init__(self):
        self.dataclose = self.datas[0].close
        self.order = None
        self.buy_price = None
```

```
        self. buy_comm = None
        self. bb_upper = bt. indicators. BollingerBands(period = self. p. period, devfactor = self. p.
devfactor). top
        self. bb_lower = bt. indicators. BollingerBands(period = self. p. period, devfactor = self. p.
devfactor). bottom

    def next(self):
        if self. order:
            return

        if not self. position:

            if self. dataclose < self. bb_lower:
                self. order = self. buy()
                self. buy_price = self. dataclose[0]
                self. buy_comm = self. calculate_commission()

        else:
            if self. dataclose > self. bb_upper:
                self. order = self. sell()


    def calculate_commission(self):
        # 在此处实现你的交易手续费计算逻辑
        return 0. 0
if __name__ == '__main__':
    cerebro = bt. Cerebro()

    data = bt. feeds. YahooFinanceData(dataname = 'XAUUSD = X', fromdate = datetime(2018, 1,
1),
                                      todate = datetime(2023, 1, 1))
    cerebro. adddata(data)
    cerebro. addstrategy(GoldStrategy)
    cerebro. run()
    cerebro. plot()
"""
```

在上述代码中，我们定义了一个名为"GoldStrategy"的策略类，该策略基于布林带指标进行黄金投资的交易决策。在"＿init＿"方法中，我们初始化了布林带指标的计算周期和标准差倍数，并创建了相应的布林带指标。在"next"方法中，我们首先进行交易信号的判断。如果当前黄金价格低于布林带的下轨（"bb_ lower"），则执行买入操作；如果当前黄金价格高于布林带的上轨（"bb_upper"），则执行卖出操作。其中，我们使用"self. order"来记录交易指令，以避免重复操作。当触发买入或卖出条件后，我们分别调用"self. buy（）"和"self. sell（）"执行对应的交易指令。在"calculate_ commission"方法中，你可以自行实现交易手续费的计算逻辑。最后，通过"cerebro. run（）"来运行策略，并使用"cerebro. plot（）"可视化策略的执行结果。你可以根据自己的需求和调整策略参数进行进一步的优化和测试。此外，你也可以使用"cerebro. addanalyzer（）"方法添加一些内置分析器（如"bt. analyzers. Returns""bt. analyzers. DrawDown"和"bt. analyzers. SharpeRatio"等），以评估策略的收益率、最大回撤率和夏普比率等指标。

3. 多因子量化策略

下面是一个使用 Backtrader 库实现对黄金价格基本面数据进行分析的小程序，其中利用了原油价格和美元指数数据来测试黄金价格的涨跌：

```python
''' python
import backtrader as bt
from datetime import datetime
class GoldStrategy( bt. Strategy) :
    def __init__( self) :
        self. dataclose = self. datas[ 0]. close
        self. crude_oil = self. datas[ 1]
        self. us_dollar_index = self. datas[ 2]
    def next( self) :
        # 获取黄金、原油和美元指数的当前价格
        gold_price = self. dataclose[ 0]
        crude_oil_price = self. crude_oil. close[ 0]
        us_dollar_index = self. us_dollar_index. close[ 0]

        # 在此处实现你的策略逻辑
        # 判断黄金价格的涨跌
        if gold_price > self. dataclose[ -1] :
            print( "黄金价格上涨")
        elif gold_price < self. dataclose[ -1] :
```

```
                print("黄金价格下跌")

        # 判断原油价格的涨跌
        if crude_oil_price > self. crude_oil. close[-1]:
                print("原油价格上涨")
        elif crude_oil_price < self. crude_oil. close[-1]:
                print("原油价格下跌")
        # 判断美元指数的涨跌
        if us_dollar_index > self. us_dollar_index. close[-1]:
                print("美元指数上涨")
        elif us_dollar_index < self. us_dollar_index. close[-1]:
                print("美元指数下跌")
if __name__ == '__main__':
    cerebro = bt. Cerebro()


    # 加载黄金价格数据
    gold_data = bt. feeds. YahooFinanceData(dataname='XAUUSD=X', fromdate=datetime
(2022, 1, 1), todate=datetime(2023, 1, 1))
    cerebro. adddata(gold_data)
    # 加载原油价格数据
    crude_oil_data = bt. feeds. YahooFinanceData(dataname='CL=F', fromdate=datetime(2022,
1, 1), todate=datetime(2023, 1, 1))
    cerebro. adddata(crude_oil_data)
    # 加载美元指数数据
    us_dollar_index_data = bt. feeds. YahooFinanceData(dataname='DX-Y. NYB', fromdate=da-
tetime(2022, 1, 1), todate=datetime(2023, 1, 1))
    cerebro. adddata(us_dollar_index_data)
    cerebro. addstrategy(GoldStrategy)
    cerebro. run()
"""
```

上述代码中，我们定义了一个名为"GoldStrategy"的策略类。在"_init_"方法中，我们将黄金、原油和美元指数的数据分别保存为成员变量。在"next"方法中，我们获取当前的黄金价格、原油价格和美元指数，并判断它们的涨跌情况。在main函数中，我们创建了Cerebro对象，并分别加载了黄金价格、原油价格和美元指数的数据。通过"cerebro. adddata()"将数据添加到策略执行器中，并使用"cerebro. addstrategy()"添加我们定义的策略类。最后，通过

"cerebro. run（）"执行策略。在 next 方法中，我们使用打印语句输出黄金价格、原油价格和美元指数的涨跌情况。请注意，你需要安装 Backtrader 库并提供相应的黄金价格、原油价格和美元指数的数据文件来运行该程序。另外，上述代码只是一个示例，你可以根据自己的需求和策略思路在 next 方法中实现更复杂的策略逻辑。

4. 神经网络算法

Backtrader 可以与神经网络算法相结合。通过自定义策略类和指标，可以使用神经网络算法来判断市场趋势并进行交易决策。以下是一个示例，展示如何将神经网络算法用于判断黄金价格的涨跌，并回测策略：

```python
''' python
import backtrader as bt
import numpy as np
from sklearn. neural_network import MLPClassifier
from datetime import datetime

class GoldStrategy( bt. SignalStrategy)：
    def __init__( self)：
        self. dataclose = self. datas[0]. close

        # 加载非农就业、美元指数和美联储利率数据
        self. nonfarm_data = self. datas[1]
        self. us_dollar_index_data = self. datas[2]
        self. fed_funds_rate_data = self. datas[3]

        # 初始化神经网络分类器
        self. model = MLPClassifier( hidden_layer_sizes=（10，10）, activation='relu', random_
state=1)

    def next( self)：
        # 获取非农就业、美元指数和美联储利率数据
        nonfarm_value = self. nonfarm_data[0]

        dollar_index_value = self. us_dollar_index_data[0]

        fed_funds_rate_value = self. fed_funds_rate_data[0]

        # 在此处进行特征工程,以及神经网络算法的数据预处理
```

```python
        # 根据特征数据生成训练集,这里为了简化示例,假设使用简单的均值进行判断
        features = [nonfarm_value, dollar_index_value, fed_funds_rate_value]
        features_mean = np.mean(features)

        # 根据神经网络模型进行涨跌预测
        prediction = self.model.predict([[features_mean]])

        # 根据预测结果进行交易决策
        if prediction == 1:
            self.buy()
        elif prediction == -1:
            self.sell()

if __name__ == '__main__':
    cerebro = bt.Cerebro()

    # 加载黄金价格数据
    gold_data = bt.feeds.YahooFinanceData(dataname='XAUUSD=X', fromdate=datetime
(2022, 1, 1), todate=datetime(2023, 1, 1))
    cerebro.adddata(gold_data)

    # 加载非农就业数据
    nonfarm_data = bt.feeds.YahooFinanceData(dataname='NFP', fromdate=datetime(2022, 1,
1), todate=datetime(2023, 1, 1))
    cerebro.adddata(nonfarm_data)

    # 加载美元指数数据
    dollar_index_data = bt.feeds.YahooFinanceData(dataname='DX-Y.NYB', fromdate=date-
time(2022, 1, 1), todate=datetime(2023, 1, 1))
    cerebro.adddata(dollar_index_data)

    # 加载美联储利率数据
    fed_funds_rate_data = bt.feeds.YahooFinanceData(dataname='FEDFUNDS', fromdate=date-
time(2022, 1, 1), todate=datetime(2023, 1, 1))
    cerebro.adddata(fed_funds_rate_data)
    cerebro.addstrategy(GoldStrategy)
```

```
cerebro. run( )
cerebro. plot( )
"""
```

上述代码中，我们自定义了一个名为"GoldStrategy"的策略类，它继承自
"bt. SignalStrategy"。在 next 方法中，我们获取非农就业、美元指数和美联储利率
数据，并对数据进行预处理和特征工程。然后，我们使用神经网络模型进行涨跌
预测，并根据预测结果执行相应的交易决策。在 main 函数中，我们加载了黄金
价格、非农就业、美元指数和美联储利率数据，并将它们添加到策略执行器中。
然后，我们执行策略，并使用"cerebro. plot （ ）"进行结果可视化。请注意，
上述代码只是一个示例，使用了简化的特征工程和神经网络预测模型。在实际应
用中，你可以根据需求对特征工程和模型训练进行更详细和复杂的处理。此外，
回测指标的选择取决于具体的量化策略，你可以根据自己的需求来选择合适的回
测指标，如夏普比率、最大回撤等。

三、量化回测指标

量化回测框架主要包括两个方面：一是对收益的评估，二是对风险的评估。
量化回测指标有多个，诸如超额收益指标 α、系统性风险指标 β、风险收益指标
Sharpe Ratio、下行风险收益指标 Sortino Ratio、收益波动率比率 Volatility、最大回
撤指标 Max Drawdown 等众多指标。本书中主要介绍以下有代表性的几种指标。

1. 超额收益指标 α

在量化交易中，我们需要对风险进行衡量。一种比较公认的分类就是系统性
风险（β）与非系统性风险（α）。从投资的角度，风险与收益是同理的，因而我
们可以用收益来衡量承担的风险。资本资产定价模型（CAPM），就是基于这一
思路提出的。如果投资者获得的收益 12%，超出了其应有的收益率 10%，则认为
其 α 值就是 2%。

其计算公式见式（5-1）：

$$\alpha = R_p - [R_f + \beta_p(R_m - R_f)] \tag{5-1}$$

其中，R_p 表示投资组合的年化收益率；R_m 代表市场年化收益率；R_f 代表无
风险收益率，即银行基准利率。β_p 表示投资组合的 β 值，一般由历史数据回归
拟合得出。该指标通常用来分析一个投资组合应该有的收益，如果其 α 值过低，
则该策略的投资价值与风险不相匹配，应该予以放弃。

2. 系统性风险指标 β

投资组合与市场指数之间的相关关系，投资者可以用 β 系数来表示。β 大于

1，则说明如果市场指数上涨或下跌1%，则投资组合相应上涨或下跌的幅度大于1%，涨跌方向则取决于β，其计算公式见式（5-2）：

$$\beta = \frac{Cov(D_p, D_m)}{Var(D_m)} \tag{5-2}$$

其中，D_p表示投资组合日收益，D_m表示市场日收益，$Var(D_m)$表示市场日收益率的方差。$Cov(D_p, D_m)$则表示投资组合收益与市场收益之间的协方差。β指标数值越大，说明该投资组合对市场收益率反应越密切。如果β<0，则表明投资组合收益波动方向与市场组合（比如，某板块指数或市场指数）相反；反之，如果β>0，则表明投资组合收益波动方向与市场组合相同。在市场指数出现较大波动的情况下，β指数作为反映投资组合对系统性风险敏感程度的指标，具有重要的参考价值。如果β=0，或接近于0，则说明该投资组合与市场指数波动相关性很小，几乎可以忽略不计。

3. 风险收益指标夏普比率（Sharpe Ratio）

夏普比率是指在承担单位超额风险下带来超额收益的多少。该指标由诺贝尔奖获得者Sharpe提出，广泛应用在金融行业中。在该指标设计中，超额风险是相对于无风险利率而言的，是指投资组合收益超出无风险收益（利率）的部分。

其计算公式见式（5-3）：

$$Sharpe = \frac{R_p - R_f}{\sigma_p} \tag{5-3}$$

其中，R_p表示投资组合收益，R_f表示无风险收益，σ_p表示投资组合收益的标准差。如果该指标数值>1，则说明该投资组合具有超额收益。反之，如果该指标<1，说明该投资组合不具有超额收益，投资价值相对较小。这意味着，投资者在承担更多风险的同时，收益却相对较少。显然，该投资组合不具有投资价值。

4. 下行风险收益指标索提诺比率（Sortino Ratio）

夏普比率衡量的是超额风险与超额收益的关系。但是，在证券投资组合中，投资者经常在某些场合下更为重视投资组合产品价格或投资组合指数下跌的影响，而非上涨。也就是说，投资者可能更关心下跌的风险，而非上涨的风险。索提诺比率是一种衡量投资组合相对表现的方法，与夏普比率有相似之处，但索提诺比率运用下偏标准差而不是总标准差，以区别不利和有利的波动。

$$Sortino = \frac{R_p - R_f}{\sigma_{pd}} \tag{5-4}$$

其中，R_p表示投资组合收益，R_f表示无风险收益，σ_{pd}表示投资组合标准差。在索提诺指标应用方面，和夏普比率具有异曲同工之处。索提诺指标越高，表明投资者承担相同单位下跌风险的情况下，能获得越高的超额回报率。该指标可以看作是夏普比率在衡量基金产品或证券投资组合时的一种调整指标，适合对投资组合价值下跌较为敏感的投资者。

5. 最大回撤指标（Max Drawdown）

最大回撤指标，是指在过去某一段时间里投资组合的最大跌幅。该指标主要用于评估某投资策略在极端情况下的最大风险。

其计算公式见式（5-5）：

$$\text{Max Drawdown} = \frac{P_x - P_y}{P_x} \tag{5-5}$$

其中，P_x 表示投资计算期起始日的总价值，P_y 表示投资计算期期末日的投资总价值。通过该指标，投资者可以衡量该策略是否与某具体市场情景下的极端风险相匹配。如果该指标数值过大，则表示该投资组合可能会遭遇到极端风险，因此投资价值较小。

思考题

1. 量化交易的现状如何？它的理论依据是什么？
2. Python 语言用作量化交易有什么优势？有哪些基于 Python 的量化平台？
3. 利用 Backtrader 实现基于布林带指标量化交易的一般策略。

第六章　黄金交易风险管理

本章导读：

　　黄金交易过程中的风险管理必不可少。无论是投资还是套期保值，风险管理是实现黄金交易目标的关键保证。黄金交易风险管理涵盖了现货、期货、期权，以及其他衍生交易合约，因此要针对性地开展金融风险管理工作。

　　通过本章学习，应掌握以下内容：

　　1. 交易风险的概念及定义

　　2. 黄金现货交易风险

　　3. 黄金期货交易风险

　　4. 黄金期权交易风险及其他

第一节　概述

任何投资都伴随着风险。高风险高回报是基本的投资原则，但我们必须清醒地认识到高风险并不必然会带来高回报，两者之间并无必然联系。如果我们无法有效管理和控制风险，在投资和交易过程中，不仅无法获得高回报，反而可能面临巨大亏损。我国金融市场体系正在不断完善，上海黄金交易所和上海期货交易所相继上市了黄金期货、期权等一系列合约，交易品种也在不断增加。投资者有更多的选择和机会，生产者在套期保值方面也更加灵活。然而，与其他金融合约相比，黄金期货和期权合约属于典型的高风险高回报投资品种。特别是黄金类衍生合约，具有商品和金融双重属性，伴随着特殊的投资风险。如果投资者忽视这一点并盲目看多或看空，最终将被市场淘汰。此外，在套期保值时，我们要合理确定交易目标，避免保值和投资目标之间的随机转变，避免不恰当地设置投资比例、金额或交易标的合约等，否则可能会导致重大损失，也会给交易员带来巨大的心理压力。特别需要提到的是，黄金期权合约买卖双方交易义务的不对称性，对买卖操作提出了更高的要求。黄金市场既存在高风险，也存在巨大的投资机会。因此，在进行黄金现货和衍生合约交易时，我们要高度关注相关风险，及时进行管理和控制，以免遭受投资损失或保值损失。

第二节　交易风险

一、交易风险含义

风险是经济学中被广为关注的一个问题，它广泛存在于经济学的各个领域。交易风险，即交易过程中的不确定性。交易风险既有可能带来损失，也有可能带来利润。黄金交易风险，是指在黄金交易过程中从交易指令下达、指令执行、风险控制、交易清算到实物交割等环节发生的可能会给投资者带来损失的不确定性。

1. 概念及分类

对于风险的定义，学术界有不同的说法。比如，经济学家奈特认为，风险应该是有确定概率分布的随机性。但是，无论何种观点，交易风险是在交易过程中客观存在的、不以人的意志为转移的。这种不确定性主要体现在交易过程的多变性、交易信息的不对称性、交易主体的能动性以及外在环境的不确定性等诸多方面。如果按照是否可以通过资产组合进行分散来分类，风险可以分为系统性风险和非系统性风险。系统性风险是指由影响整个金融市场的风险因素引致的价格波动，这种波动无法通过分散而降低。非系统性风险是指跟特定交易过程或标的合约密切相关的风险，并非影响整个金融市场，通过分散化配置可以降低非系统性风险。从风险发生的主体来看，可以分为投资者风险、中介机构风险、交易所风险、结算机构风险、监管政策风险。根据巴塞尔委员会《衍生工具风险管理指引》规定，风险包括市场风险、信用风险、流动性风险及操作风险①。这一分类是金融机构风险衡量的重要标准。市场风险是指因市场价格的不利波动而导致投资权益产生亏损的风险；信用风险是指因为对手未能履行合约业务而导致违约的风险；流动性风险是指由于市场价格等因素的影响，公司不能在不发生损失的情况下使资产和负债头寸保持流动性的风险；操作风险是指因为法律诉讼、管理不善、运行失误或者欺诈等因素而产生的风险。

2. 风险的计量

从计量经济学角度来看，我们可以对交易过程中的部分风险进行量化。交易风险度量有多种方法，具体包括方差、标准差、贝塔系数法、VaR 方法等。以标准差为例，黄金价格收益的风险，可以描述成概率分布中特定的投资收益值与代表投资者预期中值的背离程度，用标准偏差公式衡量如式（6-1）所示：

$$\sigma^2 = \sum_{i=1}^{n} (x_i - \mu)^2 / n \qquad (6\text{-}1)$$

β 系数即单项黄金投资（组合）收益率变化与市场平均收益率变化的比值，表示当市场收益率波动 1% 时，该项投资（组合）的变动百分比。单项投资的 β 系数计算公式见式（6-2）：

$$\beta = \frac{\mathrm{Cov}(r_i, r_m)}{\mathrm{Var}(r_m)} \qquad (6\text{-}2)$$

在黄金投资组合中，会基于一定概率水平对黄金投资（组合）风险进行衡量，即 VaR 方法。VaR 方法（Value at Risk），又称作在险价值或风险价值，是基于一定显著性水平 α 下某一黄金投资（组合）在未来特定的一段时间内所面临的最大可能损失。其数学方法表示见式（6-3）：

$$P(x(t) > \mathrm{VaR}) = \alpha \qquad (6\text{-}3)$$

比如，2020 年 ZIC 黄金投资公司测定 5% 显著性水平下其投资组合每日 VaR 值为 200 万元人民币。其含义是指，该公司能以 95% 的概率保证，在公司下一日由于市场价格波动带来的损失不会超过 200 万元人民币。换句话说，该公司下一

---

① 参见 www.bis.org。

日损失超过 200 万人民币的可能性只有 5%。

按照交易风险发生场所和业务性质的不同，交易风险可以分为现货市场风险、期货市场风险、期权市场风险及其他风险。本书按照黄金交易市场的分类，首先介绍一些基于市场自身特有的风险，其次介绍其他风险。

二、现货市场风险

一般认为，现货交易由于采取 100%保证金交易的方式，很少发生交易风险。对于绝大多数现货市场合约而言，如果不发生交割，则现货交易几乎没有风险。但是，一旦发生交割，提取或存入黄金实物，这就需要注意运输交割过程中的风险。

1. 交易交割风险

此类风险主要发生在机构投资者身上。如果投资者在交易时对自身黄金交易成色需求和上金所的交易品种不够熟悉，很可能会买入错误的交易合约。比如，某金银首饰公司对于金锭成色的需求多数是二号金，因此，需要从上海黄金交易所购买现货二号金合约或一号金合约。这时，如果在系统中错误购买 995 合约，则会导致该公司需要支付重铸精炼费用，从而产生一定的损失。另外，有些金银珠宝公司主要以万足金为生产原料，因而对业务需求只能是成色为 99.99%的一号金。如果错误买入 99.95%的二号金或 99.5%的 LBMA 金锭，则会产生额外的费用损失。

从上海黄金交易所的实际运行过程来看，中间存在黄金交割到非国标金锭的风险。由于其成色较低（99.5%成色），加上交易所规定 LBMA 金锭与国内通用，因此会有部分风险。上海黄金交易所后期推出了专门针对 LBMA 标准金锭交割的合约，投资者在进行此类现货合约时要予以重视。近年来，受到中国黄金市场的影响，国外多数交易所也开始修改金锭质量标准，与中国市场接轨。

对于国内而言，遍布全国的黄金交割库之间的现货调运统一由上海黄金交易所承担，其中发生的运输保险费用按照统一的价格向投资者收取。对于投资者提取黄金现货之后或者存入黄金现货之前的运输风险，由其本人承担。因此，机构投资者在进行黄金交易时，首先要查询距离自己公司最近的黄金交割库，以求运输距离最短、费用最省。

2. 重量溢短风险

如果交割数量较大（比如提取现货），则可能存在重量溢短随之较大的情况。为了顺利完成交割，投资者账户可能需要补足相应数量的保证金。这种现货市场风险的情况，主要发生在机构投资者身上。由于交易规则的限制，个人投资者很少发生此类情况。如果机构客户重量溢短超过上金所规定的交割标准，根据交易所交割仓储规定，上金所会员应及时上报交易所，以维护自身权益。

三、期货市场风险

黄金期货为个人及机构投资者提供了规避风险的有效交易手段。作为投资者而言，应该熟悉黄金期货套期保值的各种业务规则和基本原理，掌握各类黄金期货合约的交易方式及交割流程，制定出符合自身要求的套期保值策略，规避市场风险。就目前中国大陆而言，期货市场主要包括两类合约：一类是上海黄金交易所推出的黄金延期（T+D）合约，另一类是上海期货交易所推出的黄金期货合约。由于前者也采取了保证金交易方式，开平仓形式与黄金期货相似，可以视同期货合约。

套期保值的英文释义为"Hedging"，国内也有翻译为"对冲""套头"等交易术语的。黄金期货市场由于采取保证金交易方式，交易风险发生的可能性相对较大。对于投资者而言，目前具有黄金期货性质的合约主要为上金所黄金（T+D）合约、黄金（T+N）系列合约，以及上海期货交易所（以下简称"上期所"）的黄金期货合约。对于黄金期货市场风险，从交易行为发生的过程来看，交易风险主要来自头寸规模、交易组合、市场价格波动以及监管政策等诸多方面。

1. 黄金（T+D）合约与期货合约

对于上金所的黄金（T+D）合约，从监管政策来看，上海黄金交易所发布了《上海黄金交易所风险控制管理办法（2020年修订）》，对黄金市场保证金水平、涨跌停板、延期补偿费制度与超期费制度、限仓制度、交易限额制度、大户报告制度、强行平仓制度、风险警示制度与异常交易监控制度等方面进行了详细规定。比如，对于交易所保证金水平的调整，上金所规定：

交易所定期利用保证金模型测算最低保证金水平，并根据市场情况确定延期交收合约等相关合约的交易保证金水平。

当出现下列情况时，交易所可以根据市场风险调整交易保证金水平：

（1）持仓量达到一定水平。

（2）出现涨跌停板。

（3）相关合约临近交割期限。

（4）连续数个交易日的累计涨跌幅达到规定水平。

（5）连续数个交易日的持仓量累计增幅达到规定水平。

（6）遇国家法定长假。

（7）市场流动性预期发生变化。

（8）市场风险明显变化。

（9）交易所认为必要的其他情况。

说明：保证金的调整按交易所的公告执行。

黄金延期交收合约连续三个交易日（即 D1、D2、D3 交易日）的累计涨跌幅（N）达到 10%，或连续四个交易日（即 D1、D2、D3、D4 交易日）的累计涨跌幅（N）达到 12%，或连续五个交易日（即 D1、D2、D3、D4、D5 交易日）的累计涨跌幅（N）达到 14%，交易所可以根据市场情况，采取单边或双边、同比例或不同比例、部分会员席位或全部会员席位提高交易保证金和结算准备金，限制部分会员席位或全部会员席位出金，暂停部分会员席位或全部会员席位开新仓，调整涨跌停板幅度，调整延期补偿费率，调整超期费率，限期平仓，强行平仓等措施中的一种或多种措施。

黄金期货市场风险与黄金（T+D）市场风险基本相似，主要原因是期货交易采取了保证金交易方式。当市场价格发生反向变动的时候，投资者交易账户就容易出现较大损失。黄金期货也和其他期货合约交易一样，面临着许多风险。就黄金期货交易流程来看，包括开户交易、风控、结算和交割等环节。在这些交易环节中，任何一个环节均可能产生风险。

2. 居间业务风险

在黄金期货中，期货投资者如果选择国内期货交易机构，要注意可能发生的居间风险。根据期货从业管理规定，期货居间人需要严格遵守期货居间业务规定。期货投资者要考虑在同期货居间人发生经济往来时可能面临的风险。目前在国内期货市场上，期货居间人不仅居间介绍投资者从事期货交易，促成期货经纪公司和期货投资者订立经纪合同，而且从事包括投资咨询代理交易等在内的期货交易活动。这部分人不在期货行业的监管范围之内，非期货经纪公司或其从业人员，却从事招揽开发客户、提供交易咨询指导的活动。这种居间业务很容易发生代客理财、获利承诺纠纷，他们通过与经纪公司或期货投资人合作，主要依靠佣金提成作为劳务报酬。为加强居间业务管理，2021 年 9 月 10 日，中国期货业协会发布了《期货公司居间人管理办法（试行）》。

期货居间业务对于期货公司具有双面性，一方面对期货市场开发起到了积极作用，另一方面期货市场纠纷多数由居间人引起，其业务纠纷主要表现在：①夸大或虚构自己的历史交易业绩，诱导客户投资期货；②为了获取期货公司的返佣，诱骗客户进行大量期货交易；③全权代理客户交易，受利益驱动采取恶意炒单行为，损害客户利益。以上行为都给客户造成了不能接受的损失。正因如此，虽然多数期货居间人敬业守约，勤勉尽责，但少数人的不道德甚至是不法行为给整个期货市场造成极恶劣影响，损害了行业形象。

存在这些问题的主要原因为：①对期货居间人缺乏完善有效的监管措施，期货居间人的违规成本低；②部分期货公司过度依赖期货居间人，制约行业长久健康发展；③部分投资者过度信赖期货居间人，造成潜在风险隐患；④居间人素质良莠不齐。综上所述，黄金期货投资者在选择代理机构时，在与黄金期货居间人打交道时一定要考虑到上述风险。

3. 交易业务风险

交易业务风险是指在交易过程中发生的风险，主要包括：交易指令输入及执行过程出现问题产生的风险。按照产生来源的不同，主要包括人为因素风险和非人为因素风险。较早时候的交易指令传达，一般采用传真或者电报的方式。这种方式下的交易指令传达，可能会由于发报人和收报人人为过错而产生指令报价错误风险。随着现代网络信息技术的发展，此类人为因素风险发生的概率较小。非人为因素风险，主要是指网络传递、系统故障或其他因素导致的指令无法执行的情况。这种风险有可能来自交易所，有可能来自传递过程，也有可能来自客户端硬件故障。

4. 清算业务风险

清算业务风险是指由于交易所交易、仓储或清算系统故障而产生的风险。由于系统故障，导致系统清算的条件不具备，无法按照规定时间提交清算报告。这种风险一般在极端行情下才能发生。比如，2022 年 3 月发生的 LME 镍期货事件，就是由于价格波动剧烈，缺乏配套的交易规则予以制约，而导致产生清算风险。另外，笔者在实际业务操作过程中，就曾经遇到过上海黄金交易所清算系统余额错误的风险。经过认真核对，确认是交易所清算系统出现问题产生的风险。站在黄金市场角度，此类风险还可能源于仓储系统。

四、期权市场风险

期权风险是指在期权市场运作过程中，包括交易所、期货公司、结算所、交易者在内的市场参与者直接或间接可能遭受的损失。

期权风险按照来源的不同，也可分为市场风险、信用风险、营运风险和法律风险。作为金融衍生品，期权与期货存在相同的风险，如市场波动风险和信用风险等。同时，对于期权而言，部分风险又有特殊的表现形式，如市场操纵风险。在风险案例中，许多场外期权交易的信用风险、欺诈风险和法律风险，可以通过集中、统一的交易和清算来避免。对于场内期权交易而言，重点是对市场风险和营运风险的管理。

市场风险又称价格风险，指由标的资产价格变动而引起衍生品价格变动的风险。根据影响范围的不同，市场风险可分化为单一衍生品的价格波动风险，以及整个金融市场受影响的系统性风险。

由于期权合约的独特性，期权卖方承担的交易风险要远远大于期权买方的风险。这主要在于期权卖方卖出的是看涨还是看跌期权，当买方要求行权时，卖方须履行交割的义务。如果交割的标的物无法履约，就会造成违约风险。作为投资者，不同的期权投资组合也会产生不同的风险，比如比率价差组合、跨期组合、蝶式价差组合以及 Delta 中性策略等组合形式，都存在相应的收益和风险。

五、其他风险

除了以上三种市场风险，黄金交易风险还包括技术风险、信用风险、黑市交易风险、操作风险、模型风险、流动性风险等。

1. 技术风险

技术风险是指在进行黄金交易的过程中，由于网络通信、电脑设备以及其他硬件因素导致的风险。这种风险通常是由于个人投资者很少具备多网关交易环境或缺少数据热备条件，或金融中介机构没有严格遵守金融中介关于 IT 信息技术管理规定，导致交易无法正常进行而产生的风险。

2. 信用风险

信用风险是指交易对手方未能履约而产生的风险。在场内发生的黄金交易业务，由于交易所采用了保证金制度，很少发生此类风险。作为贵金属交易的一种，从黄金交易操作产生风险的原因看，可分为价格波动风险、杠杆作用风险、操作失误风险、不正当竞争风险等。交易行为不合规将给期货市场带来风险，如超量下单、过度投机或投资失误，以及违规交易、操纵市场等。

3. 黑市交易风险

黑市交易风险是指投资者通过非法渠道或平台进行黄金交易的风险，即所谓的"地下炒金"。这种情况主要是由于投资者选择的交易平台不具有合法资质，无法保障黄金交易、资金划转及结算等方面的权益和安全。在中国黄金市场开放初期，一些非法黄金交易平台通过离岸公司将资金汇划至中国香港或内地贸易代理机构，进行非法黄金交易。这些平台缺乏合法资格，夸大投资收益，放大期货杠杆比例，导致投资者面临经纪公司操作不当而造成损失的风险。随着黄金市场规范化和法制化程度的提高，黑市交易现象大幅减少。规范的经纪公司应具备完善的风险管理制度，遵守国家法规和政策，接受监管部门（如中国证监会、期货业协会、期货交易所等）的监督，遵循职业道德，维护行业利益，严格区分自营和代理业务，辅之以高素质的经纪人员和严格的客户管理。然而，投资者在选择期货经纪公司时可能会因为信息不对称等因素导致选择不当，从而给客户未来的业务带来不便和风险。

4. 流动性风险

流动性风险分为资产流动性风险和融资流动性风险。机构投资者可能面临资产流动性风险，包括市场深度不足导致建仓成本增加，流动性不充分情况下无法调整持仓，以及在黄金期货到期交割日成交萎缩时难以处理头寸的风险。融资流动性风险是另一种表现形式。期货市场投资者若现金储备不足，当价格不利时可能变得非常被动。黄金期货的流动性风险还包括交易风险，由逆市、重仓和死扛等因素引起。对于转入期货市场的投资者来说，重仓和死扛是典型特征，所以需要重视对期金交易风险的控制。

黄金期货交易中存在后市判断错误的风险，即对未来走势判断错误导致资金亏损。投资者应使用均线系统等技术指标在趋势判断上做好分析，以避免大的亏损。入市时机选择错误可能导致亏损，不应追求最高点和最低点。投资者应该耐心等待图表上顶底信号或形态出现再做出决策。仓位过重是存在风险的，因为黄金期货交易通过保证金制度放大了盈利和亏损。在建仓早期，仓位过重的风险对投资者伤害较大，应控制仓位大小以防最后一次打压造成损失。

在交易过程中，也存在交易账号和交易密码被盗风险，投资者应谨慎防止此类事件的发生。法律风险指交易对手没有法律或监管部门授予的交易权利导致损失的可能性。黄金市场尚未建立完善的法律法规，监管不足，金融民营公司众多，形势混乱，存在法律风险。

2007 年 4 月 15 日发布的《期货交易管理条例》明确规定，保证金低于 20% 的电子交易被视为变相期货。随着法律框架的逐渐完善，对于某些黄金公司来说，如果它们不是期货经纪公司或上海黄金交易所的会员，资金安全就无法得到保障，存在着较大的信用违约风险，客户可能被要求强行平仓，将会造成巨大损失。为避免此类风险，投资者最好选择具备交易资格认证的大型期货公司、上海黄金交易所的会员单位或商业银行推出的黄金投资产品，因为它们受到证监会或银保监会的监管，资金存管安全，不存在信用违约风险。此外，国外黄金交易品种也有正式通道，目前一些大型期货公司已在中国香港设立分部，并受到内地和香港监管机构的监管。投资者可以通过这些公司进行国际黄金市场的交易。

对于那些对期货不太了解的黄金投资者，就算成为期货公司的客户，他们对期货公司与自己的权利也并不完全理解。特别是在透支交易和强行平仓带来的纠纷方面。期货交易是保证金交易，本身存在巨大风险，而如果客户要求透支，风险将进一步扩大。根据法律规定，期货公司应在与客户有约定的情况下按约定执行，如果没有约定，则由期货公司承担损失。最高人民法院在《关于审理期货纠纷案件若干问题的规定》中规定，期货公司需要承担不超过总损失 80% 的赔偿额，而不是全部损失。被动透支是指由于价格波动导致投资者保证金不足的情况。司法解释将被动透支视为透支，如果客户与期货公司有书面协议，则按协议执行；但如果出现穿仓，则仍由期货公司承担损失。透支交易对期货公司来说非常危险，历年来曾出现过类似的案例。目前，许多客户以赌徒心态参与期货，利用期货公司业务拓展的机会要求透支交易。由于一旦客户穿仓，期货公司必须进行赔偿，导致客户与期货公司之间不断产生纠纷。

强行平仓是期货市场中特有的交易机制，只有在期货公司违反客户意愿的情况下才被接受，并需要谨慎使用。法律规定，当客户存在保证金不足的情况时，期货公司应提前通知客户追加保证金，如果追加不上，则进行平仓。目前，期货公司通知客户的主要方式是每天一次的结算，但由于交易变化太快，有时公司来不及通知客户。与其他期货品种相比，新上市的黄金期货更容易受到外界影响而出现剧烈波动。如果黄金期货在交易过程中出现问题，那么对期货公司来说非常危险，很可能来不及通知客户就进行强行平仓。

暴涨暴跌风险，即金融市场产品（金价）剧烈波动可能导致金融资产损失的可能性，尤其是对期货期权类交易而言。我国黄金市场投资者大部分来自股民，他们缺乏交易高杠杆衍生品的经验，对做空和杠杆交易的概念不熟悉，对黄金期货和上海黄金交易所的现货延迟交收业务的风险认识不足，因此容易遭受巨大损失。例如，2008年1月9日黄金期货上市首日，期货与现货的价格差达到25元/克。由于黄金处于长期大牛市，很多投资者盲目进场做多，结果当天及随后几天，黄金期货主力合约大幅下挫，投资者损失惨重。

进入黄金期货市场投资时，投资者面临多种风险，每种风险都有其独特特点。因此，投资者必须充分意识到存在的风险以及可能带来的损失。总之，应学会识别风险，只有正确认知风险，才能为有效地控制风险做好准备。

第三节　交易风险管理

交易风险管理是对投资者（个人或机构投资者）权益资本风险的管理。站在投资者的角度，主要与选择的市场合约有密切关系。黄金交易的风险管理，按照交易对象的不同，主要分为期货交易风险管理、期权交易风险管理以及现货交易风险管理。按照业务发生的过程，主要分为资金管理、交易计划以及应急预案等。

对于其他类型风险的管理，本章也予以简要介绍。

一、黄金期货交易风险管理

黄金期货交易的风险管理，主要表现在交易平台规范、居间手续合规、保证金管理、一般交易操作、保值操作等方面。

1. 交易平台规范

在从事黄金交易时，一定要选择具有合法交易渠道的黄金交易平台，例如，上海黄金交易所、上海期货交易所等。投资者（含投资机构）在从事黄金交易时只能选择具有合法资质的上海黄金交易所会员或期货经纪公司从事黄金交易，而非选择其他打着交易所会员名义（实际仅是经纪机构客户）从事黄金交易的公司。因此，在从事黄金交易之前，投资者应该通过上海黄金交易所、上海期货交易所、中国期货业协会等官方网站，查询并了解经纪公司的资质。这些渠道的信息比较权威，内容比较可靠。目前，国内投资者进行黄金交易的合法渠道主要有两个，一个是通过银行进行上海黄金交易所的黄金延期合约（T+D）交易，另一个是通过上海期货交易所的期货经纪公司会员进行黄金期货交易。投资者务必注意，在非法黄金交易平台上的黄金交易操作、资金划转及结算交割等安全都不能得到保障。

2. 居间手续合规

（1）居间业务问题。目前国内期货经纪公司中，存在部分期货经纪公司居间人管理缺位的问题。部分居间人在期货经纪公司交易返佣政策的激励下，对客户采取诱导开户、喊单带单、非法开展投资咨询等违规行为，损害了广大投资者的合法权益。由于期货居间人在法律上属于独立承担民事责任的法律主体，因此其并不归属期货经纪公司管理。根据中国期货业协会提供的数据，2017～2021年接收到的各类投诉中，涉及居间业务的投诉占比由5%上升至45%，且逐年增长。此类投诉90%以上由居间人诱导开户、喊单指导交易等超越其居间身份的行为引发。这些行为不但极大损害了投资者合法权益，也影响了期货行业的社会形象和外界评价。

这种问题的发生主要是因为：首先，期货经纪公司管理制度不完善，对居间人的准入、管理及审批都缺乏具体要求。其次，期货经纪公司对期货居间人日常管理存在缺位，把关不严。比如，对居间人的尽职调查工作流于形式，无法约束居间人行为。在居间业务开展、业务宣传、交易咨询及指导等方面，缺少有效管控。最后，对居间人的后续培训和异常业务情况监控缺少长效机制。在发生异常交易业务的情况下，未能对客户进行风险提示，监督检查工作滞后。

针对期货行业的居间违规现象，为了加强行业自律管理，中国期货业协会对此采取了一系列措施加强管理。2021年9月10日，中国期货业协会发布并实施了《期货公司居间人管理办法（试行）》（以下简称《办法》）。在《办法》要求下，目前很多期货经纪公司已经采取了各种措施加强对期货居间业务的管理，期货居间业务中暴露出的很多问题开始得到规范。目前各省市证监会派出机构或地方行业协会针对本地区居间业务情况，推出了相应的居间人管理办法或自律规则，但是具体内容不统一，监管标准也不统一。近年来，因居间人诚信、道德风险引发的跨区套利、侵害投资者合法权益等问题时有发生，更有个别期货公司、从业人员和居间人因开展居间活动涉嫌犯罪被追究刑事责任。

（2）防范措施。投资者在从事黄金交易业务时，应该根据《办法》明确居间人在期货交易业务中的身份地位及有关义务。对于期货居间人越权操作的行为，应该果断制止，并尽快上报期货经纪公司及地方证券监督管理机构（地方证监局等）。期货经纪机构应该进一步健全完善有关管理制度，根据地方证监机构管理要求和行业协会《办法》要求，加强对居间人的管理，完善风险揭示和信息披露制度，不断提高居间人的专业化水平和合规意识。作为投资者，应该提出以下几个方面的要求：

1）签订形式规范、手续完整的期货交易合同。不要把投资者与居间人之间的协议视同期货交易合同。期货交易合同是约定投资者与期货经纪公司权利义务关系的法律协议，具有法律效力。投资者应该认真阅读合同条款，完全了解其中的权利义务关系以及风险条款。在期货交易合同中，明确约定了交易方式、资金汇划账户以及预留密码等重要内容。

2）获得完全的交易系统权限，掌握并修改预留密码。投资者要使用经纪公司授权的行情及交易系统进行交易，不要使用第三方或其他非法渠道获取的交易系统。在变更交易密码时，要按照期货经纪合同约定，签字确认。

3）定期检查系统结算单，核对客户权益。黄金期货市场是逐日盯市进行客户权益结算的，每天下午收盘后都会产生一个客户结算单。客户要根据期货经纪合同规定，核对当天发生的交易操作、交易手续费及保证金水平等关键参数，确认客户权益无问题。一旦发现异常，投资者应该尽快向期货经纪公司、地方证监局反映报告，以维护自身权益。

4）明确居间人喊单交易的性质，按照风险自负原则进行黄金交易。有些居间人对客户作出获利承诺，诱导客户进行交易，以谋取高额佣金。在期货业经常发生"投资者亏，居间人赚"的情况，并且容易引起法律纠纷。

3. 保证金管理

资金管理是期货交易中风险管理的重要内容。黄金期货交易中的许多问题，都与保证金管理有关。比如，选择何种期货合约，如何与其他投资组合进行匹配，投资者自身权益流动性情况如何，整体投资规模以及个体投资风格是怎样的等。

在保证金管理方面，投资风格具有决定性影响。有的投资者喜欢满仓交易，这样保证金占用水平就会处于高位。一旦遇到价格波动较大的情况，客户权益部分就会面临较大波动。同时，期货经纪机构也会按照风险控制要求，要求追加保证金或进行强行平仓操作。按照投资者的交易风格，可以分为投机交易和套期保值交易两类操作。对于投机交易的投资者，科学的资金配置管理会增加投资者在市场中继续生存下去的机会。

对于如何进行保证金管理，投资大师 Murphy 的建议可以给投资者一定程度上的参考：第一，对保证金总体占用率进行控制，比如50%或依据投资者个人风格设定某个比例。第二，对于单一期货合约的投资，限定相应的比例，并设置止损额。当保证金亏损到一定水平时，果断止损退出。第三，采用一定形式的投资组合进行交易，降低单个合约价格剧烈波动导致较大损失的风险。

这一建议可以供投资者在进行黄金交易操作时参考。由于不同投资者的交易风格不一样，很难给出一个统一的保证金管理要求。当然，在关于保证金的筹集方面，要注意投机操作和套期保值操作的区别。对于投资者而言（个人或机构投资者），要对投入黄金期货的交易资金总额进行限制，不能将全部流动资金投入期货市场。一旦产生亏损，对个人投资者而言，可能对生活会造成较大影响；对机构投资者而言，可能会大幅减少所有者权益。因此，进行黄金期货投资交易，要对投入的资金总额进行限制，使之与个人的风险承受能力相匹配。

4. 一般交易操作

对于投资者，要从以下几个方面防范交易风险：

（1）熟悉市场交易规则。投资者应该熟悉黄金市场有关合约的条款及交易细则，掌握黄金期货主力合约的轮动规律、换月节奏以及交易所关于该合约的交割、风控及结算要求。如果选择上海黄金交易所进行黄金交易，投资者应该掌握以下交易规则：

1）关于黄金延期合约及种类。虽然是100%保证金的现货交易，但是由于价值较高，黄金现货交易有自己的特点。以上海黄金交易所的主力现货合约 Au（T+D）为例，这种合约的二次清算规则及交割与一般的商品期货有着很大的不同。上海黄金交易所的交易时间分为日市和夜市两部分，分别为日间9：00至15：30，夜间19：50至次日2：30。在日市交易时间结束前30分钟，市场进入交割申报阶段。交割申报结束以后，市场进入中立仓申报阶段。

2）黄金市场递延合约交易特点及交易细则。上金所 Au（T+D）合约是一种特殊的保证金交易合约，与传统的期货合约有很大的区别。由于该合约引入了递延交割及中立仓机制，该合约的交易与上海期货交易所的期货合约有着很大的不同。

3）不同黄金市场之间的联动规律。基于前文对世界黄金市场内容的学习，投资者应该已经了解了全球黄金市场体系以及24小时内的开闭市区间。世界黄金市场是一个多层次的市场体系，从黄金现货到黄金期货、黄金期权，从 OTC 市场到场内交易市场，各个黄金市场之间相互衔接。中国黄金市场在国际黄金市场体系中具有独特的地位，连续的交易时间恰好弥补了国际黄金市场体系在交易时间段上的空白。了解这种不同层次的黄金体系，以及国际黄金市场价格的传递规律，对生产商、金融机构以及私人投资者进行黄金交易具有重要意义。投资者应该看到，不同层次黄金市场以及黄金投资产品、衍生交易工具，各类黄金产品互相交叉，为投资者提供了大量的投资交易机会。

如果选择黄金期货市场，投资者除了应该掌握黄金现货市场的特点，还应该掌握：

1）黄金期货主力合约换月规律及风控要求。根据上海期货交易所交割要求，进入交割月的黄金期货合约，其保证金水平将会被逐步提高。当合约持仓量达到一定规模时，该期货合约的保证金水平也会有变化（见表6-1）。另外，在黄金期货合约的不同阶段，其保证金水平也会有较大变化（见表6-2）。因此，多数个人或机构投资者会把持仓从原来的期货合约转移到下一个主力合约。对于上海期货交易所的黄金期货合约而言，6月与12月合约一般为主力轮换合约。主力合约具有交易量大、持仓规模大以及交易活跃等特点，在众多的期货合约中特别引人注目。

表 6-1　黄金期货合约保证金收取标准（以持仓量为基准）

从进入交割月前第三月的第一个交易日起，当双边持仓量手数（X）达到下列标准时	保证金比例
X≤36万	4%
36万<X≤48万	7%
48万<X	10%

表 6-2　黄金期货合约不同阶段保证金收取标准

交易时间段	保证金比例
合约挂牌之日起	4%
交割月前第一月的第一个交易日起	10%
交割月份的第一个交易日起	15%
最后交易日前二个交易日起	20%

黄金期货合约在不同时期的限仓比例和持仓限额规定如表6-3所示。

表6-3　黄金期货合约在不同时期的限仓比例和持仓限额规定　　单位：手

黄金		合约挂牌至交割月份		合约挂牌至交割月前第二月的最后一个交易日			交割月前第一月		交割月份	
	某一期货合约持仓量	限仓比例25%		限仓数额			限仓数额		限仓数额	
		期货公司会员	非期货公司会员	客户		非期货公司会员	客户	非期货公司会员	客户	
	≥16万	25	3000	3000		900	900	300	300	

注：表中某一期货合约持仓量为双向计算，期货公司会员、非期货公司会员、客户的持仓限额为单向计算；期货公司会员的持仓限额为基数；进入交割月份后，自然人投资者持仓应为0手。

当期货合约达到应该调整交易保证金的标准时，交易所应在新标准执行前一交易日结算时对该合约的所有历史持仓按新的交易保证金标准进行结算，保证金不足的，应当在下一个交易日开市前追加到位。在进入交割月份后，卖方可用标准仓单作为与其所示数量相同的交割月份期货合约持仓的履约保证，不再收取其持仓对应的交易保证金。

此外，上海期货交易所可以根据市场风险调整其涨跌停板幅度。涨（跌）停板单边无连续报价（以下简称单边市）是指某一期货合约在某一交易日收盘前5分钟内出现只有停板价位的买入（卖出）申报、没有停板价位的卖出（买入）申报，或者一有卖出（买入）申报就成交但未打开停板价位的情况。连续的两个交易日出现同一方向的涨（跌）停板单边无连续报价的情况，称为同方向单边市；在出现单边市之后的下一个交易日出现反方向的涨（跌）停板单边无连续报价的情况，则称为反方向单边市。

当某期货合约在某一交易日（该交易日称为D1交易日，以下几个交易日分别称为D2、D3、D4、D5、D6交易日，D0交易日为D1交易日前一交易日）出现单边市，则该期货合约D2交易日涨跌停板幅度按下述方法调整：黄金、白银期货合约的涨跌停板幅度为在D1交易日涨跌停板幅度的基础上增加3个百分点。D1交易日结算时，该期货合约交易保证金比例按下述方法调整：黄金、白银期货合约的交易保证金比例为在D2交易日涨跌停板幅度的基础上增加2个百分点。如果该期货合约调整后的交易保证金比例低于D0交易日结算时的交易保证金比例，则按D0交易日结算时该期货合约交易保证金比例收取。

若D1交易日为该期货合约上市挂盘后第一个交易日，则该期货合约上市挂盘当日交易保证金比例视为该期货合约D0交易日结算时的交易保证金比例。

该期货合约若 D2 交易日未出现单边市，则 D3 交易日涨跌停板、交易保证金比例恢复到正常水平。若 D2 交易日出现反方向单边市，则视作新一轮单边市开始，该日即视为 D1 交易日。若 D2 交易日出现同方向单边市，则该期货合约 D3 交易日涨跌停板幅度按下述方法调整：黄金期货合约的涨跌停板幅度为在 D1 交易日涨跌停板幅度的基础上增加 5 个百分点，白银期货合约的涨跌停板幅度为在 D1 交易日涨跌停板幅度的基础上增加 6 个百分点。D2 交易日结算时，该期货合约交易保证金比例按下述方法调整：黄金期货合约的交易保证金比例为在 D3 交易日涨跌停板幅度的基础上增加 2 个百分点，白银期货合约的交易保证金比例为在 D3 交易日涨跌停板幅度的基础上增加 3 个百分点。如果该期货合约调整后的交易保证金比例低于 D0 交易日结算时交易保证金比例，则按 D0 交易日结算时该期货合约的交易保证金比例收取。

若 D3 交易日未出现单边市，则 D4 交易日涨跌停板幅度、交易保证金比例恢复到正常水平。若 D3 交易日出现反方向单边市，则视作新一轮单边市开始，该日即视为 D1 交易日。若 D3 交易日期货合约出现同方向单边市（即连续三天达到涨跌停板），则当日收盘结算时，该黄金、白银期货合约的交易保证金仍按照 D2 交易日结算时的交易保证金比例收取，并且交易所可以对部分或全部会员暂停出金。

当 D3 交易日期货合约出现同方向单边市（即连续三天达到涨跌停板）时，若 D3 交易日是该合约的最后交易日，则该合约直接进入交割；若 D4 交易日是该合约的最后交易日，则 D4 交易日该合约按 D3 交易日的涨跌停板幅度和保证金水平继续交易；除上述两种情况之外，D4 交易日该期货合约暂停交易一天。

2）黄金期货与黄金延期（T+D）交易合约之间的互动性。由于上金所和上期所的期货性质合约交割标的物相同，因此，两者之间的价格差距过大时，将会成为市场套利者追逐的对象，可以通过低买高卖获利。

（2）掌握基本分析方法。在进入这个市场之前，投资者要对黄金市场做出正确的分析。在研判黄金市场价格行情的过程中，要充分考虑影响黄金市场的因素。特别要注意的是，投资者要对影响黄金期货价格的基本因素有一个比较全面的分析。

由于价格波动风险是黄金期货市场的一个主要风险，自从 2008 年上期所启动黄金期货合约开始，其价格发现功能逐渐凸显，交易规模逐渐增加，对市场影响逐渐增大。目前我国的黄金市场，主要是跟随国际黄金市场价格联动。

除了参考国际黄金市场价格，投资者还要关注影响黄金价格的基本因素，比如全球黄金市场供求情况、世界主要汇率变化、央行购买/销售黄金情况、原油价格、美元指数、证券市场行情、通货膨胀指数、政治经济局势等诸多因素。

（3）制订交易计划。投资者在开始交易前，应该根据自身的投资需要、风险承受能力以及流动性需求等因素，制订一个详细的投资计划。投资计划应该对投资规模、价格分析、极端行情应对、止盈止损要求等进行详细规划。如果投资者进行单边投机操作，一旦出现价格剧烈波动，保证金水平达到止损要求，就应该坚决执行投资计划。在进行黄金交易的过程中，切忌情绪化交易，或盲目跟风交易。

随着市场价格的变化，价格一旦符合预期，盈利不断增加，就要根据投资计划设定的止盈点进行交易。市场价格行情会不断影响人的心态，这时由于人性的弱点，人的心态很容易被市场气氛所左右，失去正确的判断，导致无法把握盈利。因此，在进行黄金投资之前，投资者一定要制订周密的投资计划，避免产生"亏了死扛，小赚即平"的情况。

（4）资产组合降低风险。投资者可以根据自身的风险偏好，设计一揽子包括黄金期货合约在内的投资组合进行投资。这一策略的主要理论依据是马尔科维兹的资产组合理论，它不但可以作为一种交易策略，还可以作为一种降低交易风险的手段。在进行黄金期货合约交易的时候，投资者可以根据不同合约的期望和方差，与已有的黄金期货合约进行组合，从而设计出目标收益水平下的组合投资。

5. 保值操作

套期保值是期货市场实现其价格发现作用，规避市场风险的一个重要功能。无论是黄金延期交收合约还是黄金期货合约，都为投资者提供了规避黄金市场价格风险的重要渠道，这种方式主要为机构投资者使用。然而，在套期保值交易的过程中，也会发生各种风险，导致套期保值失败。为了确保套期保值操作成功，黄金投资者需要充分遵循以下操作流程：

（1）根据业务需求，制订保值计划。投资者需要明确自身的业务需求来决定套期保值操作的方向，比如：明确自身是作为黄金生产商、冶炼精炼企业还是作为黄金珠宝首饰企业。如果是金矿企业，就应该考虑卖出套期保值。反之，则应该考虑买入套期保值操作。许多机构投资者进行黄金期货交易时，往往为市场行情所左右，模糊了自身的套期保值身份，反而进行投机性操作。这种操作的结果，往往是企业遭受重大损失。在制定套期保值计划时，一定要严格遵守交易数量相等、交易方向相反的基本原则进行黄金交易。

（2）严格遵守套期保值原则，及时规避市场风险。投资者需要根据自身的生产或者销售计划，来确定黄金套期保值的价格。以黄金冶炼加工企业为例，由于其赚取的是加工费，因此，其在进行套期保值操作时应该严格遵守套期保值原则。在与销售方确定金精矿或粗金销售价格后，就应该同时在黄金期货市场或者黄金延期交收市场进行卖出套期保值操作。

如果在签订业务合同时，稍有犹豫或者未能及时下单，则可能因为市场价格剧烈波动而产生损失，导致套期保值操作失败。拟订套期保值计划时，还应该对黄金套期保值的合约进行选择，避免交易交割合约或很快进入交割月份的合约转向下一个主力合约。

（3）严格执行保值计划，保证保值效果。当生产环节完成粗金加工或者金精矿加工，生产出标准金锭后，投资者应该尽快以市场价格销售现货黄金，同时将黄金期货头寸平仓。之所以强调要尽快进行平仓操作，主要是由于时间越长，资金成本越大。以上述黄金冶炼加工企业的卖出套期保值为例，现货生产环节占用了100%的保证金，另外，在期货市场还占用了10%左右的保证金。在生产流程或者仓库耽搁一天，则会增加一天的利息成本。由于这笔现货的销售价格已经通过期货合约锁定，因此其规避了市场价格波动风险。在这一环节，许多机构投资者经常会犯从保值思维转变为投机思维的错误。此前，某黄金冶炼企业曾经多次将手中的保值头寸单边平仓，保留现货，对外还说已经保值。这种操作实际上已经失去了保值头寸，转换为单边多头。一旦黄金价格大幅下跌，则会产生较大损失。

二、黄金现货交易风险管理

黄金现货交易的风险，主要在于二次清算、交割及运输安全两个方面。为了规避黄金现货交易风险，需要做到以下几个方面：

1. 健全交易制度

规避现货交易风险的首要问题是要完善交易制度，一旦确定目标价位，交易人员应严格执行交易操作，避免"一等二靠"，错失市场机会。黄金市场价格瞬息万变，尽管偶尔有几次盈利，但是长此以往，必然会产生亏损风险。当交易头寸规模较大时，此类操作可能会带来重大损失。在进行黄金交易操作时，国内许多矿山企业、用金企业都犯过类似错误。

2. 完善交割流程

黄金现货交割业务是指将黄金现货存入或从黄金交割库取出这一环节。在黄金现货交割的过程中，要严格遵守黄金提货单打印、IC卡授权以及提货密码通知等业务流程。如果是机构投资者自行办理交割业务，要注意定期更换内部提货人，并且配备足够的安保力量。如果投资者委托上海黄金交易所综合类会员进行交易，则在交割现货时，应注意提货路线、提货人员以及提货信息的保密工作，不定期更换路线或人员。提货人员在完成交割手续后，要及时与交易结算员确认登记，并且全程录音。

3. 保障运输及安全

对投资者而言，黄金的现货交割业务在上海黄金交易所各交割库之间的运输不存在风险。但是，在黄金存入或从交割库取出以后的环节中，应该聘请具有安保资质的押运公司进行押运。或者，投资者应该配备足够的安保力量，对黄金运输工作进行保护。黄金押运车辆应该配备全时 GPS 系统，保证其运动态势交易清算部门能够及时予以监控。

4. 建立金属平衡制度

对于现货交易而言，在黄金存入交割库之前，或从交割库提取黄金之后，为了控制现货仓储风险，确定合适的现货交易数量，黄金现货交易在执行买入交易操作以后，或者进行卖出操作以前，还应该对库存的黄金建立金属平衡制度，定期对黄金库存量进行核验。为了明确责任，机构投资者应该设立专职黄金交易部门，与传统的黄金库存管理及交易分开，降低现货损失风险。

三、黄金期权交易风险管理

作为黄金市场的重要衍生交易合约之一，黄金期权在中国大陆推出时间很短，交易规模正在逐步增长，其价格发现、风险管理以及套期保值功能尚未得到充分体现。黄金期权是一种投资方式更为灵活、投资功能更加多样的黄金期货衍生品种，为不同风险偏好的投资者提供了更加多样的投资选择。黄金期权的推出是对我国黄金市场品种体系的有力补充，将有助于黄金期货市场功能的进一步完善，有助于进一步提高国内黄金企业的风险管理能力，提升整个黄金行业的市场竞争力和国际影响力。黄金期权交易风险管理是非常重要的，以下是一些传统的风险管理手段。

1. 止损与止盈

在进行黄金期权交易之前，了解市场的风险因素是至关重要的。这包括政治、经济和地缘政治风险等，它们可能会对黄金价格产生影响。应及时关注和分析市场新闻和事件，以便做出明智的决策。止损订单是一种用于限制损失的工具，当黄金价格达到预设的止损水平时，会自动触发平仓。设置止损订单有助于控制风险，并避免过大的损失。止盈订单是一种预设的指令，当期权价格达到预设的盈利水平时，会自动触发平仓。这可以确保在盈利达到一定程度时及时退出交易，锁定利润。在具体确定止损与止盈价格时，可以使用技术分析工具和指标来确定合理的价格目标。这包括寻找重要的支撑位和阻力位，以及通过趋势线和图表模型预测价格走势。当期权价格接近或达到你的目标时，可以考虑平仓。同时，也可以采取利润保护策略、追踪止损策略、移动平仓策略、风险配比策略等。

2. 资产与策略组合

不要把所有的鸡蛋放在一个篮子里，通过在不同的期权合约中分散投资，可以降低单一交易的风险。在黄金期权交易中，可以使用各种风险管理策略，例如，标准化期权、期权套利和对冲策略等。掌握和运用这些策略有助于降低风险并增加交易成功的机会。首先，利用多元化投资组合可以有效降低风险。通过在不同的资产类别中分散投资，可以降低特定资产风险。除了黄金期权，还可以考虑在其他相关金融市场投资。这样，即使某个资产面临风险，其他资产也可能会提供一定的保障。其次，使用不同类型的期权合约。在黄金期权交易中，有多种类型的期权合约可供选择，如认购期权、认沽期权、宽跨式、窄跨式等。通过结合不同类型的期权合约，可以降低特定期权合约的风险，并根据市场条件灵活调整策略。再次，灵活使用对冲策略。对冲策略是通过同时建立多个互相对立的头寸来降低风险。在黄金期权交易中，可以同时建立认购期权和认沽期权的头寸，以对冲市场波动带来的风险。这种对冲策略可以减少潜在的损失。最后，动态调整仓位。根据市场条件和风险承受能力，调整仓位规模也是一种有效的风险管理方法。在高风险时期，减少仓位以降低潜在损失，在低风险时期适度增加仓位以提高回报。

3. 杠杆风险

在交易期权时使用杠杆，意味着可以用较少的资金控制更大的交易头寸。然而，杠杆也带来了风险的增加。要谨慎地使用杠杆，确保有足够的资金来应对可能的亏损。要定期评估交易策略和风险管理方法，并根据市场情况进行必要的调整。市场条件可能会发生变化，所以适应市场的变化非常重要。

四、其他

要进行有效的黄金交易风险管理工作，还应该在日常清算、IT 技术、极端行情以及客户违约方面予以重视。首先，日常清算是确保交易的及时结算和资金安全的重要措施。这包括定期核对账户余额、交易记录和交易确认，确保账户和资金的准确性和完整性。其次，IT 技术风险管理是确保交易系统的安全性和稳定性的重要措施。这包括采用安全的网络和系统结构、定期进行网络安全检查和更新、备份关键数据、使用防火墙和安全软件等，以减少风险与防范可能的系统故障和数据丢失。再次，在黄金交易中，极端行情（如跳空高开或低开）可能会导致黄金价格大幅波动和市场不稳定。为应对这些情况，交易者可以采取一些风险管理措施，如设定止损订单和限价订单，以控制损失和利润。又次，贸易类业务应加强客户违约风险的管理。客户违约是指客户无法按时履行交易合约的情况。为了减少客户违约的风险，交易商可以采取预防措施，如进行客户信用评估、设置保证金要求和采取严格的风险控制措施。最后，了解市场和行业趋势、制定合理的交易策略、定期评估和调整风险管理计划，也是有效管理风险的重要方面。

第四节　风险指标与监控

风险指标主要有夏普比率、波动率方差、波动率、客户权益、可用资金率、当期收益率、年化收益率等类似指标。

（1）夏普比率（Sharpe Ratio）：夏普比率是衡量投资组合（或资产）超额回报相对于承担的风险的指标。它计算投资回报相对于无风险回报的超额回报与投资组合（或资产）的波动性之比。

（2）波动率方差（Volatility Variance）：波动率方差衡量资产或投资组合的价格波动程度。它是计算价格变动与平均价格之间偏离的平方的平均值。

（3）波动率（Volatility）：波动率是衡量资产或投资组合价格变动的标准差。它度量了价格波动的幅度，较高的波动率意味着更高的风险。

（4）客户权益（Customer Equity）：客户权益是指在投资账户中的剩余资金，即投资者的总资产减去总负债。它代表了客户在投资组合中的权益价值。

（5）可用资金率（Available Funds Ratio）：可用资金率是可用资金占总投资资金的比例。它反映了投资者可用于进一步投资或管理风险的资金比例。

（6）当期收益率（Current Period Return）：当期收益率是特定时间段内投资组合或资产的收益率。它是投资组合或资产在给定期间内的收益与初始投资金额之比。

（7）年化收益率（Annualized Return）：年化收益率是将投资组合或资产在一年内的收益率转化为百分比，以便更好地比较和评估不同时间段的投资组合的表现。

这些指标可以用于评估投资组合或资产的风险和回报，并帮助投资者监控和管理投资风险。然而，要注意每个指标的局限性，并结合其他因素进行分析和决策。

第五节　应急风险处置

黄金交易过程中，投资者不可避免地会遇到突发事件。制定应急预案是为了在突发事件或风险发生时，能够迅速应对并减少潜在损失。因此，需要进行应急风险处置，具体步骤如下：

（1）识别潜在风险和事件：需要仔细评估黄金期权交易所面临的各种风险和可能发生的突发事件。这包括市场崩盘、技术故障、交易所停机、金融欺诈等。通过对市场和行业的研究，以及参考历史数据和案例，识别出可能对交易活动造成负面影响的潜在风险和事件。

（2）确定应急措施：根据识别出的风险和事件，制定相应的应急措施来减少潜在损失。这包括设定止损订单、设立备用资金、确保与交易所的沟通途径畅通、与交易伙伴建立联系等。

（3）规划沟通渠道：在制定应急预案时，确保设立有效的沟通渠道非常重要。应与交易团队、交易所、供应商以及相关监管机构保持沟通，及时获取市场信息和通知，以便迅速做出决策和采取行动。

（4）培训和演练：为交易团队提供培训并进行定期演练，以确保他们了解应急预案的执行过程和如何应对突发事件。这可以提高应对紧急情况的效率和准确性。

（5）定期审查和更新：应急预案应定期审查和更新，以反映市场和行业变化，以及提供的经验教训。同时，确保与风险管理策略的一致性，并针对新兴风险和事件进行相应的修订和改进。

（6）与专业顾问合作：如果对制定应急预案不够了解，或需要专业意见和指导，可以考虑与金融顾问或专业机构合作。他们可以提供行业最佳实践和个性化的建议，以确保应急预案的完整性和有效性。制定应急预案是为了在风险和突发事件发生时保护投资者的利益和资产。这需要认真评估和准备，并与相关方保持密切联系，以便迅速做出反应。

思考题

1. 黄金交易风险有哪些种类？
2. 如何进行黄金期货交易的风险管理？
3. 如何进行应急风险处置？

第七章　黄金套期保值

本章导读：

　　黄金套期保值业务是企业利用黄金市场工具进行风险管理、锁定价格风险的重要手段。根据企业在黄金市场中的不同角色和交易方向，套期保值业务可以分为买入套期保值和卖出套期保值两类。根据企业所属业务的不同性质，套期保值业务可以分为生产套期保值、贸易套期保值以及金融产品套期保值等。在套期保值业务实际操作过程中，要严格按照套期保值基本原则进行交易，做好风险管理，避免出现套期保值失控的风险。

　　通过本章学习，应掌握以下内容：

　　1. 套期保值的概念与种类

　　2. 套期保值的原则

　　3. 套期保值的一般操作流程

　　4. 套期保值的风险管理

第一节　黄金套期保值概念及分类

传统金融视角下，套期保值是指在市场交易数量相等的同种商品的期货或远期合约，交易方向相反。由于同一种商品的价格和交易日期不一，价格又受到经济及非经济因素的影响，交易合约如果高度关联，则会出现盈亏互相冲销的结果，从而实现套期保值的目的。投资者需要注意的是，本章内容仅是对黄金套期保值案例的讲解，而实际套期保值操作时则要考虑到企业自身业务、财务及税务实际状况。

一、套期保值概念及原理

1. 套期保值概念

（1）概念及分类。黄金套期保值是指黄金矿山企业以及黄金生产加工、贸易企业或下游需求企业，为了锁定黄金价格，避免价格大幅上涨或下跌造成的不必要的损失，通过远期合约或期货合约进行套期保值的行为。套期保值主要是通过现货市场和期货市场价格的互动关系，提前锁定买入或卖出现货的价格，规避风险。其基本操作方式是从期货市场买入或卖出与现货市场交易方向相反、交易数量相等的黄金期货合约，在未来购买或销售现货时将期货头寸平仓，通过期货市场的盈利或者亏损来弥补现货市场的亏损或盈利，从而获取稳定收益。

按照套期保值的种类来分的话，可以分为生产套期保值、贸易套期保值以及金融产品套期保值。按照黄金套期保值的发生场所来分的话，可以分为国内黄金市场套期保值、国际市场黄金套期保值等。同样，利用期权也可以实现套期保值，分为买入/卖出看涨期权保值、买入/卖出看跌期权保值等。套期保值的主体主要是机构投资者，其保值的对象是黄金现货或期货。投资者一旦选择了套期保值方式，就以稳定生产秩序、锁定价格、规避价格风险为目标，而非获取投机利润。投资者锁定了价格后，其生产经营过程中，应该把规避黄金价格风险放在首要位置。按照交易工具的不同，可以分为期权套期保值和期货套期保值。其中，期权套期保值又可以分为买入期权套期保值和卖出期权套期保值。根据期权套期保值的不同目的，又可以产生多种期权套期保值组合。

（2）套期保值的基本原则。要想真正地实现套期保值，一定要坚持套期保值业务的基本原则。就套期保值交易规模、方向、时间等因素来看，主要包括两个方面：

1）期现交易方向相反，时间相同。在进行黄金套期保值交易时，一定要遵循交易方向相反的原则，即在期货和现货市场采取交易方向相反的交易行为。也就是说，如果投资者在现货市场上是黄金需求方（即购买方），那么在期货市场上该公司应该买入黄金进行保值。当到期时该公司买入黄金现货时，应该在期货市场卖出平仓。只有这样，才能以一个市场的盈利来弥补另一个市场的损失，实现保值效果。如果投资者在现货市场上是黄金销售方（即卖出方），那么在期货市场上应该进行卖出套期保值。当到期该公司卖出黄金现货时，同时应该在期货市场买入平仓，从而实现套期保值。注意，操作时要尽可能同时操作，避免因为时滞，遭受价格波动风险带来的损失。

2）期现交易规模相同。进行套期保值交易时，投资者在期货和现货市场交易的数量应该相同。只有这样，当价格出现变化时，才可以使一个市场的盈利与另一个市场的亏损相抵消，实现规避风险的效果。如果现货市场头寸过大，则期货市场就无法对现货头寸实现完全保护。反之，如果期货市场头寸过小，那么超出现货市场的头寸就会转化成为投机头寸。无论是哪一种类型的头寸差异，都会导致套期保值的失败。

在决定套期保值头寸时，投资者应该根据业务需求数量，决定在期货市场交易的头寸。在多数情况下，业务需求头寸与交易头寸不能完全相同，会有一点差异。这个主要是由于交易所合约的标的数量与实际业务需求数量的匹配问题。在这种情况下，投资者应该采取近似匹配的原则，即在合约标的数量和业务需求数量之间，谋求头寸差异最小的数量。

在投资者实际操作业务过程中，很容易出现滥用"套期保值"的情况。主要有以下几种情况：

1）违反套期保值原则。这种情况主要是买卖方向不符合投资者的经营业务需要。比如，在黄金价格不断上涨的趋势下，有些金矿企业也开始买入黄金期货，美其名曰"套期保值"。这种操作方式违反了套期保值的第一个原则，即买卖方向相反。当黄金产出时，需要在黄金现货市场卖出黄金，同时在期货市场买入平仓空头期货合约。如果是多头头寸，这时就无法买入平仓。另外一种操作方式，就是期货市场的交易数量远远大于现货市场的交易数量。这种操作方式就违反了套期保值的第二个原则，即买卖的数量不匹配。虽然由于期货市场交易规则和投资者业务需求的问题，期货和现货市场的头寸不可能完全匹配，但是，有些投资者在进行套期保值交易时数量远远超出了业务需求的数量。这种违反套期保值操作原则的交易方式，实际上是投机操作。

2）套期保值中断或变更。投资者按照自身业务需求，在市场上进行了买入或者卖出套期保值操作以后，由于业务变更，双方达成一致意见，解除了业务合同；或者由于公司生产计划变更，不再需要购买或者销售此前确定规模的黄金数量。这时，投资者需要同时将市场头寸平仓，并按照规定核算盈亏。如果投资者仅仅是单方面解除了业务合同，或者修改了生产计划，而没有同时在期货市场进行平仓操作，那么就可能会产生损失。这种操作方式本质上也是一种违反套期保值原则的做法。

3）"伪"套期保值。在实际业务操作过程中，许多投资者怀有强烈的投机动机，在黄金期货市场建立了多头或空头头寸。此类投资者往往解释为：他们是为了规避价格上涨或下跌的风险，在期货市场买入或卖出了相应的黄金期货头寸。这种操作方式实际上是单纯的投机行为，因为交易行为发生在单个市场，到期并没有对应的平仓操作。

4）其他原因。有些黄金原料加工或贸易公司，对黄金进行加工后再销售。特殊情况下，该公司的生产原料是黄金，终端产品是黄金标准金锭，或粗金。在这种情况下，也要按照套期保值的原则进行相关操作。首先，投资者需要判断其面临的是何种风险，需要何种操作才能规避风险，锁定价格。比如，某黄金原料贸易公司跟客户签订了一笔合同，到期需要按约定价格提供相应数量的金锭。这时，该投资者面临的风险主要是黄金原材料价格上涨的风险。其次，根据面临的风险，决定在黄金期货市场的交易方向及头寸。为了规避价格上涨的风险，该投资者需要同时在黄金期货市场买入相应月份的主力合约。到期交割黄金后，将黄金多头头寸平仓。

2. 套期保值原理

套期保值是黄金期货市场价格发现和规避风险功能的重要体现，其基本原理包括两个方面：

（1）期货现货市场之间价格高度相关。就期货合约的具体条款而言，其交割标的物是与现货密切相关的，往往是标准化的现货。在相同的经济环境下，两者会受到相同因素的影响。当影响黄金现货市场价格的某个因素出现波动时，它同样会影响黄金期货市场的价格。市场参与主体的不同，对该因素波动产生的影响的判断不同，虽然影响的方向一致，但是对黄金期货市场价格的影响在幅度上并不相同。由于市场存在套利交易，两者的价格不会相差很多。通过这种关系，投资者就可以在两个市场建立方向相反、数量相等的头寸，实现盈亏相抵，从而实现规避风险的效果。

（2）期货现货市场价格趋同，基差逐渐缩小。由于期货合约交割时间在未来的某个月份，其价格中包含了现货价格、仓储和运保费用（现货价格和持有成本），因此，价格要高于现货价格。而随着交割月份的逐渐临近，持有成本逐渐降低，两者逐渐接近。当到达交割期限时，两者的价格基本一致。

应该看到，由于期货市场和现货市场分属于不同的市场，交易主体和市场的影响因素并不完全相同，因此，黄金期货价格与黄金现货价格的波动幅度未必完全一致。由此可知，投资者在进行套期保值时，应该具体问题具体分析。

3. 影响套期保值的因素

期货套期保值除了要严格遵守操作原则，也要密切关注影响套期保值效果的几个因素：

（1）期货市场与现货市场波动幅度不一致问题。期货市场和现货市场价格之间的差异，又被称为基差。由于黄金现货市场和期货市场的市场监管及主体并不完全相同，两者的价格行情并不完全一致。这就导致了套期保值的效果未必如预期一样，可能会有一定的偏差。就套利的结果而言，可能有小幅的盈利或者亏损。这种盈利或者损失的不确定性，又被称为基差风险。

（2）期货合约的标准化问题。由于投资者的业务需求数量及时间未必和期货市场的黄金期货合约月份和交割时间完全相同，因此，在实际操作过程中必然会导致期货套期保值效果的不确定性。这种盈利或者损失的不确定性，又被称为合约风险。

（3）黄金延期交收合约（T+D）问题。延期交收合约是上海黄金交易所针对中国黄金市场的特殊情况而推出的一种现货延期交收合约。其交易规则和上海期货交易所的黄金期货合约在主要内容方面基本相同。但是，也有一些重要的区别，主要表现在：

1）延期交收合约允许每日申请交割。在每日收盘前30分钟，投资者都可以通过交易系统申请交割现货。这种交割机制与上海期货交易所的标准期货合约限期交割规定有着很大的不同。

2）延期交收合约的递延费问题。根据上金所交易规则，延期交收合约中，首先需要进行交割申报。当交割申报交方和收方的比例不一样时，需要决定递延费的支付方向。以交割数量为参考，交割买方或卖方数量大的一方为赢方，另一方为输方。当天市场清算完成以后，交割申报中的输方需要向赢方缴纳一定金额的递延补偿费。递延补偿费按日计算，如果套期保值规模比较大，那么将会产生一定的盈利或损失。

3）延期交收合约的中立仓问题。根据上金所交易规则，在交割申报环节完成以后，对于交割申报数量的差额部分，市场中的其他投资者可以申请中立仓。中立仓机制是上金所为了促进每日黄金现货交割业务的完成而推出的一种特殊机制。如果投资者有多余的现货或者资金，可以申请中立仓。中立仓申请成功以后，系统会自动生产一个反向头寸，并且向投资者支付递延补偿费。

二、套期保值分类

根据投资者在黄金期货市场上的买卖方向，可以将套期保值分为买入套期保值和卖出套期保值两种。对于现货市场的需求，投资者的业务情况千差万别，未必完全一致。为了避免现货市场价格的不利变化风险，投资者需要在期货市场进行套期保值操作。

1. 买入套期保值

买入套期保值是指投资者在未来某个时间会从黄金现货市场购买黄金，为了避免价格上涨带来的风险，先从期货市场买入黄金期货合约进行保值的方式。这需要投资者先在期货市场建立期货多头头寸。这种方式比较适合因为业务需求经常需要在现货市场购买黄金，但是又担心价格上涨的投资者，一般业内称为"买入保值"或者"多头保值"。

买入套期保值具体操作流程如下：

首先，投资者根据自身业务需求，确定需要购买的黄金数量和交割时间。其次，根据交割时间，确定需要买入的黄金期货主力合约。确定合约时，要选择市场主力合约，而非当期或交割期合约。比如，上海期货交易所合约，一般是6月或12月合约。如果选择交割期或月份相近的合约，交易有时很难达成，并且会面临平仓困难。如果到期后无法平仓，那么只能进行交割。最后，根据确定的主力合约和交易数量，准备好相应数量的保证金，在期货市场买入与业务需要购买黄金数量相等的主力期货合约。当到期买入黄金现货时，需要同时在期货市场将相应头寸的多头头寸平仓。在保值期间，如果现货黄金价格上涨，期货市场价格的上涨则会为现货价格的下跌提供保障；反之，如果现货黄金价格下跌，现货黄金买入成本的降低（或盈利）则会弥补期货市场头寸因为下跌造成的损失。

2. 卖出套期保值

卖出套期保值是指投资者由于自身业务需求将会在未来某个时刻出售黄金现货，为了规避价格下跌的风险，先从期货市场卖出黄金期货合约进行保值的交易方式。这种交易方式，需要投资者首先在期货市场上建立期货空头头寸。卖出套期保值适合于当前因为自身业务，黄金现货尚未生产，但是又想规避价格下跌风险的投资者，一般业内称为"卖出保值"或者"空头保值"。

卖出套期保值的操作流程如下：

首先，投资者根据自身业务需求，确定需要销售的黄金现货数量和交割时间。其次，根据交割时间，确定需要卖出的主力黄金期货合约。确定合约时，同样要选择市场主力合约，而非当期或交割期合约。最后，根据确定的主力合约和交易数量，准备好相应数量的交易保证金，在期货市场卖出与业务需要销售黄金数量相等的主力期货合约。当到期需要卖出黄金现货时，需要同时在期货市场将相应头寸的空头头寸平仓。在保值期间，如果现货黄金价格上涨，由于已经锁定价格，现货价格的下跌将会为期货头寸的亏损提供保障；反之，如果现货黄金价格下跌，那么期货市场的盈利将会弥补现货头寸的损失。

三、黄金套期保值一般策略

在进行黄金业务套期保值操作的过程中，投资者需要严格遵守套期保值的原则，反映自身业务需求，注意套期保值规模和方向与实际需求相匹配。同时，投资者应该掌握黄金套期保值业务中的一系列操作技巧，关注基差风险。在实际执行操作的过程中，投资者还需要考虑自身所处的经营环境，在税收、代理成本及交易费用方面不断改进自身策略，确保套期保值效果。

1. 遵守套期保值原则

在进行套期保值交易时，投资者必须遵守套期保值的基本原则，诸如交易规模相等、方向相反及时间相近等。实际上，投资者面临的情况比较复杂，需要结合具体问题具体分析。此外，在套期保值的过程中，投资者一定要摒弃投机心理，不能怀揣侥幸心理进行投机。

2. 反映业务实际需求

在进行套期保值操作时，一定要从企业经营实际出发，确定套期保值的真正需求。比如，就金矿企业而言，其保值方向一定是卖出套期保值操作，而非进行买入套期保值。这个特性是由其金矿生产黄金的业务实际需求决定的。对于用金企业而言，其保值方向一定是买入套期保值操作，而非进行卖出套期保值。对于贸易企业而言，要根据企业的实际买卖合同，及时确定套期保值方向和规模。此外，投资者要清晰地意识到，虽然套期保值交易能够规避价格风险，但是也不可避免地要发生一些费用。这些费用具体包括：交易手续费、交易保证金利息及机会投资损失。就交易手续费而言，投资者可以与期货经纪公司进行商谈，以争取一个比较有利的手续费率。对于交易保证金的需求，投资者可以根据自身业务需求和套期保值规模，按照期货交易所规定的保证金比率要求，准备充足的保证金。否则，虽然投资者具有套期保值意愿，但是由于缺少必需的资金，也很难达成套期保值效果。对于机会投资损失，这个问题则很难避免，需要结合企业实际进行综合判断。

一般情况下，如果市场价格行情比较稳定，价格波动风险不大，则投资者的套期保值意愿较低。但是，一旦遇到市场黄金价格波动较为频繁，企业经营风险加大，这时投资者可以根据实际情况，及时进行套期保值操作。

3. 匹配套期保值数量和方向

在进行黄金套期保值业务的过程中，一个首要的问题就是考虑套期保值的规模和方向。在实际操作过程中，投资者可能因为资金成本、保证金水平以及机会成本等问题，无法进行充分的套期保值操作。对于风险承受能力，不同的投资者也有所不同。对于是否进行全额套期保值，要视投资者的具体情况而定。因此，投资者必须充分研究和分析黄金市场的价格行情，基于自身的风险承受能力，确定合适的期货套期保值数量。

4. 关注基差风险

进行套期保值操作，一定要关注黄金现货市场价格和期货市场价格的价格差问题，即套期保值业务中的基差风险问题。由于黄金期货市场和现货市场面临的环境及影响因素各有不同，因此，两者之间的价格差异，即基差也一直在不停地变化。由于基差对套期保值效果具有重要影响，因此，投资者在从事套期保值交易时应该关注基差风险，加强对基差变化方向的分析。当基差变化方向不利时，套期保值可能会遭遇一定的额外损失，保值效果可能会低于预期结果；当基差变化方向有利时，套期保值可能会产生一定的额外盈利，保值效果会超出预期。

5. 考虑经营环境

由于投资者所处的营商环境不同，因此在进行套期保值决策时，应该结合自身财务资金状况以及所处的经济、政治环境进行分析，做出合适的决策。对于企业而言，投入多少资金进行套期保值也是财物决策的重要内容。在资金紧张的情况下，企业可能无法及时匹配足够的资金进行套期保值。因此，企业的套期保值方案就要进行适当修改。理论上，在完全市场条件下，企业的价值与其负债结构没有必然关系。但是，在实际操作中，企业面临的都是不完全竞争市场，普遍存在小微企业融资困难的问题。很多企业在运营中也会遇到短期内的流动资金问题，在现实中还会遇到诸如税收优惠政策、交易成本、经理人团队（代理成本问题）、内控机制、破产风险评估、交易对手信用等问题，对企业的套期保值决策会造成重要影响。

（1）税收优惠政策。在完全市场条件下，一般假设是没有税收。在企业实际运营过程中，税收对套期保值效果具有重要影响。对套期保值方面的影响，按照税收的种类划分，主要来自所得税和增值税两个方面。

1）所得税影响。假设某矿山企业估计12月底有1000千克黄金现货需要出售。现在是2月份，其生产成本为200元/克，当前黄金现货市场价格为300元/克，期货市场12月份主力合约价格为302元/克。若到期黄金现货价格可能为200元/克，或者为350元/克，概率各50%。公司按照所得税率为20%缴纳所得税。由于存在所得税扣除的情况，套期保值效果在极端市场风险下会有不同结

黄金投资素养与技术

果。对于这种情况，套期保值操作结果见表7-1。

表7-1　保值与否情况下的企业预期收益

项目	不套期保值		套期保值	
黄金现货售价	200元/克	350元/克	200元/克	350元/克
黄金现货销售收入	2亿元	3.5亿元	2亿元	3.5亿元
期货市场盈亏			1.02亿元	-4800万元
减：生产成本	-2亿元	-2亿元	-2亿元	-2亿元
税前利润	0亿元	1.5亿元	1.02亿元	1.02亿元
应交税金（所得税）	0	-3000万元	-2040万元	-2040万元
所得税扣除产生的收益（如存在）	0	500万元	500万元	500万元
净收入	0	1.25亿元	0.866亿元	0.866亿元
预期税后净收入	0.625亿元		0.866亿元	

　　根据表7-1可知，在存在所得税扣除额的情况下，由于没有进行套期保值，企业所得税税基为0，因此不能享受所得税扣除办法，从而无法获得因为所得税扣除产生的收益500万元。在这种情况下，假设市场下跌或上涨出现的概率各为50%，那么不进行套期保值操作产生的预期税后净收入为0.625亿元，低于套期保值后的0.866亿元。无论是否采取套期保值操作，其现货市场的收入都是根据现货市场进行销售，变化来自期货市场的盈亏。由于采取了保值措施，无论是价格上涨至350元/克，还是下跌至200元/克，该公司的销售收入都已经将价格锁定在302元/克。在扣除生产成本，经过应交所得税及所得税扣除后，该公司实际获得税后净收入0.866亿元。该收入虽然远小于未进行套期保值操作产生的1.25亿元净收入，但是高于未进行套期保值操作下的预期收入0.625亿元。这样，在存在所得税扣除政策的情况下，期货套期保值操作的税收净收入要高于未进行套期保值操作的情况。

　　应该看到，这是基于市场出现极端风险的情况，如果市场没有出现极端风险，那么对于税收收益的判断主要依据各种价格出现的概率和实际价格。如果我们更换一下表7-1中的有关数据，就会得出不同的结论。但是，有一点值得肯定，如果存在极端情况下的价格风险，进行套期保值操作无疑是正确的选择。

　　2）增值税影响。在套期保值过程中，会计分期及记账方式的不同，可能会导致套期保值效果不同。根据国家税务总局《黄金交易增值税征收管理办法》，黄金交易所交易环节发生标准黄金实物交割，应按实际成交价格开具增值税专用发票，实际成交价格为所提取黄金买卖双方按规定报价方式所成交的价格，不包括交易费、仓储费等费用。为准确计算所提黄金的实际成交价格，黄金交易所应按后进先出法原则确定。在进行套期保值交易时，增值税发票是依据交割月份的交割结算价开具的。黄金期货的交割结算价为该合约最后5个有成交交易日的成交价格按照成交量的加权平均价。交割结算时，买卖双方按该合约的交割结算价进行结算。因此，对于当期是否发生增值税销项，结合不同地区的不同优惠政策，公司的资产负债表会有不同情况的变化。总体而言，在进行套期保值操作时，投资者要充分评估进行套期保值操作可能带来的增值税方面的损益，详细设计套期保值具体实施方案。

（2）交易成本。期货交易所对套期保值交易企业实行交易成本减免等优惠政策。国内各大期货交易所制定了各种制度来鼓励企业申请套期保值业务。比如，对于黄金期货合约交易，上海期货交易所将套期保值交易分为一般月份套期保值交易和临近交割月份套期保值交易。一般月份买入套期保值交易是指建立期货合约买方向、看涨期权合约买方向、看跌期权合约卖方向的套期保值持仓，一般月份卖出套期保值交易是指建立期货合约卖方向、看涨期权合约卖方向、看跌期权合约买方向的套期保值持仓。套期保值业务操作在市场发生极端风险的情况下，具有优先保护权，比如，《上海期货交易所套期保值交易管理办法（修订版）》规定：在市场发生风险时，为化解市场风险，交易所根据有关规定实施减仓时，按照先投机后套期保值的顺序进行减仓。上海黄金交易所关于套期保值的有关规定，对套期保值交易的限仓制度也给出了相对宽松的规定。比如，借入方自行存入交易所指定仓库的实物用于归还其借入的实物时，交易所不向其开具增值税专用发票。这就充分体现了"借金还金"的交易本质，减少了开具增值税发票的环节，降低了融资成本。因此，投资者应该熟悉上海黄金交易所及上海期货交易所关于套期保值的最新通知及交易安排，及时修订企业套期保值方案。

对于进行套期保值交易的期货经纪机构，可以充分利用交易规则，要求期货经纪公司提供配套服务，并降低交易手续费用。同时，应该充分利用期货交易所提供的仓单质押规则，及时盘活库存，释放流动资金。比如，上海黄金交易所推出了《上海黄金交易所协助办理质押管理办法》，对出质人充分盘活库存、融通资金的需求进行了规范。具有现货库存的企业，在进行套期保值业务期间，可以充分盘活其库存。针对黄金借贷业务，上金所也推出了《上海黄金交易所实物租借管理办法》，对投资者租赁或借出黄金业务进行了规范，在风险可控的前提下尽可能满足投资者的资金融通需求。再如，上海期货交易所标准仓单交易平台推出了线上质押业务，切实解决了仓单重复质押风险、仓单处置困难等问题，再结合上期所交易平台的贷前信息维护、贷中盯市处理、贷后仓单处置等功能，全方位提升了客户的资产风险管理能力。在上期所进行黄金期货套期保值的投资者，可以充分利用仓单质押功能，盘活库存，融通资金。

（3）破产风险评估。在金融市场中，若要充分评估一家上市公司的信用及清偿能力，是否进行套期保值也是其中的重要指标。如果企业进行了套期保值操作，则有助于提高该公司的估值。一个切实有效的套期保值方案，有助于降低企业经营中的极端风险，确保公司业务的正常运营，避免公司遭遇破产风险，从而提高公司的估值。

（4）经理人团队。在完全竞争和理性人等经济假设下，企业经理人能够充分利用现有资金，维护股东利益；开展生产经营活动，以谋取利润最大化。首先，在实际运营中，企业经理人和企业股东之间可能存在着复杂的利益关系。企业经理人可能并非完全以利润最大化为目标。其次，由于经理人任期的限制，为了获取可能的任期最大激励，比如根据合同签订的业务利润目标年薪制，企业经理人可能并非完全进行套期保值，而是采取比较激进的投机策略，为自己谋取可能的最大利益。最后，如果公司经理人本身就是企业股东，为了降低企业经营的风险，可能会更为重视套期保值业务。但是，具体决策又取决于多数股东的意见及该经理人股份占比，如果其风格与整体经营风格不同，可能未必会重视套期保值业务。

（5）机会投资成本。套期保值交易与企业的流动资金、经营策略及发展战略密切相关，在实际业务中会受到诸多机会投资成本的影响。如果企业的投资项目较多，且预期收益较高，该公司将资金投入套期保值交易，就会面临交割的机会投资成本风险。为了减少机会投资成本，企业可能会对投资采取激进型策略，抓住产业发展的机遇，从而减少套期保值的资金使用。

第二节　期货套期保值案例

在实际业务中，企业也可以利用黄金期货合约进行套期保值。上海期货交易所与上海黄金交易所的黄金套期保值操作基本原理相同，操作方式相类似。然而，两者也有一些不同的地方，例如，在交割机制、交易费用及交易规则方面，都存在不同之处。

一、生产性套期保值

生产经营企业进行黄金交易的套期保值，可以通过上海黄金交易所和上海期货交易所进行。前者可以通过交易黄金延期交收合约［Au（T+D）合约］，后者可以通过交易黄金期货合约（一般为6月合约或12月合约）。两种合约进行交易各有特点，以下分别通过案例进行说明：

1. 矿山企业卖出期货合约套期保值案例

湖南某黄金矿山企业黄金生产成本为 120 元/克，在 2 月现货市场价格 225 元/克，主力合约为 6 月黄金期货，价格为 224.6 元/克。该企业对于目前价格比较满意，希望能够锁定该价格实现稳定利润，预计本月黄金产出为 2 吨。为了规避价格下跌的风险，该企业在上海期货交易所黄金市场卖出 2 吨黄金的 6 月期货合约，价格为 224.6 元/克。进入 6 月时，黄金期货价格跌至 204 元/克，现货价格跌至 205 元/克。该企业在期货市场将 2000 手期货合约平仓，获利了结（假设手续费为每手 0 元）。

该企业的套期保值结果计算过程，具体见表 7-2。

表 7-2 矿山企业卖出套期保值

	2 月价格	6 月价格	保值损益	资金变化
现货合约	225 元/克	205 元/克	每克亏损 20 元	销售收入 4.1 亿元；亏损 4000 万元
期货合约	224.6 元/克	204 元/克	每克盈利 20.6 元	盈利 4120 万元
操作	卖出黄金期货合约 2000 手，价格 224.6 元/克	买入平仓空头 2000 手，价格 204 元/克；同时，卖出黄金现货 2 吨，价格 205 元/克		
锁定卖出价格	（4.1 亿元+4120 万元）/2000000 克＝225.6 元/克			

由表 7-2 可知，该矿山企业通过在黄金期货市场卖出期货合约进行套期保值操作，根据自身的生产经营计划，需要在 6 月卖出 2 吨黄金现货。但是，由于担心现货价格下跌，企业为了锁定价格，规避价格下跌风险，在黄金 6 月主力合约卖出黄金期货 2000 手进行套期保值，交易价格为 224.6 元/克，同期黄金现货价格为 225 元。通过进行期货市场和现货市场的套期保值操作，该企业在现货市场损失 4000 万元，但是在期货市场获得盈利 4120 万元。通过期货保值操作，该企业实际销售黄金的价格为 225.6 元/克，成功实现了套期保值。

反之，如果不进行套期保值，一个月后在现货市场售出 2 吨黄金，将会面临 4000 万元的损失。由于进行了套期保值，仅仅支付了 20000 元的手续费用，现货市场损失的 4000 万元从期货市场的盈利中得到了弥补，从而控制了市场风险，确保了生产经营业务的稳定进行。

2. 金银首饰企业买入期货合约套期保值

深圳市某金银首饰企业对于黄金现货有定期购买需求，2 月现货市场价格为

224 元/克，主力合约为 6 月黄金期货，价格为 225 元/克。该企业对于目前价格比较满意，希望能够锁定该价格实现稳定利润，预计本月黄金需求为 2 吨。为了规避价格上涨的风险，该企业在市场上买入 2 吨黄金的 6 月期货合约。一个月后，黄金期货价格上涨至 235 元/克，现货价格上涨至 234 元/克。该企业在期货市场将 2000 手 6 月黄金期货合约卖出平仓了结（手续费为每手 0 元）。

该企业的套期保值结果计算过程，具体见表 7-3。

表 7-3　金银首饰企业买入套期保值

	2 月价格	6 月价格	保值损益	资金变化
现货合约	224 元/克	234 元/克	每克亏损 10 元	购买支出 4.68 亿元；多付了 2000 万元
期货合约	225 元/克	235 元/克	每克盈利 10 元	盈利 2000 万元
操作	买入 6 月黄金期货合约 2000 手，价格 225 元/克	卖出平仓多头 2000 手，价格 235 元/克；同时，买入黄金现货 2 吨，价格 234 元/克		
锁定买入价格	（4.68 亿元-2000 万元）/2000000＝224 元/克			

由表 7-3 可知，该金银首饰企业通过在黄金期货市场买入期货合约进行套期保值操作，根据自身的生产经营计划，需要在 6 月买入 2 吨黄金现货。但是，由于担心现货价格上涨，企业为了锁定价格，规避价格上涨风险，在黄金 6 月主力合约买入黄金期货 2000 手进行套期保值，交易价格为 225 元/克，同期黄金现货价为 224 元/克。通过进行期货市场和现货市场的套期保值操作，该企业在现货市场损失 2000 万元，但是在期货市场获得盈利 2000 万元。通过期货保值操作，该企业实际购买黄金价格为 224 元/克，成功实现了套期保值。

反之，如果不进行套期保值，进入 6 月后在现货市场购买 2 吨黄金，将会多支付 2000 万元。由于进行了套期保值，现货市场损失的 2000 万元从期货市场的 2000 万元盈利中得到了弥补，从而控制了市场风险，确保了生产经营业务的稳定进行。注意，该案例与矿山企业卖出套期保值不同，是站在黄金需求者的角度。按照本案例提供的市场价格，黄金需求者最后实际支付的价款锁定在了当期，而非是进入 6 月后。本案例形象地说明了套期保值的目的是锁定价格风险，而非投资。

以上案例是采用上海黄金交易所的期货交易合约进行的套期保值操作，下面我们来看一下使用上海黄金交易所的黄金延期交收合约进行的套期保值操作。由于上海黄金交易所与现货交割联系密切，很多具有实际生产需求的企业较多采用上海黄金交易所的延期交收合约（Au（T+D））。

3. 矿山企业卖出延期交收 Au（T+D）合约套期保值

山东某黄金矿山企业由于自身业务需求，每年需要在上海黄金交易所销售大量的黄金，交易合约为 Au（T+D）。在 2 月时现货 AU9995 合约市场价格为 224.5 元/克，上金所延期交收 Au（T+D）价格为 225 元/克。该企业对于目前价格比较满意，希望能够锁定该价格实现稳定利润，预计 3 月黄金销售量为 1 吨。为了规避黄金价格下跌风险，该企业在市场上卖出 1 吨黄金的 Au（T+D）合约。一个月后，黄金延期合约价格下跌至 215 元/克，现货价格下跌至 214.5 元/克。该企业在上海黄金交易所将 1000 手延期交收合约申请交割，并全部成功（手续费为每手 0 元）。

该公司在上金所卖出 Au（T+D）合约后，市场价格行情、交割申报及递延补偿费支付方向变化情况见表 7-4。

表 7-4　上海黄金交易所 Au（T+D）价格及递延补偿费支付方向变化

日期	结算价格	中立仓	递延费支付方向	递延费支付金额累计
2021 年 2 月 15 日	卖出开仓 225 元	0	—	0
2021 年 3 月 15 日	买入平仓 215 元	0	—	−500000 元

注：为简化计算，本案例中立仓设定为 0，未发生递延费支付。

该公司套期保值操作见表 7-5。

表 7-5　山东某黄金矿山企业卖出 Au（T+D）合约保值

	2 月价格	3 月价格	保值损益	资金变化
Au（T+D）合约	225 元/克	215 元/克	每克下跌 10 元	卖出收入 2.15 亿元
现货市场合约	224.5 元/克	214.5 元/克	每克下跌 10 元	
操作	卖出 Au（T+D）合约 1000 手	交割申报 1 吨	Au（T+D）合约盈利 1000 万元	
锁定卖出价格	（2.15 亿元+1000 万元）/1000000 克＝225 元/克			

由表 7-5 可知，山东该黄金矿山企业通过在上金所延期交收合约 Au（T+D）市场卖出进行套期保值操作，根据自身的生产经营计划，需要在 3 月卖出 1 吨黄金现货。但是，由于担心现货价格下跌，企业为了锁定价格，规避价格下跌风险，在 Au（T+D）合约卖出 1000 手进行套期保值，交易价格为 225 元/克，同期黄金现货价为 224.5 元/克。通过在 Au（T+D）合约进行卖出套期保值操作，该企业在 2021 年 3 月 15 日收入 2.15 亿元。由于上金所延期合约采取逐日盯市

结算制度，盈利累计达 1000 万元。因此，该企业实际收入 2.25 亿元，平均成本 225 元/克。通过在延期交收合约进行卖出套期保值操作，该企业将价格锁定在 225 元/克，成功实现了套期保值。

反之，如果不进行套期保值，进入 3 月后在现货市场销售 1 吨黄金，将会少收入 1000 万元。由于进行了套期保值，现货市场损失的 1000 万元从延期交收市场的 1000 万元盈利中得到了弥补，从而控制了市场风险，确保了生产经营业务的稳定进行。注意，该案例与湖南黄金矿山企业不同，其保值操作的合约是上海黄金交易所 Au（T+D）合约。按照本案例提供的市场价格，黄金销售方最后实际收入的价款锁定在了当期，而非进入 3 月后。在本案例的套期保值操作中，要注意延期交收合约 Au（T+D）的特殊性。由于该合约采取了每日交割申报制度，因此并没有违反套期保值原则。该交割申报等同于在现货市场卖出黄金，同时买入平仓空头保值头寸。

4. 用金企业买入延期交收（T+D）合约套期保值

山东某金盐企业是国内金盐类产品的头部企业，由于自身业务需求，每年需要用到大量的黄金，主要从上海黄金交易所购入黄金。在 2 月时现货 AU9999 合约市场价格为 224.5 元/克，上金所延期交收 Au（T+D）价格为 225 元/克。该企业对于目前价格比较满意，希望能够锁定该价格实现稳定利润，预计 3 月黄金需求为 1 吨。为了规避黄金价格上涨的风险，该企业在市场上买入 1 吨黄金的 Au（T+D）合约。一个月后，黄金延期合约价格上涨至 235 元/克，现货价格上涨至 234.5 元/克。该企业在上海黄金交易所将 1000 手延期交收合约申请交割，并全部成功（手续费为每手 0 元）。

该公司购入 Au（T+D）合约后，市场价格行情、交割申报及递延补偿费支付方向变化情况见表 7-6。

表 7-6　上海黄金交易所 Au（T+D）价格及递延补偿费支付方向变化

日期	结算价格	中立仓	递延费支付方向	递延费支付金额累计
2021 年 2 月 15 日	买入开仓 225 元	0	—	0
2021 年 3 月 15 日	卖出平仓 235 元	0	—	+1320000 元

该公司套期保值操作见表 7-7。

表 7-7　某金盐企业买入套期保值

	2 月价格	3 月价格	保值损益	资金变化
Au（T+D）合约	225 元/克	235 元/克	每克上涨 10 元	购买支出 2.35 亿元

续表

	2 月价格	3 月价格	保值损益	资金变化
现货市场合约	224.5 元/克	234.5 元/克	每克上涨 10 元	
操作	买入 Au（T+D）合约 1000 手	交割申报 1 吨	Au（T+D）合约盈利 1000 万元	
锁定买入价格	（2.35 亿元-1000 万元）/1000000 克＝225 元/克			

由表 7-7 可知，该金盐企业通过在上金所延期交收合约 Au（T+D）市场买入进行套期保值操作，根据自身的生产经营计划，需要在 3 月买入 1 吨黄金现货。但是，由于担心现货价格上涨，企业为了锁定价格，规避价格上涨风险，在 Au（T+D）合约买入 1000 手进行套期保值，交易价格为 225 元/克，同期黄金现货价为 224.5 元/克。通过在 Au（T+D）合约进行买入套期保值操作，该企业在 2021 年 3 月 15 日支出 2.35 亿元。由于上金所延期合约采取逐日盯市结算制度，盈利累计达 1000 万元。因此，该企业实际支出 2.25 亿元，平均成本 225 元/克。通过在延期交收合约进行套期保值操作，该企业将价格锁定在 225 元/克，成功实现了套期保值。

反之，如果不进行套期保值，进入 3 月后在现货市场购买 1 吨黄金，将会多支付 1000 万元。由于进行了套期保值，现货市场损失的 1000 万元从延期交收市场的 1000 万元盈利中得到了弥补，从而控制了市场风险，确保了生产经营业务的稳定进行。注意，该案例与金银首饰企业案例不同，其保值操作的合约是上海黄金交易所 Au（T+D）合约。按照本案例提供的市场价格，黄金需求者最后实际支付的价款锁定在了当期，而非进入 3 月后。本案例形象地说明了套期保值的目的是锁定价格风险，而非投资操作。

二、贸易性套期保值

湖南某冶炼企业由于自身贸易业务需求，每年需要在上海黄金交易所销售大量黄金，交易合约为 Au（T+D）。业务上该公司从国外进口含金物料，操作流程符合国家进出口有关规定。根据此批进口物料规模及品位，可知 2 月同期将生产约 1 吨黄金。该企业对于目前价格比较满意，希望能够锁定该价格实现稳定利润。其中，进口综合成本价格约为 200 元/克。在 1 月时现货 AU9995 合约市场价格为 224.95 元/克，上金所延期交收 Au（T+D）价格为 225 元/克。为了规避黄金价格下跌风险，该企业在市场上卖出 1000 千克黄金的 Au（T+D）合约。一个月后，黄金延期合约价格下跌至 215 元/克，现货价格下跌至 214.95 元/克。该企业在上海黄金交易所将 1000 手延期交收合约申请交割，并全部成功（为方便计算，设定手续费为每手0元）。

该公司在上金所卖出Au（T+D）合约后，市场价格行情、交割申报及递延补偿费支付方向变化情况见表7-8。

表7-8　上海黄金交易所Au（T+D）价格及递延补偿费支付方向变化

日期	结算价格	中立仓	递延费支付方向	递延费支付金额累计
2021年1月15日	卖出开仓225元	0	—	0
2021年2月15日	买入平仓215元	0	—	+1120000元

该公司套期保值操作见表7-9。

表7-9　某冶炼企业贸易业务卖出套期保值

	1月价格	2月价格	保值损益	资金变化
Au（T+D）合约	225元/克	215元/克	每克下跌10元	占用7%保证金卖出现货获得2.25亿元收入
现货市场合约	224.95元/克	214.95元/克	每克上涨10元	
操作	卖出Au（T+D）合约1000手	交割申报1吨	Au（T+D）合约盈利1000万元	+10000000元
锁定卖出价格	（2.25亿元+1120000元）/1000000克＝226.12元/克			

由表7-9可知，该贸易公司通过在上海黄金交易所Au（T+D）合约进行卖出套期保值，获得盈利1000万元，弥补了现货市场1000万元的亏损。另外，该公司加工生产出黄金以后，在延期交收系统交货，由于优化了延期交收申报策略，虽然没有交割成功，但是获得递延补偿费收入112万元。总体来说，该公司通过Au（T+D）合约不但防范了市场风险，而且还获得了延期费收入。如果该公司是买入套期保值，价格变化趋势相同的情况下，延期交收合约市场的损失会抵消现货市场的收益，实现锁定价格买入的目的，确保生产秩序的稳定。

第三节　期权套期保值

黄金期权是买卖未来权利的合约，该合约赋予期权合约购买方在规定期限内按双方约定的价格购买或出售一定数量某种标的资产（比如：标的为黄金期货或黄金现货）的权利。黄金期权的权利方为获得这一权利向黄金期权义务方支付的价款就是黄金期权价格，也称为期权费（或权利金）。黄金期权买方以支付权利金的方式拥有权利；黄金期权卖方收取权利金，并在黄金期权买方选择行权时履行义务。与黄金期货一样，黄金期权也是一种衍生交易合约，在现代金融交易中发挥越来越重要的作用。目前跟国内黄金期权套期保值有关的市场，主要是上海期货交易所（SHFE）黄金期权市场、上海黄金交易所（SGE）询价期权市场。

在期权套期保值市场中，按照买卖方式以及标的合约的不同，可通过四种方式进行套期保值。对于多头套期保值，操作方式分别是买入看涨期权和卖出看跌期权。对于空头套期保值，操作方式分别是买入看跌期权和卖出看涨期权。由于金融衍生品市场包含多种交易合约，因此，根据选择交易对象的不同，买方期权套期保值和卖方期权套期保值可以产生不同的组合。例如，如果是现货期权合约，可以在黄金现货和期权之间设计套期保值组合；如果是期货期权合约，可以在黄金期权和期货合约之间设计套期保值组合。本节以买入看涨期权和买入看跌期权为例，对企业经营性套期保值进行说明。应当指出，企业也可以卖出看涨期权或卖出看跌期权来进行套期保值。但是，由于卖出期权相对于买入期权，其业务风险具有不对称性特征，因而应当审慎选择单边卖出期权，或改为使用期权组合进行保值。

一、买入看涨期权

湖北一家黄金首饰企业计划买入看涨期权来进行套期保值，以对冲黄金价格下跌的风险。假设当前黄金现货价格为 457 元/克，该公司在一个月后需要 10 千克现货黄金，预期黄金价格会上涨。根据市场分析，该企业选择购买上海期货交易所看涨期权 AU2310C472 合约，每个合约代表 1000 克黄金，购买数量为 10 份期权合约。根据市场条件和期权交易规则，假设购买一份看涨期权的合约价格为人民币 2 元/份，并支付交易手续费（为简化计算，设为 10 元/份）。在期权到期日前，如果期权价格上涨，将获得投资收益。假设到期日黄金现货价格上涨到 480 元/克，黄金期权合约涨至 26 元/份。

（1）在没有买入期权的情况下，该用金企业将会以市场价格购买黄金：

$10000 \times 480 = 4800000$ 元

由于没有买入期权进行套期保值，则该企业将支付 480 万元。黄金现货价格上涨了 23 元，因此该企业多支付了 $23 \times 10000 = 230000$ 元。

（2）在买入看涨期权的情况下，该企业选择买入黄金看涨期权进行套期保值，如果该企业选择到期平仓，则其权益变化如下：

期权市场收益：（26-2）×10000＝240000 元

现货市场支出：1000×480＝4800000 元

实际支出：4800000-240000+200＝4560200 元

由上可知，该企业通过选择期权套期保值，成功将买入成本控制在 456.02 元/克，实现了套期保值的目的。

到期时，若该企业选择交割为期货合约，则该公司对于套期保值的权益核算按照期货套期保值流程计算。如果价格不符合预期，该企业可以选择放弃行权。两者相比较而言，期权交易保值成本更低。在这个案例中，通过购买看涨期权，该企业有效地对冲了黄金价格下跌的风险。即使黄金价格上涨，仍然将成本维持在低水平，确保了生产经营正常运行。请注意，具体价格、费用以及期权合约细节可能会随着市场情况和交易规则的变化而变化，因此在实际操作前，需要进一步研究和了解黄金期权交易规则，并与期货经纪公司商定交易费用。

二、买入看跌期权

一家黄金矿山企业，可以利用买入看跌期权来进行套期保值：假设当前黄金现货价格为 457 元/克，该公司在一个月后需要销售 10 千克现货黄金，预期黄金价格将会下跌。根据市场分析，该企业选择购买上海期货交易所看跌期权 AU2310P472 合约，每个合约代表 1000 克黄金，根据用金需求，购买数量为 10 份期权合约。根据市场条件和期权交易规则，假设购买一份期权的合约价格为 16 元/份，并支付交易手续费（为简化计算，设为 10 元/份）。在期权到期日前，如果期权价格上涨超过期权费用，将获得投资收益。假设到期日黄金现货价格下跌至 440 元/克，黄金期权合约价格上涨至 33 元/份。

（1）在没有买入期权的情况下，该黄金矿山企业将会以市场价格销售黄金：10000×440＝4400000 元

由于没有买入看跌期权进行套期保值，销售黄金后该企业将获得收入 440 万元。现货黄金从 457 元下跌到 440 元，价格下跌了 17 元，因此该企业收入减少 17×10000＝170000 元。

（2）如果该企业选择买入黄金看跌期权 AU2310P472 进行套期保值，并选择到期平仓，则其权益变化如下：

期权市场收益：（33-16）×10000＝170000 元

现货市场收入：10000×440＝4400000 元

平均销售价格：4400000+170000-200＝4569800 元

由上可知，该企业通过选择期权套期保值，成功将买入成本控制在 456.98 元/克，实现了套期保值的目的。到期时，若该企业选择交割为期货合约，则该

公司对于套期保值的核算按照期货套期保值计算。在这个案例中，通过购买看跌期权，该企业有效地对冲了黄金价格下跌的风险。即使黄金价格下跌，仍然将销售价格维持在合理水平，确保了生产经营正常运行。

第四节　套期保值的风险管理

关于套期保值的风险管理问题，其重要性要远远超过套期保值交易操作本身。黄金套期保值是一种金融衍生品交易策略，用于管理黄金价格波动风险。它涉及一系列风险管理问题。企业要有效地做好黄金套期保值的风险管理工作，至少要考虑以下几个方面：

1. 风险评估和战略规划

首先，套期交易部门负责人应该了解和评估企业所面临的风险，包括价格波动、市场供求情况等。根据市场预期和企业需求，制定合适的套期保值战略。这可能涉及仓位管理、持仓限制和风险分散等方面的决策。成功的黄金套期保值战略需要管理层提高对风险管理的重视程度。管理层应该认识到金融市场的不确定性和价格波动对企业盈利能力的影响，并制定适当的风险管理策略。此外，管理层应该确保所雇佣的金融专业人员具备相关的技能和经验，能够有效地开展黄金套期保值业务。

2. 选择合适的期货合约

根据企业需求和风险管理策略，选择合适的期货合约进行套期保值。考虑合约的交易量、流动性、价格风险等因素，选择合适的交易所和合约。

3. 建立监控和风险控制系统

建立有效的监控系统来跟踪期货市场的行情和风险状况。使用适当的工具和技术分析市场数据并监控期货头寸的价值变动。设定风险限制和止损点，并确保系统能够及时触发预设的警报和风险控制措施。对于黄金套期保值，建立完善的风险管理制度至关重要。这包括制定明确的政策和程序，确保风险管理活动符合法规和内部规定。制度需要涵盖风险评估、风险限制、风险监控、风险报告等方面，以确保风险可控。

4. 有效的交易执行和流动性管理

在实施套期保值策略时，确保交易执行的高效和准确性。与期货经纪商建立良好的合作关系，以确保及时的交易执行和流动性管理。密切关注市场变动，并调整套期保值头寸以适应新的市场情况。黄金套期保值是一项复杂的金融交易，要求相关人员具备业务实际上的风险管理能力。这包括对市场趋势、供求情况和金融环境的深入分析和了解。同时，业务实际上需要有效的交易执行能力、风险定价能力和对市场因素的及时反应能力。

5. 定期风险报告和评估

定期进行风险报告和评估，评估套期保值策略的有效性和风险控制措施的效果。这可以帮助及时纠正和调整策略，以适应市场的变化和风险的变化。

6. 持续的教育和培训

持续的教育和培训是关键的风险管理工作能够确保相关员工了解期货市场的操作规则、风险特征和管理技巧。企业应提供培训和更新信息，以帮助员工增强风险意识和技能水平。

综上所述，成功的期货套期保值风险管理工作需要综合考虑风险评估、战略规划、监控系统、交易执行、风险报告和教育培训等方面。通过有效的风险管理，企业可以降低期货交易风险，提高经营和投资决策的可靠性。在建立有效风控制度的基础上，黄金套期保值的风险管理需要从业务实际出发，并获得管理层重视和支持，以实现企业的经营计划和战略发展目标。

思考题

1. 套期保值有哪些种类？它的一般策略是什么？

2. 怎么理解套期保值操作要考虑企业的生产、财务和税务实际状况？

3. 冶炼企业在套期保值方面具有一定的共性。例如，1997年株洲冶炼厂锌套期保值违反风险管理原则，越权透支交易，导致亏损越来越大。请借鉴此案例和本章内容，解释一下如何做好黄金矿山冶炼企业套期保值的风险管理工作。

第八章　黄金交易监管

本章导读：

黄金交易监管对于确保黄金交易安全、合法、高效进行至关重要。由于黄金在财富管理中的特殊地位和重要性，在信用货币确立统治地位以后，黄金经常被用作非法转移财富的主要手段。由于具有商品和金融双重属性，黄金极易被不法分子使用，用于走私或其他违法犯罪行为。有时，不法分子还利用黄金作为隐藏财富、隐瞒犯罪所得的重要方式。在对黄金交易进行管制的国家或地区，还存在着多种多样的"地下炒金"活动。本章内容主要介绍黄金交易监管的有关政策法规、监管特点以及手段。

通过本章学习，应掌握以下内容：

1. 黄金交易监管的概念与范畴
2. 非法黄金交易的种类
3. 黄金交易监管的手段

黄金交易监管是指根据国家或地区法律法规，对黄金交易进行规范和监督的过程。这一问题包括两个方面，一个是黄金交易的合法性，另一个是黄金交易的监管过程。首先，要对黄金交易监管的概念及范畴进行区分。其次，要对非法黄金交易行为具有清醒的认识，并了解其特点。最后，要明确黄金交易监管的特点，了解其金融通用性、匿名性、继承性和转换的便利性特征。

第一节　黄金交易监管的概念及范畴

要掌握黄金交易监管有关的内容，首先要了解黄金交易监管的概念。其次，要了解黄金交易监管的对象以及范畴。

一、概念

黄金交易监管指的是政府或行业自律组织按照国家或地区法律法规对黄金交易进行监督和管理，以确保市场的公平、透明和稳定。监管机构通过制定和执行相关法规和规则，对黄金交易市场进行规范，保护投资者权益，防止市场操纵和欺诈行为。

在实践中，黄金交易监管的方式因地区和国家而异。一些主要的黄金市场，如伦敦金银市场协会（LBMA）和纽约商品交易所（NYMEX），采取自我监管的方式，由市场参与者自行制定和执行规则。政府监管机构则包括美国商品期货交易委员会（CFTC）和英国金融市场行为监管局（FCA）等。投资者在选择黄金交易平台时，应考虑寻找受监管的平台，以确保自己的投资安全和公正。受监管的黄金交易平台通常会遵守当地的金融法规和监管机构的要求，投资者可以通过查看平台的官方网站、监管信息和合规性证明，以及查看平台的用户评价和专业机构的评级来评估其信誉和可靠性。此外，按照现行规定，国内现货黄金市场的监管部门是中国人民银行，而商业银行个人黄金期货期权等投资理财业务的主管部门是银保监会，黄金期货的监管部门是证监会，一般黄金生产及首饰经销的业务监管部门则是国家市场监督管理总局，黄金现货市场交易行为监管部门是上海黄金交易所。另外，中国黄金协会以及地方黄金协会等行业自律组织也具有部分监管职责。

二、监管对象及范畴

1. 监管对象

黄金交易的监管对象包括但不限于以下几类：

（1）黄金交易所：包括上海黄金交易所、上海期货交易所等，这些机构在黄金交易中扮演着重要的角色，负责提供交易平台、制定交易规则、监管交易过程等。上海黄金交易所作为国内主要的黄金交易平台之一，采取多种措施对黄金交易进行监管，确保市场的公平、公正和透明。这些机构具有双重特征，其自身既对内部会员进行监管，也要接受政府有关部门的监管。其中，交易所对自身的监管主要表现在：首先，制定交易规则。上海黄金交易所制定了严格的交易规则和监管制度，包括对会员资格的审核、交易品种的规定、交易过程的监管等，确保市场的规范和有序。其次，监控市场动态。上海黄金交易所通过监控系统对市场动态进行实时监测，包括对交易量、价格波动、市场行情等数据的收集和分析，及时发现和防范市场风险。再次，实施风险管理。上海黄金交易所采取一系列风险管理措施，包括对会员和客户的资金进行监管、对市场风险进行评估和控制、对市场行情进行预警等，确保市场的稳定和安全。又次，打击违规行为。上海黄金交易所对市场中的违规行为采取严厉的打击措施，包括对市场操纵、内幕交易、虚假陈述等行为的查处和惩处，维护市场的公平和公正。最后，信息透明化。上海黄金交易所提供及时、准确的市场信息，包括行情走势、交易数据、政策法规等，帮助会员和客户做出更明智的投资决策。

总之，上海黄金交易所通过制定规则、监控市场动态、实施风险管理、打击违规行为以及提供信息服务等多种措施，对黄金交易进行全面而有效的监管。

（2）黄金交易商：包括商业银行、投资银行、基金公司等，这些机构在黄金交易中扮演着做市商的角色，负责提供流动性、撮合交易等。

（3）投资者：包括个人投资者和机构投资者，这些投资者在黄金交易中是主要的参与者，负责提供交易资金、参与交易等。

监管机构包括中国人民银行、中国证监会、中国银保监会等，这些机构负责制定和执行相关法规和政策，对黄金交易监管对象进行监督和管理。

（4）违法犯罪分子：从事黄金走私以及黄金洗钱等违法犯罪行为的人群，也是黄金交易监管的对象。

在黄金交易的监管中，重点是对市场风险的监管。这包括对市场操纵行为的监管、对市场风险的评估和控制、对市场流动性的监管等。同时，监管机构还需要对黄金交易所、黄金交易商、投资者等市场参与者的行为进行监督和管理，以确保市场的公平、公正和透明。

2. 监管范畴

黄金交易监管的范畴主要包括以下几个方面:

（1）准入门槛：监管机构会设定一定的准入门槛，对从事黄金交易的机构和个人进行资质审核，只有符合条件的机构和个人才能进入市场。黄金交易监管的准入门槛是指从事黄金交易的机构或个人必须遵守的规定和标准。具体来说，这些规定和标准可能包括以下几个方面:

首先，交易主体资质监管。从事黄金交易的机构必须具备相应的资质和条件，如注册资本金、从业人员、技术设施等。这些要求可能因地区和行业而异，但必须符合当地相关法规和规定。其次，风险管理要求。黄金交易具有风险高、波动性强的特点，因此从事黄金交易的机构必须具备完善的风险管理机制和措施，如风险评估、风险控制、风险监测等。再次，内部控制要求。从事黄金交易的机构必须建立完善的内部控制制度，包括业务流程、操作规程、人员管理、信息保密等。这些制度必须得到有效执行，以保证交易的安全性和合规性。最后，监管要求。监管机构对从事黄金交易的机构进行监管，包括对其业务开展、人员管理、信息报送等方面的监管要求。这些要求可能包括定期报送报表、提交报告、接受检查等。

需要注意的是，不同的国家和地区的黄金交易监管的准入门槛可能会有所不同。此外，具体的准入门槛还受到当地的经济环境、市场结构等因素的影响。因此，从事黄金交易的机构或个人，需要遵守当地的法规和规定，并具备一定的资质和条件，以获得从事黄金交易的资格。

（2）交易规则：监管机构会制定黄金交易的规则和流程，规范市场主体的交易行为，防止市场操纵和欺诈行为。黄金交易监管的交易规则监管主要是指监管机构对黄金交易的规则和流程进行规范和管理，以保障市场的公平、公正和稳定。具体的交易规则监管可能包括以下几个方面:

第一，交易方式监管。黄金交易可以采取不同的交易方式，如现货交易、期货交易、期权交易等。监管机构会根据当地市场情况和投资者需求，制定相应的交易方式和管理规定。第二，交易时间监管。黄金市场的交易时间可能会有所不同，如工作日内的特定时间段、24小时交易等。监管机构会规定相应的交易时间，并要求市场主体遵守相关规定。第三，报价方式监管。黄金交易的报价方式可能会有所不同，如按金额报价、按实物重量报价等。监管机构会规定相应的报价方式，并要求市场主体遵守相关规定。第四，交割方式监管。黄金交易的交割方式可能会有所不同，如实物交割、现金交割等。监管机构会规定相应的交割方式，并要求市场主体遵守相关规定。第五，保证金制度监管。黄金交易采取保证金制度，监管机构会规定相应的保证金比例和计算方式，并要求市场主体遵守相关规定。第六，风险管理制度监管。监管机构会对黄金交易的风险进行管理和监控，如市场风险、信用风险、流动性风险等，以确保市场的稳定和健康发展。第七，信息披露监管。监管机构会要求黄金交易机构和参与者披露相关信息，包括交易品种、合约规格、保证金制度、交易时间、交割方式等，以便投资者做出明智的投资决策。

　　总之，黄金交易监管的交易规则监管主要是规范市场主体的交易行为，保障市场的公平、公正和稳定。具体的规则和措施可能因地区和行业而异，但必须符合当地相关法规和规定。

　　（3）信息披露：监管机构会要求黄金交易机构和参与者披露相关信息，包括交易品种、合约规格、保证金制度、交易时间、交割方式等，以便投资者做出明智的投资决策。对黄金交易的信息披露进行监管需要从以下几个方面入手：

　　第一，法律和监管框架方面，要建立完善的法律和监管框架，确保黄金交易的信息披露符合法律法规和监管要求。这包括制定相关的法规和规定，明确信息披露的内容、方式、时限等。第二，行业协会和组织方面，要建立行业协会和组织，制定行业标准，推动行业自律，提高信息披露的质量和透明度。第三，投资者教育方面，要加强对投资者的教育，提高他们对信息披露重要性的认识，并引导他们了解如何获取准确、完整的信息。第四，监管机构方面，要加强对黄金交易的监管，包括对信息披露的审查和监督，对违规行为进行处罚，确保信息披露的真实、准确、完整。第五，透明度和问责制方面，要确保黄金交易的信息披露具有透明度和实行问责制，要求相关机构和人员对其披露的信息负责，并接受监督和审查。通过以上措施，可以对黄金交易的信息披露进行有效的监管，保护投资者的合法权益，促进黄金市场的健康发展。

　　（4）风险控制：监管机构会采取措施控制黄金交易的风险，如制定保证金制度、限制杠杆比例、实行涨跌停板制度等，以保障投资者的权益。黄金交易的风险控制是金融监管的重要内容，以下是几种监管黄金交易风险控制的方法：

　　第一，监管制度要完善。监管机构应该制定明确的监管制度和法规，包括对黄金交易机构的资质、经营范围、风险管理等方面的要求。第二，实施市场准入制度。监管机构应该对黄金交易机构实施市场准入制度，确保其具备从事黄金交易的资格和能力。第三，建立风险评估机制。监管机构应该建立风险评估机制，对黄金交易机构的风险进行定期评估，及时发现和防范风险。第四，实施信息披露制度。监管机构应该要求黄金交易机构定期披露相关信息，包括交易量、交易品种、风险控制措施等，以便监管机构及时了解市场动态和风险情况。第五，建立监管合作机制。监管机构应该与相关机构建立监管合作机制，加强信息共享和合作，共同打击违法违规行为。第六，强化监管力度。监管机构应该加大对黄金交易机构的监管力度，采取现场检查、非现场监测等方式，及时发现和纠正违规行为。总之，对黄金交易的风险控制进行监管需要建立完善的制度、实施市场准入制度、建立风险评估机制、实施信息披露制度、建立监管合作机制和强化监管力度等多方面的措施。

（5）违规惩处：监管机构会对违反规定的行为进行惩处，如罚款、撤销资格等，以维护市场的公平和公正。对违规黄金交易根据违规的性质和情节轻重程度，采取相应的惩处措施。具体来说，包括以下违规惩处措施：监管机构可以采取行政处罚措施，例如，责令改正、罚款、没收违法所得等。监管机构可以采取市场禁入措施，对于对违规行为负有责任的从业人员，禁止其从事相关金融业务。

对于涉及违规黄金交易的金融机构，监管机构可以采取限制业务、暂停业务等措施，以减少其违规行为带来的风险。对于涉及违规黄金交易的个人，监管机构可以采取限制交易、罚款等措施。需要注意的是，具体的违规惩处措施根据违规行为的性质、情节以及相关法律法规的规定而有所不同。此外，对于违规行为的处理还应当遵循法律法规的规定，并保护相关方的合法权益。对于违反法律规定的非法行为，要按照相应法律法规进行惩处。

总之，黄金交易监管的范畴包括准入门槛、交易规则、信息披露、风险控制和违规惩处等方面，旨在规范市场主体的交易行为，保障投资者的权益，维护市场的公平和公正。

第二节　黄金交易监管类型

针对不同性质的黄金交易，监管也具有不同的特点。对于合法黄金交易而言，监管具有合法性以及规范性等特点，主要采取合规监管的方式，目的是使其进一步规范，并遵守法律法规。对于非法黄金交易而言，监管则具有打击性、制裁性等特点，主要采取强力措施，目的是打击震慑犯罪。另外，不同类型的黄金交易监管在对违法违规行为的惩戒程度上也存在很大不同。

一、合规黄金交易监管

黄金交易是一种合法的投资活动，但为了确保其合法性，需要进行合规监管。主要表现在以下方面：

第一，金融机构监管。各国政府和金融监管机构对黄金交易进行监管，以确保其符合法律法规和监管要求。这些机构包括中央银行、金融监管机构和证券监管机构等。第二，行业协会监管。黄金交易行业协会也对其成员进行监管，以确保其遵守行业规则和标准。这些协会通常会制定行业准则和规范，并监督其成员的合规行为。第三，内部控制。黄金交易机构需要建立内部控制机制，以确保其业务活动符合法律法规和监管要求。内部控制机制包括内部合规部门、风险控制部门和审计部门等。第四，透明度监管。黄金交易市场需要保持透明度，以便投资者能够了解市场动态和交易情况。市场参与者需要向监管机构报告任何异常情况，并遵守信息披露规定。第五，定期监管检查。监管机构会对黄金交易市场进行定期检查，以确保市场参与者遵守监管要求和行业规则。这些检查可能包括现场检查、非现场检查和其他形式的检查。

总之，合法黄金交易的监管是通过多方面的措施来实现的，包括机构监管、行业协会、内部控制、透明度和监管检查等。这些措施旨在确保市场参与者遵守法律法规和监管要求，保护投资者的合法权益。

二、非法黄金交易监管

非法黄金交易是一种违法行为，诸如黄金洗钱和黄金走私等，都是违法犯罪的行为。根据《中华人民共和国反洗钱法》规定，"本法所称反洗钱，是指为了预防通过各种方式掩饰、隐瞒毒品犯罪、黑社会性质的组织犯罪、恐怖活动犯罪、走私犯罪、贪污贿赂犯罪、破坏金融管理秩序犯罪、金融诈骗犯罪等犯罪所得及其收益的来源和性质的洗钱活动，依照本法规定采取相关措施的行为"。该法中明确指出，预防和遏制恐怖主义融资活动也适用于该法。这是我国第一部反洗钱法，对于洗钱行为进行了明确的规范。"洗钱"一词源于将脏污的钱物清洗干净，现今指将非法途径获得的利益清洗成看似合法的收入。通过各种交易掩盖犯罪所得的来源和性质，使非法财产合法化。经典案例包括芝加哥黑帮组织通过洗衣店进行洗钱。洗钱的目的是掩饰和隐瞒犯罪收入的真实来源和性质，通常通过投资、存入银行和购买贵重物品等方式混合非法收入，达到表面上合法化的目的。毒品犯罪与洗钱犯罪紧密相连，严重威胁国家、社会和经济安全。反洗钱金融行动特别工作组（FATF）报告显示，毒品走私是非法利润的主要来源之一，毒贩通过洗钱手段将黑钱合法化，利用全球金融机构进行洗钱活动。据估计，每年至少有 2000 亿美元的毒钱需要洗白，而全球每年洗钱金额约 7500 亿美元，其中毒品暴利是最主要的来源。洗钱犯罪对国家法律制度、金融秩序、经济发展、国家主权、政治稳定、社会治安、国土安全以及全区域和国际安全的维护都形成威胁。黄金走私是指非法将黄金从国外或边境地区带入或带出国（边）境的行为。这种行为不仅违反了国家法律法规，而且也涉及严重的法律后果。黄金走私不仅会给国家经济造成损失，还会破坏社会秩序和稳定。因此，我们应该坚决反对任何形式的黄金走私行为，保护国家安全和人民利益。

监管机构通常会采取以下措施来打击非法黄金交易：

首先，加强对黄金交易市场的监管，打击"地下炒金"活动。监管机构会加强对黄金交易市场的监管，包括对黄金交易商的资质、信誉、经营情况等方面的审查，以防止非法黄金交易活动。另外，作为一种必要的监管手段，监管机构会建立举报机制，鼓励公众对非法黄金交易活动进行举报。举报人可以向监管机构提供相关线索，如交易记录、交易人员信息等，以便监管机构进行调查。

其次，开展专项整治行动，打击违法犯罪。监管机构会定期开展专项整治行动，对黄金交易市场进行全面检查，打击非法黄金交易活动。例如，对于黄金走私和黄金洗钱等违法犯罪行为，要定期开展专项整治活动。

再次，建立信息共享机制，及时高效处置。监管机构会建立信息共享机制，加强与相关部门的信息共享，及时掌握非法黄金交易活动的情况，并采取相应的措施。

最后，加强宣传教育，增强法律意识。监管机构会加强对黄金交易市场的宣传教育，提高公众对非法黄金交易的危害性和风险的认识，引导公众合法合规地参与黄金交易活动。

总之，监管机构会采取多种措施来打击非法黄金交易活动，以维护黄金交易市场的正常秩序和公共利益。

第三节　黄金交易监管的独特性

对于合法黄金交易的监管，主要是采用合规监管的方式，与其他金融交易监管方式一样，具有一定的共性。

对于非法黄金交易的监管则具有鲜明的特点。为保护正规金融部门免受犯罪组织的滥用，监管机构实施了更强有力的反洗钱和反恐融资措施，进一步压缩了犯罪分子的空间。因此，黄金为犯罪分子提供了一种储存或转移资产的替代手段。黄金对犯罪分子具有其他手段所不具有的吸引力或特征，包括其稳定的价值、匿名性、易于转换和互换。利润丰厚的黄金市场也为犯罪分子在采矿到零售的各个阶段提供了创收机会。黄金与其他贵金属和宝石一样，如果用来进行贸易洗钱和资助恐怖主义，对犯罪分子同样具有吸引力。这使他们能够将资产合法化并从中获取利润。因此，对于识别该行业的洗钱和资助恐怖主义风险而言，对黄金的了解非常重要。通过了解黄金洗钱的一系列案例和危险信号指标，可以提高社会大众对黄金及其市场关键脆弱性的认识，特别是在反洗钱和打击资助恐怖主义方面，以及教育黄金行业相关参与者方面意义重大。

黄金具有独特的双重属性，这就要求黄金拥有者根据社会发展阶段的需要适时转换其角色。由于黄金的物理特性，其很容易被重新铸造并投入流通，因而黄金就成为首选洗钱工具。总的来说，黄金的金融通用性、价值易分割性、匿名性、继承性和转换便利性，使其成为首选洗钱工具。

一、金融通用性

黄金具有以下金融通用性：

（1）价值储存：黄金被广泛认可为一种价值储存工具，因为它能在长期内保持相对稳定的价值。投资者和国家可以将财富转化为黄金以保值抵御通胀风险。

（2）流动性：黄金在国际市场上享有高度的流动性。它可以很容易地交易和转让，因为黄金具有全球通用的价值。投资者可以在世界各地的市场上买卖黄金，以迅速获取现金或转移资金。

（3）避险属性：黄金常被视为避险资产，特别是在金融市场不稳定或经济衰退时，投资者倾向于将资金转向黄金，以减轻风险并保护资产价值。

（4）外汇储备：许多国家将黄金作为其外汇储备的一部分。黄金提供了一种稳定的价值基础，有助于维持国家的货币和经济稳定。

（5）国际支付手段：黄金在跨国支付中也具有通用性。尽管在现代金融体系中，黄金支付并不常见，但国际贸易中的某些合同或交易涉及以黄金计价或支付。

总之，黄金在金融领域具有独特的属性，包括稳定价值、高流动性、避险功能、外汇储备和国际支付的通用性。这些特点使黄金成为投资者和国家多元化资产配置与风险管理的重要工具。

二、价值易分割性

黄金具有较高的易分割性，这意味着它可以轻松地被分割成更小的单位而不会损失其价值。黄金的价值易分割性表现在以下几个方面：

（1）均匀分割：黄金可以均匀地被切割成各种形状和重量的小块。无论是金条还是金币，都可以通过切割或裁剪来满足不同需求。

（2）提供灵活度：黄金易分割性为持有者提供了更大的灵活度。他们可以根据需求，将黄金分割为更小的单位，以进行交易、投资或将其用于首饰制作等。

（3）保值和流动性：黄金在市场上享有较高的保值和流动性。由于易分割性，人们可以根据需要购买或出售不同重量和尺寸的黄金。这使黄金成为一种受欢迎的投资和交易工具。

（4）方便交易：由于黄金易分割，人们可以根据自己的资金实力和需求，以更小的数量进行买卖。无论是大规模的投资者还是普通消费者，他们都可以根据自己的喜好和财力状况，进行黄金交易。

需要注意的是，虽然黄金易分割，但它也有一定的加工成本。分割黄金可能需要专业的加工设备和技术，因此，在进行黄金分割时，人们通常会找到有经验和信誉的专业机构或人员来执行这一任务。总的来说，黄金的易分割性使其成为一种广受欢迎的贵金属。其可分割性使人们能够根据需求和目的交易不同形状和重量的黄金，并享受黄金作为保值资产和流动性货币的优势带来的便利。

三、匿名性

黄金洗钱是指将非法来源的资金通过购买黄金来掩盖其真实性质和来源的行为。尽管黄金交易可以具有某些匿名性特征，但目前的法规和金融监管措施旨在防止和揭示任何与洗钱相关的活动。以下是黄金洗钱可能涉及的匿名性特征：

（1）无需披露身份：在某些情况下，个人可以通过购买黄金而无需披露其真实身份。例如，在某些私人交易场所或私下交易中，购买者可以保持匿名性，因此其身份和财务状况可以不被披露。

（2）无记录交易：一些非法活动可能由于通过使用现金购买黄金而避免留下数字记录。现金交易在某些地区可能不受金融监管机构的监测和监控，从而增加了洗钱行为的风险。

（3）跨境交易：黄金在国际市场上的交易相对容易，而且在某些国家和地区之间没有强制性的报告和披露要求。这种跨境交易可能被用于将非法资金转移至不同的司法管辖区，进一步掩盖其真实来源。

然而，需要注意的是，黄金洗钱并非无懈可击。金融监管机构和执法部门已经采取了各种措施打击洗钱行为，这包括对黄金交易的法规限制、KYC（了解客户身份）和反洗钱程序、金融交易报告以及国际合作和信息交流。因此，尽管黄金交易可能具有一定的匿名性特征，但会受到严格的监管和法律约束，以防止和追踪任何洗钱活动。

四、继承性

黄金具有以下继承性特征：

（1）物质的持久性：黄金是一种稳定的贵金属，在适当的储存条件下可以长期保存而不被损耗。这使黄金成为一种可继承的财产形式，可以代代相传。

（2）可分割性：黄金可以被分割成较小的单位，如金条、金块或金币。这种可分割性使黄金能够灵活地在继承中被分配。根据继承人的需求和意愿，黄金可以被分割成不同的份额，以便平均分配给继承人或按照特定的比例进行分配。

（3）保值性：黄金作为一种贵金属和稀缺资源，具有稳定的价值。它在经济和金融市场上有广泛的认可和接受度。由于黄金的价值不易受到通货膨胀和经济波动的影响，这种特性使黄金成为一种可以传承和保存价值的资产。

（4）法律合规性：黄金在大多数国家都有法律地位，并受到相关法律和规定的保护。这意味着黄金可以通过遵守相关法规和遗嘱规定，被合法地继承。通过遗嘱或合法的继承程序，继承人可以根据被继承人的意愿进行黄金分配和继承。

五、转换便利性

黄金具有的以下便利性特征，使其易于在商品和金融属性之间灵活转换：

（1）流动性：黄金是全球广泛接受和交易的贵金属，具有高度流动性。它可以在金银业务机构、珠宝商店、金融市场以及在线平台进行买卖交易。这种流动性使黄金能够便捷地从商品形式转换为现金形式，或者相反地从现金形式转换为黄金商品。

（2）标准化：黄金的纯度和重量通常按照国际标准进行认证和制造。常见的黄金产品包括金条、金币和现货黄金合约。这些产品具有统一的规格和标准，使黄金在商品和金融市场中容易辨认和交易。

（3）可分割性：黄金可以分割成较小的单位，如金条和金币。这种可分割性使得黄金能够灵活地转换为不同面值的金融产品。例如，一个金条可以被分割成多个金币，这样就可以满足不同的投资或交易需求。

（4）金融产品多样性：黄金还可以通过金融工具和市场进行金融属性转换。例如，黄金交易所交易基金（ETFs）是一种金融衍生品，可以通过证券交易所购买和销售。此外，期货合约和差价合约等衍生品也提供了进一步将黄金与金融市场联系起来的途径。

（5）保值性和避险属性：黄金作为一种避险资产，在金融市场动荡或通货膨胀等不利条件下具有保值和抵御风险的特性。投资者可以将现金转换为黄金保护财富，或利用金融工具将黄金与其他资产进行对冲，构造多元化投资组合，以降低投资风险。

综上所述，黄金因其流动性、标准化、可分割性、金融产品多样性以及保值性和避险属性等特征，在商品和金融领域之间具有便利的属性转换能力。这使投资者和交易者可以根据市场需求和个人目标，灵活地在黄金的不同形式之间进行转换和配置。

第四节 黄金交易监管及其过程

对于合法黄金交易而言，黄金交易监管流程相对比较简单。监管对象按照法律法规要求，定期进行信息披露和自我检查，积极参加各项自律活动。

对于非法黄金交易而言，黄金交易监管则较为复杂。比如，黄金走私以及黄金反洗钱监管。一般来说，反洗钱是政府利用立法和司法力量，调动有关组织和商业机构来识别可能的洗钱者，并处理相关款项，对相关机构和人员进行惩罚，以阻止犯罪活动的系统行为和过程。反洗钱的提出是刑事政策的创新，不再仅仅注重从源头打击犯罪，而是采取"首尾统抓，互为补充，相互强化"的策略，通过打击洗钱这种下位罪来预防和遏制上位罪。通俗来说，对于合法健康的经济体、金融机构、非金融机构、营利或非营利主体以及自然人而言，反洗钱的目标是尽力防止非法收益渗入并侵蚀健康经济体，确保阻止不法资金进入、存留和流动，以避免对经济体的侵害。反洗钱具有以下三个方面的积极社会意义：

（1）树立国家政府形象，维护社会政治稳定和安全。

（2）维护正常的经济秩序，保证社会经济金融健康运行。

（3）维护社会公平和正义，巩固社会文化基础。

不同时期的世界反洗钱行动的侧重点有所不同，各国根据本国犯罪活动的特点确定不同的重点。其中，反腐败洗钱和反恐融资是当前世界反洗钱行动的两大重要内容。反洗钱工作可分为识别、侦查和处理三个阶段。识别阶段是工作的第一个环节，在这个阶段，各种监测系统起着关键作用。侦查阶段是重点阶段，政府机构动用监管部门和法律等力量对可疑情况进行调查。处理阶段是最后一个环节，司法机关对洗钱案件进行处理、惩处和追缴清洗资金。这三个阶段紧密联系、相互承接，构成了反洗钱工作的整体。做好洗钱的识别工作是关键，只有及早发现洗钱活动，才能阻止洗钱犯罪的进一步蔓延。侦查和处理阶段反映了反洗钱工作的成果。反洗钱是体现法律权威的切实行动，对洗钱犯罪分子进行有效打击，防止洗钱犯罪的进一步发展。这三个阶段的具体工作内容如下：

一、识别

识别是反洗钱工作的首要环节。银行、海关以及其他相关机构负责报送日常工作中发现的大额可疑资金提取、转移和运输等情况给反洗钱机构。反洗钱机构通过分析和判断这些情况来识别可疑活动。该环节通常根据已有的资料和情况进行。反洗钱机构在这个阶段依靠各种监测系统获取可疑情况的信息。

二、侦查

侦查是反洗钱工作的重点阶段。在侦查阶段，反洗钱机构对初步识别的可疑活动进行专门调查。政府通常动用相关监管部门、立法和司法机构对可疑活动展开调查。反洗钱机构严密监测可疑资金的流向，追踪参与提取、转移和运输可疑资金的相关人员，并根据已有情况展开深入调查，以揭示洗钱行为的实际情况。

三、处理

处理是反洗钱工作的最后阶段。在处理阶段，将罪犯洗钱的事实提交给有关法律机构进行处理。相关法律机构对洗钱案件进行审判和定罪，并追缴洗钱所得。司法机关处理案件的力度取决于洗钱行为的严重性，以对罪犯施以适当的惩罚。

第五节　黄金交易监管手段

一、客户尽职调查

从客户尽职调查的角度来介绍如何反洗钱，主要包括以下几个方面：

（1）了解客户身份：在开展业务之前，进行客户身份验证是必要的。这包括核实客户的身份证明文件、地址证明、经营许可证等，并记录相关信息。

（2）了解客户背景：进行客户背景调查是重要的一步。在此过程中可以了解客户的职业、雇主、财务状况等信息，以评估客户的可信度。

（3）识别高风险客户：根据风险评估，识别出潜在的高风险客户。这些客户包括政府公职人员、高风险行业从业人员等。与他们的交易应更加谨慎，并进行定期审查。

（4）监测不寻常交易：建立有效的监测机制，及时监测到不符合正常交易模式的活动。这包括交易金额异常、频繁的大额交易、跨境资金转移等。

（5）报告可疑交易：如果发现可疑的交易活动，必须及时报告给相关的反洗钱监管机构。此举有助于预防洗钱行为，同时符合法律法规的要求。

（6）持续监测和审查：进行定期的客户审查和监测，确保客户的交易活动符合正常经营状态或财务状况，并更新客户资料。

（7）员工培训与提高认知：为员工提供反洗钱培训，使其了解洗钱风险和提高识别可疑交易的能力。提高员工对反洗钱工作的重要性和法律责任的认知。

客户尽职调查是反洗钱工作的重要环节，通过对客户身份、背景和交易活动的全面了解，能够更好地识别和预防洗钱风险，确保金融机构的合规性和安全性。

二、内控制度

从机构内控制度的角度反洗钱，可以采取以下措施：

（1）制定和落实反洗钱政策和程序：机构应制定明确的反洗钱政策和程序，包括客户尽职调查、可疑交易报告、内部监测和报告等方面。确保所有员工清楚地了解和遵守这些政策和程序。

（2）建立风险评估框架：机构应根据业务性质和客户类型制定风险评估框架。该框架可以识别和评估不同客户和交易的洗钱风险，并制定相应的防范措施。

（3）实施客户尽职调查：机构应制定明确的客户尽职调查程序，包括客户身份验证、客户背景调查，了解客户的业务目的和资金来源等，确保客户的合法性和识别潜在洗钱风险。

（4）建立内部监测和报告机制：机构应建立内部监测系统，监测和分析客户的交易活动，以及与先前风险评估的差异。如发现可疑交易，应及时报告给合规部门，并在符合法律法规要求的期限内向相关机构报告。

（5）加强员工培训：机构应提供反洗钱培训，确保员工了解洗钱风险和合规要求，并具备识别和报告可疑交易的能力。定期更新培训内容，以跟进不断变化的洗钱手段和法规。

（6）建立内部控制审计机制：机构应建立内部控制审计机制，定期评估反洗钱制度的有效性和合规性。通过审计检查，及时发现和纠正存在的问题。

（7）与监管机构合作：机构应积极与监管机构合作，配合其审核、检查和调查工作。及时提供所需信息，并回应监管机构的要求。

通过健全的机构内控制度，有效的反洗钱措施能够帮助机构预防和识别洗钱活动，维护机构自身和金融系统的安全与合规性。

三、法律制度

从法律制度建设的视角反洗钱，可以采取以下措施：

（1）制定反洗钱法律和法规：国家应制定明确的反洗钱法律和法规，包括洗钱犯罪的定义、洗钱行为的违法定罪和处罚措施等。这些法律和法规应与国际标准和国际合作框架相符，并不断更新以应对新兴的洗钱风险。

（2）建立洗钱情报和信息交流机制：建立洗钱情报搜集和分析机构，协调各个部门的信息和情报，以便及时发现和应对洗钱活动。加强国内和国际间的信息交流和合作，提升打击跨境洗钱犯罪的效力。

（3）强化金融机构的反洗钱责任：制定法规要求金融机构建立和执行反洗钱措施，并落实客户尽职调查、交易监测、可疑交易报告等程序。加大对金融机构的监管和制裁力度，确保它们积极参与反洗钱工作。

（4）加强对证券、保险和不动产等非金融行业的监管：扩大反洗钱监管范围，确保非金融行业也具备反洗钱的控制措施。建立相应的监管机构，对这些行业进行跟踪、监测和审查，防止洗钱犯罪逃避监管。

（5）加大打击洗钱犯罪的力度：通过制定刑事法律，建立洗钱犯罪的定性和量刑标准。提升执法机构的洗钱犯罪打击能力和专业素养，加大对洗钱犯罪的打击力度，确保犯罪者受到应有的制裁。

（6）建立国际合作和合规标准：积极参与国际组织和国际合作，推动建立全球范围内的反洗钱合作机制和标准。加强与其他国家和地区的信息交流和协作，共同打击跨境洗钱犯罪。

通过建立健全的法律制度，加强反洗钱法规的制定和实施，以及加大监管和执法力度，可以有效地打击洗钱犯罪行为，保护金融体系和社会的安全与稳定。

四、反洗钱监控

从反洗钱监控体系建设角度，可以采取以下反洗钱措施：

（1）客户尽职调查（Know Your Customer，KYC）：建立有效的客户尽职调查程序，要求金融机构在开户或进行交易时对客户进行全面的身份验证和风险评估，确保其合法性和诚信性。这包括收集客户身份信息、职业资料和财务状况，并进行反洗钱背景调查。

（2）交易监测：建立有效的交易监测系统，对客户的交易活动进行实时监控和分析。通过使用技术工具和模型，识别出异常或可疑的交易模式，如大额现金交易、频繁的资金转移和不符合客户风险特征的交易，进而及时采取必要的调查和报告措施。

（3）可疑交易报告（Suspicious Activity Reports，SARs）：建立内部报告机制，要求金融机构员工在发现或怀疑与洗钱有关的交易时立即上报可疑交易报告。这些报告提供给相关执法机构，用于进一步的调查和行动。同时，应确保报告的保密性和合规性。

（4）人员培训和提高识别能力：加强金融机构员工的反洗钱培训，提高他们对洗钱风险的认识和识别能力。员工应了解洗钱的常见特征和模式，并知道如何应对可疑交易和不寻常的客户行为。

（5）合规审核和独立审计：定期进行内部合规审核和独立审计，确保金融机构的反洗钱措施符合法规和标准，并进行有效执行。审计可以发现潜在的漏洞并提出改进措施。

（6）国际合作与信息共享：加强国际间的反洗钱合作与信息共享。与其他国家和地区建立合作机制，共享有关可疑活动和洗钱案件的信息，以跨境打击洗钱犯罪。

（7）技术创新和数据分析：利用先进的技术工具和数据分析方法来加强反洗钱监控。人工智能、大数据分析和机器学习等技术可以更快速和准确地识别和分析可疑交易模式，帮助发现洗钱活动。

这些措施相结合，建立起一个强大而综合的反洗钱监控体系，有助于防止洗钱犯罪并捕捉犯罪分子，确保金融体系的稳定和安全。

五、现场与非现场检查

从现场与非现场检查角度出发，可以采取以下反洗钱措施：

1. 现场检查

（1）风险评估：开展针对金融机构的现场检查前，进行全面的风险评估。评估机构的业务模式、客户群体、风险管理框架和合规措施等，以确定检查的重点和范围。

（2）文件和记录审查：现场检查期间，审查金融机构的文件和记录，包括客户身份文件、交易记录、申报和报告文件等。检查员会核实文件的真实性、完整性和准确性，确保机构遵守相关法规和标准。

（3）内部控制评估：评估金融机构的内部控制制度，包括反洗钱政策、程序和流程等。检查员会确保机构有适当的风险管理和监控机制，并验证其有效性和适用性。

（4）了解业务操作：检查员会深入了解金融机构的业务运营方式，包括开立账户、处理交易和客户尽职调查等。他们会核实机构是否按照合规要求进行操作，并发现潜在的风险点和缺陷。

2. 非现场检查

（1）数据分析：通过对大量数据和交易记录进行分析，发现可疑的模式和异常行为。非现场检查应用数据挖掘和分析技术，帮助发现潜在的洗钱风险，如大额交易、频繁的资金转移和与高风险地区的联系等。

（2）系统审计：审查金融机构的信息系统和技术基础设施，确保其安全性和完整性。这包括访问控制、交易记录保留、日志审计和网络安全等方面。非现场检查员会评估机构的合规系统和技术控制措施。

（3）远程访视：通过远程访视和视频会议等方式，与金融机构的工作人员进行沟通和交流。这种方法可以减少因地理位置限制而导致的检查困难，并确保检查的顺利进行。

（4）文件和报告审查：审查金融机构提交的报告和文件，如可疑交易报告、反洗钱策略和合规报告等。非现场检查员会验证报告的准确性、时效性和完整性，确保机构按要求履行报告义务。

通过现场和非现场的组合检查方法，监管机构能够更全面和系统地审查金融机构的反洗钱措施。这些检查措施有助于发现潜在的风险和漏洞，并促使金融机构改进其反洗钱体系，提高业务的合规性和安全性。

思考题

1. 黄金交易监管有哪些方式？
2. 非法黄金交易具有哪些独特性？
3. 一般情况下，黄金交易监管有哪些手段？

参考文献

［1］奚建华．黄金投资交易指南［M］.西安：西安地图出版社，2002.

［2］中国黄金协会．全球黄金年鉴2021［R］.2021.

［3］戴永良．黄金投资实用全书［M］.北京：电子工业出版社，2008.

［4］简军．黄金投资一本通［M］.南京：南京大学出版社，2009.

［5］李超．黄金期货的投资策略分析［D］.昆明：昆明理工大学，2011.

［6］李蒲贤，熊云昌．黄金投资指南［M］.成都：成都科技大学出版社，1993.

［7］刘国栋，迟玉瑾，冯淑慧．红色征程：历史上的黄金密运［J］.华北金融，2022（2）：86-94.

［8］孟庆宇．黄金投资一本通［M］.北京：清华大学出版社，2012.

［9］中国期货业协会．期货及衍生品分析与应用［M］.北京：中国财政经济出版社，2015.

［10］严立新，张震．反洗钱基础教程［M］.上海：复旦大学出版社，2008.

［11］严立新．反洗钱理论及实务［M］.上海：复旦大学出版社，2017.

［12］杨小佛，张望．黄金投资知识读本［M］.上海：上海社会科学院出版社，2003.

［13］中国就业培训技术指导中心．高级黄金投资分析师（国家职业资格培训教程）［M］.北京：中国劳动社会保障出版社，2007.

［14］安东尼·桑德斯，马西娅·米伦·科尼特．金融风险管理（第5版）［M］.王中华，陆军译．北京：人民邮电出版社，2012.

［15］何海群，向星语．BackTrader量化交易案例图解［M］.北京：电子工业出版社，2020.

［16］彼得·L.伯恩斯坦．黄金简史（第4版）［M］.黄磊译．上海：上海财经大学出版社，2020.

［17］年四伍．对加强黄金市场洗钱风险防控的思考［J］.金融纵横，2018（2）：90-95.

［18］王亚宏．黄金反洗钱调查翻开瑞士陈年老底［N］.中国黄金报，

2019－07－05（005）.

［19］王亚宏．黄金反洗钱链条伸入黄金精炼厂［N］.中国黄金报，2017－02－07（009）.

［20］王亚宏．黄金反洗钱网络日渐收紧［N］.中国黄金报，2018－10－19（005）.

［21］石龙，吴洁．黄金交易洗钱行为监测分析研究［J］.新金融，2019（11）：60－64.

［22］王亚宏．黄金领域反洗钱个案研究［N］.中国黄金报，2016－09－23（008）.

［23］吴洁，石龙．黄金市场反洗钱监管的国际比较研究［J］.上海金融，2019（11）：83－87.

［24］徐忠波．黄金行业洗钱风险及防范［J］.金融发展研究，2008（11）：77－79.

［25］尹志锋，逯晔慧．黄金行业洗钱诱因和反洗钱监管分析［J］.杭州金融研修学院学报，2021（8）：55－62.

［26］童文俊．黄金珠宝业的洗钱风险与反洗钱措施分析［J］.中国货币市场，2009（3）：40－45.

［27］高天明．论黄金行业反洗钱制度的完善［D］.北京：北京外国语大学，2020.

［28］周袁民．贵金属和珠宝洗钱风险成因及监管对策研究［J］.金融发展评论，2017（10）：14－21.

［29］王义良．贵金属销售存洗钱隐患［J］.中国金融，2014（5）：95.

［30］梁英武．支付交易与反洗钱［M］.北京：中国金融出版社，2003.

［31］程璞.FATF黄金行业洗钱风险报告对我国反洗钱工作的启示［J］.时代金融，2018（21）：225－226＋228.

［32］陈明端．特定非金融领域洗钱方式及其监管［J］.河北金融，2017（9）：59－62.

［33］梁世鹏，杨柳，肖玉鹏，孙志成，王芮．我国反洗钱名单监控工作机制分析［J］.银行家，2023（6）：128－129.

［34］张燕玲．金融业反洗钱问题研究［J］.国际金融研究，2002（11）：4－12.

［35］廖明，贺维元．基于反洗钱情报的腐败资产追缴［J］.云南师范大学学报（哲学社会科学版），2023，55（3）：104－116.

［36］FATF Actions to Identify and Disrupt ISIL, Al-Qaeda and Affiliates' Financing [EB/OL]. https：//www. fatf － gafi. org/content/fatf － gafi/en/publications/Methodsandtrends/Fatf－action－against－terrorist－financing－june－2019. html.

[37] Liu, G. -D. , & Su, C. -W. The Dynamic Causality between Gold and Silver Prices in China Market：A Rolling Window Bootstrap Approach [J]. Finance Research Letters, 2019, 28：101－106.

[38] Turner, L. Money Laundering and Prevention [M]. John Wiley & Sons, 2011.

[39] Treanor, M. K. Gold and Money Laundering. [EB/OL]. https：//www. moneylaunderingnews. com/2019/04/gold－and－money－laundering/.

[40] Money Laundering and Terrorist Financing Risks and Vulnerabilities Associated with Gold [EB/OL]. https：//www. fatf － gafi. org/en/publications/Methodsandtrends/Ml－tf－risks－and－vulnerabilities－gold. html.

[41] U. S. Department of the Treasury. Treasury Sanctions Illicit Gold Companies Funding Wagner Forces and Wagner Group Facilitator [EB/OL]. https：//home. treasury. gov/news/press－releases/jy1581.

[42] World Gold Council. Gold Demand Trends Full Year 2023 [EB/OL]. https：//www. gold. org/goldhub/research/gold－demand－trends/gold－demand－trends－full－year－2023.

[43] World Gold Council. Gold Reserves by Country [EB/OL]. https：//www. gold. org/goldhub/data/gold－reserves－by－country.

附　录

附录一：上海黄金交易所可提供标准金锭企业名单（截至 2023 年 11 月 6 日）

序号	企业金锭编码	企业名称	金锭品牌	地区
1	A	中钞长城贵金属有限公司		四川
2	B	内蒙古乾坤金银精炼股份有限公司		内蒙古
3	C	山东黄金冶炼有限公司		山东
4	D	山东招金金银精炼有限公司		山东
5	E	上海天承黄金有限公司		上海
6	F	河南中原黄金冶炼厂有限责任公司		河南
7	G	大冶有色金属股份有限公司		湖北
8	H	洛阳紫金银辉黄金冶炼有限公司		河南
9	I	紫金矿业集团黄金冶炼有限公司		福建
10	J	广东金鼎黄金有限公司		广东

序号	企业金锭编码	企业名称	金锭品牌	地区
11	K	江西铜业股份有限公司		江西
12	L	铜陵有色金属集团股份有限公司		安徽
13	M	湖南辰州矿业有限责任公司		湖南
14	O	株洲冶炼集团股份有限公司		湖南
15	P	云南铜业股份有限公司		云南
16	Q	上海鑫冶铜业有限公司		上海
17	S	烟台蓬港金业有限公司		山东
18	T	灵宝金源矿业股份有限公司桐辉精炼分公司	灵宝金	河南
19	U	桦甸市黄金有限责任公司	夹皮沟	吉林
20	V	深圳市点金贵金属精炼有限公司	金牛	深圳
21	W	中国黄金集团夹皮沟矿业有限公司	大金牛	吉林
22	X	云南黄金矿业集团股份有限公司		云南
23	Y	灵宝黄金股份有限公司	灵金	河南
24	Z	河南豫光金铅股份有限公司	豫光 YUGUANG	河南
25	GS	烟台国大贵金属冶炼有限公司	GUODASAFEINA	山东
26	GA	深圳市众恒隆实业有限公司	粤鹏金	广东
27	GB	美泰乐贵金属（苏州）有限公司	METALOR	江苏
28	GC	山东恒邦冶炼股份有限公司	Humon	山东
29	GD	浙江富冶集团有限公司		浙江
30	GE	四川省天泽贵金属有限责任公司		四川

续表

序号	企业金锭编码	企业名称	金锭品牌	地区
31	GF	深圳市翠绿金业有限公司	翠绿	深圳
32	GG	中矿金业股份有限公司	中矿金业	山东
33	GH	陕西黄金集团西安秦金有限责任公司	秦金	陕西
34	GT	乌鲁木齐天山星贵金属有限公司	天山星	新疆
35	GI	东吴黄金集团有限公司	苏投金	江苏
36	GJ	三门峡金渠集团有限公司		河南
37	GK	中国黄金集团黄金珠宝股份有限公司		深圳
38	SI	金川集团股份有限公司		甘肃
39	GL	深圳市粤鑫贵金属有限公司	粤鑫	深圳
40	SK	贵研铂业股份有限公司		湖南
41	GM	福建金玉德尚精炼科技有限公司	厚德金	福建
HW001		黄金公司	The perth mint	澳大利亚
HW002		美泰乐科技集团（瑞士）	METALOR	瑞士
HW003		美泰乐科技（香港）有限公司	METALOR	香港
HW006		夫.尼.古利朵夫克拉斯诺亚尔斯克有色金属厂开放式股份公司	KRASTSVETMET	俄罗斯
HM007		澳洲铸金公司	ABC	澳大利亚

附录二：上海期货交易所金锭注册商标、包装标准及升贴水标准

序号	注册企业	注册日期	商标	冶炼厂地址	外形尺寸（mm）	块重（kg）	牌号
1	中国黄金集团公司	200712	中金	河南省三门峡市	115±1 * 52.5±1	1	Au99.99
					320±2 * 70±2	3	Au99.99
						3	Au99.95
2	山东黄金矿业股份有限公司	200712	泰山	山东省莱州市	115±1 * 52.5±1	1	Au99.99
					320±2 * 70±2	3	Au99.99
						3	Au99.95

续表

序号	注册企业	注册日期	商标	冶炼厂地址	外形尺寸（mm）	块重（kg）	牌号
3	山东招金金银精炼有限公司	200712	招金	山东省招远市	115±1 * 52.5±1	1	Au99.99
					320±2 * 70±2	3	Au99.99
						3	Au99.95
4	紫金矿业集团股份有限公司	200712	紫金（图案）	福建省上杭县	115±1 * 52.5±1	1	Au99.99
					320±2 * 70±2	3	Au99.99
						3	Au99.95
5	灵宝市金源桐辉精炼有限责任公司	200712	灵宝金	河南省灵宝市	115±1 * 52.5±1	1	Au99.99
					320±2 * 70±2	3	Au99.99
						3	Au99.95
6	江西铜业股份有限公司	200712	江铜	江西省贵溪市	115±1 * 52.5±1	1	Au99.99
					320±2 * 70±2	3	Au99.99
						3	Au99.95
7	云南铜业股份有限公司	200712	铁峰	云南省昆明市	115±1 * 52.5±1	1	Au99.99
					320±2 * 70±2	3	Au99.99
						3	Au99.95
8	铜陵有色金属集团股份有限公司	200712	铜冠	安徽省铜陵市	115±1 * 52.5±1	1	Au99.99
					320±2 * 70±2	3	Au99.99
9	大冶有色金属有限公司	200712	大江	湖北省黄石市	115±1 * 52.5±1	1	Au99.99
					320±2 * 70±2	3	Au99.99
10	云南地矿资源股份有限公司	200805	滇金	云南省昆明市	115±1 * 52.5±1	1	Au99.99
					320±2 * 70±2	3	Au99.99
11	灵宝黄金股份有限公司	200811	灵金	河南省灵宝市	320±2 * 70±2	3	Au99.95